Le Livre des Hommes Chrétiens

Dieu créa l'homme en premier : les lois des hommes, l'éveil de la foi, de la famille et de l'héritage.

« *Le Seigneur a fait toute chose belle en son temps. Il a aussi mis dans le cœur de l'homme la pensée de l'éternité; pourtant, nul ne peut comprendre l'œuvre que Dieu a accomplie du commencement jusqu'à la fin. L'homme est la première forme de ressemblance divine dans ce monde.* » (Ecclesiastes 3:11)

Gabriel Marcelin

Copyright © 2025 par **Gabriel Marcelin.**

Le Livre des Hommes Chrétiens.

Tous droits réservés.

Ce livre est protégé par les lois sur le droit d'auteur des États-Unis d'Amérique et du Canada, ainsi que par tous les traités internationaux applicables. Aucune partie de cette publication ne peut être copiée, enregistrée ou transmise sous quelque forme que ce soit, électronique ou mécanique, sans l'autorisation écrite préalable de l'auteur, sauf dans le cas de brèves citations utilisées dans des comptes rendus ou des articles.

L'autorisation sera accordée sur demande. Sauf indication contraire, les citations bibliques sont tirées de la **King James Version.** Copyright © 1982, 1984, Thomas Nelson, Inc. Utilisé avec permission. Tous droits réservés.

Les citations bibliques indiquées **NIV** proviennent de la **HOLY BIBLE, NEW INTERNATIONAL VERSION,** © 1973, 1978, 1984 International Bible Society, utilisées avec la permission de Zondervan.

Ce livre est une œuvre de non-fiction. Toute référence à des événements historiques, à des personnes réelles ou à la Bible est exacte dans la mesure du meilleur savoir de l'auteur.

La Citoyenneté de la Parentalité Chrétienne : écrit et édité par Gabriel Marcelin

Références bibliques :
Sauf mention contraire, les citations bibliques sont extraites de **la** *Sainte Bible, New International Version® (NIV®).*

Copyright © 1973, 1978, 1984, 2011 Biblica, Inc.
Utilisé avec permission. Tous droits réservés dans le monde entier.

Toutes les idées, histoires et enseignements de ce livre sont originaux et rédigés par Gabriel. Un grand merci aux éditeurs qui ont soutenu le processus de raffinement, en veillant à la clarté et à la qualité, sans altérer le cœur du Royaume de Dieu.

Publié par : heavenlycitizen.shop
www.heavenlycitizen.shop

heavenlycitizen.shop@gmail.com

ISBN (Paperback): 978-1-0696534-4-1
ISBN (Hardcover): 978-1-0696534-7-5
ISBN (Ebook): 978-1-0696534-6-8

Dédicace

À tous les pères et beaux-pères qui n'ont jamais abandonné, aux frères qui reconstruisent après la trahison, aux jeunes hommes célibataires en quête du mariage, et aux enfants décidés à marcher dans la sagesse et la grâce ; à tous les hommes qui ont aimé profondément, combattu dans le silence, et se sont retrouvés seuls dans le désert des promesses brisées.

En mémoire de l'innombrable multitude d'hommes chrétiens qui ont tenté, ou sont morts en tentant, de bâtir leur foyer sur les lois de Dieu, mais qui ont été trahis ou abattus, chassés de leur propre maison, ou emprisonnés dans diverses circonstances à cause de femmes et d'enfants :

« *Le Livre des Hommes est pour vous. Arrêtez et sachez que je suis Dieu.* « *Veillez, demeurez fermes dans la foi, soyez des hommes, fortifiez-vous. Que tout ce que vous faites se fasse avec amour.* » (1 Corinthiens 16:13-14)

> **À tous les pères et beaux-pères** qui n'ont jamais abandonné, aux frères qui reconstruisent après la trahison, aux jeunes hommes célibataires en quête du mariage, et aux enfants décidés à marcher dans la sagesse et la grâce ; à tous les hommes qui ont aimé profondément, combattu dans le silence, et se sont retrouvés seuls dans le désert des promesses brisées.

À mon oncle Jean Pochette, à mon cousin Croilnor, ainsi qu'à mes meilleurs amis Denis et Jude, de bons hommes qui ont cherché à bâtir leur foyer sous la sainte alliance et les lois du ciel.

Par-dessus tout, à tous les hommes chrétiens, maris dévoués et intendants fidèles de leur maison. Souvenez-vous que le seul vrai Dieu, qui créa le premier homme et insuffla la vie et la connaissance dans son âme, nous appelle encore à nous relever. **Le Livre des Hommes Chrétiens** nous rappelle avec force les véritables principes des lois humaines et la Source de la masculinité. Lisons-le afin de découvrir notre dessein divin et d'éveiller les cœurs de tous les époux.

Introduction

Le Livre des Hommes chrétiens

Bienvenue dans *Le Livre des Hommes Chrétiens*, un enseignement spirituel et une déclaration de vérité destinée aux hommes du monde entier. Que vous soyez divorcé, célibataire, marié ou en préparation du mariage, ce livre s'adresse directement à l'homme blessé dans le silence, trahi ou ignoré, qui ose encore espérer que Dieu n'en a pas terminé avec lui.

Ce livre parle des maris autant qu'en époux. Il est également destiné aux femmes qui souhaitent véritablement comprendre les hommes. Il se veut une feuille de route pour reconstruire plutôt que de se venger, et un guide pour les hommes chrétiens forts.

Né de la résilience, façonné par **des années de silence et enraciné dans l'Écriture**, ce livre s'adresse avec douceur à l'homme qui a prié pour la paix au milieu de la tempête, à celui qui porte le lourd fardeau de la déception, et à celui qui cherche un sens après avoir perdu tout ce qu'il avait bâti.

Le Livre des Hommes Chrétiens poursuit un but unique : réveiller les hommes de Dieu, de la blessure et du divorce à la guérison et à la reconstruction, avec une sagesse renouvelée.

Nous vivons dans une époque où la masculinité est incomprise et où le leadership est rabaissé. Les pères sont laissés pour compte, les maris méprisés, et le rôle de l'homme est devenu une caricature. *Le Livre des Hommes Chrétiens* restaure l'appel sacré à être un homme de foi, de but, de dignité et d'autorité spirituelle.

À l'intérieur, vous trouverez:

- La sagesse de **David** et de **Salomon**
- L'audace **d'Élie** et de **Jésus**
- Les enseignements de **Paul** et de **Gabriel**
- La virilité inébranlable des hommes divorcés et la vérité cachée de leur expérience

Vous découvrirez aussi des avertissements, les lois des maris et des références à l'homme comme premier étudiant de l'Université de Dieu. Ces principes visent à fortifier l'âme de l'homme et à protéger son héritage contre le vol égoïste — qu'il provienne du gouvernement, des tribunaux ou de la culture.

Ce livre n'est pas seulement destiné aux **hommes divorcés**, mais aussi :

- Au célibataire se préparant au mariage
- Au jeune homme cherchant la volonté de Dieu
- Au mari qui s'efforce de conduire avec fidélité
- À l'homme brûlé, brisé ou trahi, mais qui refuse de demeurer comme victime

À travers des récits vécus, des vérités bibliques et une sagesse pratique, *Le Livre des Hommes Chrétiens* vous enseignera à :

- Diriger sans **crainte**
- Aimer avec **discernement**
- Guérir après la **trahison**
- Rebâtir avec un but **divin**

Marchez avec assurance dans l'identité que Dieu vous a donnée et dans la protection de vos biens. Vous n'avez pas été créé pour rester spectateur. Vous avez été façonné pour reconstruire, racheter et reprendre votre rôle d'époux, de père, de frère, de guide et de guerrier dans le Royaume de Dieu.

Ce ne sont pas des opinions, mais des lois, scellées par le Trône des cieux, confirmées par l'Écriture et gravées dans le cœur des hommes qui refusent d'abandonner.

Jésus a réaffirmé que le plan originel de Dieu pour le mariage est une alliance de vie, indissoluble. C'est pourquoi vous devez l'aborder avec clarté, discernement spirituel et compréhension, que vous ayez connu l'échec, le mariage, le remariage, le succès ou que vous n'ayez pas encore commencé. Voici l'occasion de devenir l'homme que vous avez toujours été appelé à être.

Car Adam créa le premier… (1 Timothée 2:13)

Vous n'êtes pas **oublié.**

Vous n'êtes pas **fini.**

Vous n'êtes pas **disqualifié.**

Vous êtes rappelé à la vérité : construire intentionnellement avec une connaissance claire, fortifier votre esprit et devenir un homme chrétien de grande valeur, enraciné dans la véritable virilité biblique.

Ce livre est plus qu'un simple ouvrage. Il est destiné aux hommes chrétiens forts ; il est votre miroir pour vous réveiller et gagner le respect qui vous est dû.

Si vous êtes las du silence, prêt à guérir et assez courageux pour assumer et revendiquer votre rôle d'époux, ce livre est pour vous.

Bienvenue dans *le Livre des hommes chrétiens.*

Que l'éveil commence.

TABLE DES MATIÈRES

Chapitre Un 1

Chapitre Deux 10

Chapitre Trois 25

Chapitre Quatre 36

Chapitre Cinq 49

Chapitre Six.. 64

Chapitre Sept.. 83

Chapitre Huit.. 95

Chapitre Neuf 105

Chapitre Dix 117

Chapitre Onze 129

Chapitre Douze 139

Chapitre Treize... 152

Chapitre Quatorze 166

Chapitre Quinze 180

Chapitre Seize 195

Chapitre Dix-Sept 212

HEAVENLY CITIZEN

Chapitre un

M. et Mme Juste se marièrent.
« Que l'homme donc ne sépare pas ce que Dieu a joint. » (Marc 10:9)

« Il y a un temps pour tout, un temps pour toute chose sous les cieux : un temps pour guérir, un temps pour abattre, et un temps pour bâtir. » (Ecclésiaste 3:1, 3)

Lorsqu'un homme est prêt à assumer le rôle d'époux, il développe une profonde conscience de lui-même, une clairvoyance spirituelle et une maturité émotionnelle. Ce n'est jamais un simple choix fondé sur des impulsions de l'instant ou sur des exigences du monde. C'est une alliance sacrée, un lien établi par Dieu. Le mariage est bien plus qu'une institution sociale, une promesse religieuse ou un contrat légal devant l'État : c'est une union sacrée instituée par le Créateur, enracinée dans l'amour, la responsabilité et la croissance mutuelle.

Pour comprendre véritablement l'importance de l'engagement, il faut l'examiner à travers les prismes de l'authenticité et de la responsabilité. Un homme authentique dans son cœur est mieux disposé à saisir le devoir sacré de diriger et de prendre soin d'une famille. Un retour aux origines nous offre un éclairage profond sur le dessein initial de Dieu.

Au jardin d'Éden, Dieu manifesta son plan divin en créant le premier homme, formé de la poussière et animé par le souffle de Dieu (Genèse 2:7).

L'intelligence de l'homme n'était pas simplement naturelle : elle était donnée d'en haut. Instruit directement par le Créateur, l'homme reçut la sagesse non par l'erreur ni par l'expérience humaine, mais par une communion personnelle et directe avec Dieu. Il n'y avait pas encore de péché pour troubler sa pensée, ni de culpabilité pour obscurcir son jugement. Son esprit, pur et éclairé, pouvait comprendre les mystères de la création tels que Dieu les révélait. Le temps n'avait pas d'emprise sur lui, car la mort n'avait pas encore pénétré l'histoire humaine. L'homme avait été créé pour vivre éternellement, destiné à marcher dans une communion constante et ininterrompue avec son Créateur.

Cet homme n'avait pas besoin de sermons, de rituels ni d'intermédiaires pour comprendre son but. Son existence même était un acte d'adoration. Il vivait dans la présence du Tout-Puissant, chaque souffle étant aligné sur la volonté divine. Sa vie n'était pas fondée sur la survie, mais sur une gestion fidèle. Il n'était pas motivé par l'ambition, mais par l'appel divin. Le souffle qui lui donna la vie le soutenait tout en marchant dans la sagesse, la clarté et la joie.

Cette histoire des origines explique pourquoi le Seigneur créa d'abord l'homme :

Non pour errer, mais pour vivre intentionnellement selon un dessein divin. Son rôle n'était pas guidé par ses ambitions personnelles, mais assigné par Dieu lui-même.

L'homme fut créé pour conduire avec intégrité, doté d'une vision plus grande que celle des autres créatures, appelé à nommer avec autorité, à protéger avec force et à aimer fidèlement, tout en demeurant enraciné en son Créateur. Dans la conception de ce premier homme, nous discernons l'appel durable adressé à tous les hommes : vivre dans la vérité, embrasser la responsabilité et marcher humblement en communion avec Celui qui les a formés.

Les hommes chrétiens savent qu'ils ne doivent jamais s'écarter de l'enseignement du Seigneur, quelles que soient les ténèbres :

« Je suis le cep, vous êtes les sarments. Celui qui demeure en moi et en qui je demeure porte beaucoup de fruit, car sans moi vous ne pouvez rien faire. » (Jean 15:5)

Dans cet état idéal, l'homme ne connaissait ni maladie ni douleur ni anxiété ni peur. Aucune souffrance n'atteignait son corps, aucune blessure n'entamait son cœur. Le simple fait de vivre sous la couverture de Dieu constituait sa guérison. Son monde n'était pas régi par la survie, mais par l'intendance provenant directement du trône céleste. L'environnement reflétait les lois divines : équilibré, fécond, débordant de vie. Il n'y avait pas d'incertitude, seulement une direction claire. Le souffle de Dieu, qui lui avait donné la vie, continuait à l'équiper pour accomplir sa mission dans la paix et la joie.

Dieu confia au premier homme une responsabilité sacrée, en commençant par développer son intelligence comme une créature complète et mature (Genèse 2:15). Il ne s'agissait pas seulement de cultiver des plantes, mais d'administrer le paradis lui-même.

Genèse 2:19-20 :

L'homme reçut aussi le privilège de nommer toutes les créatures vivantes, le bétail, les oiseaux du ciel et les animaux des champs.

Cette tâche exigeait bien plus qu'une simple observation : elle demandait de la mémoire, de la créativité et une intelligence profonde. Elle requérait un discernement affiné par la sagesse, une compréhension éclairée et la capacité à percevoir la nature, le rôle et la fonction de chaque créature. Ce mandat n'était pas seulement intellectuel, mais aussi spirituel.

Il impliquait la faculté de nommer selon l'essence plutôt que l'apparence, de discerner les traits, de reconnaître les motifs et d'attribuer l'identité avec autorité et intention. Seul un esprit aligné sur la sagesse du Créateur pouvait accomplir cette mission avec précision. Chaque nom correspondait parfaitement à sa signification, à son territoire et à son environnement.

Tout au long de la Bible, le choix d'un nom est bien plus qu'une simple désignation : c'est un acte d'autorité et de discernement spirituel. L'homme reconnut la nature propre et la vocation de chaque créature, et il les nomma selon le rôle que Dieu leur avait assigné.

Ainsi s'esquissent les lois inscrites dans le plan de la virilité juste : intelligence vive, esprit accordé à Dieu, corps intègre, relation enracinée dans le Créateur. L'homme n'était ni passif ni incertain quant à son identité ni à son but. Il était intendant de la création, souverain sous Dieu et adorateur en parfaite communion avec Lui. Sa force ne provenait pas de la domination, mais de l'obéissance et de l'alignement sur l'ordre divin.

La vie d'Adam, avant la chute, **révèle la dignité et la noblesse de l'homme tel que Dieu l'avait conçu** : capable de diriger, de créer, de cultiver et d'aimer dans la justice et la vérité. Il était la couronne de la création, fait à l'image de Dieu, marchant dans la lumière d'une intimité parfaite.

« *L'Éternel Dieu forma une femme de la côte qu'il avait prise de l'homme, et il l'amena vers l'homme.* » (Genèse 2:22)

Ce moment est chargé de symbolisme : la femme ne fut pas créée de la tête de l'homme pour le dominer, ni de ses pieds pour être écrasée par lui, mais de son côté, près de son cœur, pour marcher avec lui dans l'unité, l'amour et le respect mutuel.

Nommer la création : une école de discernement et d'autorité

Nommer tout ce qui est sur la terre et dans le ciel, comme le rapporte la Genèse, n'était pas seulement une tâche : c'était un exercice d'autorité, de créativité et de discernement. Chaque nom portait un sens, reflétant la capacité de l'humanité à percevoir un dessein, à attribuer une identité et à établir un ordre au sein de la création. C'était la manière de Dieu de former l'homme à gouverner la nature et, par la suite, à gouverner sa propre maison. Il s'agissait d'un premier apprentissage de la domination, d'une introduction aux responsabilités de l'intendance, de la vision et du leadership, avec Dieu comme Père exemplaire.

À travers ces « cours universitaires » divins, les hommes ne se préparaient pas seulement au mariage : ils étaient préparés au leadership. Dieu façonnait leur intelligence, affinait leur jugement et éprouvait leur caractère. Le leadership commence bien avant le mariage : il commence dans la solitude, lorsque l'homme apprend à penser avec discernement, à agir avec responsabilité et à diriger avec sagesse. Au commencement, Dieu ne donna pas immédiatement une épouse à l'homme ; il lui confia d'abord un but, une responsabilité et la sagesse nécessaire pour marcher dans la connaissance et la compréhension.

À ce moment-là, l'homme était seul à la tête de son entreprise, dont il était l'unique employé. Pourtant, l'ampleur de sa mission était énorme : il était chargé d'administrer les premiers espaces cultivés de la Terre et de nommer chaque créature de la planète, en lui attribuant un sens et un rôle. Il était occupé, supervisé par Dieu lui-même, plongé dans une tâche qui mettait à l'épreuve son intelligence et stimulait sa créativité. Il ressentait l'urgence de « mener à bien » ce mandat, même dans sa solitude. Il ne connaissait pas encore la femme. Dieu créa d'abord un homme, appelé à aimer, protéger et pourvoir, un jour, une femme, mais seulement après avoir démontré sa fidélité dans son champ de responsabilité.

L'Éternel attend de lui compétence et loyauté ; il évalua son travail, puis le promut à la dignité d'époux. L'histoire d'Adam nous enseigne encore aujourd'hui que la vocation d'un homme précède le partenariat ; le but divin doit être découvert avant l'alliance. La valeur d'un homme ne se mesure pas à son statut relationnel, mais à son alignement sur l'appel de Dieu. Avant de chercher une épouse, l'homme doit d'abord trouver sa mission divine. Le travail bâtit le caractère, forge la responsabilité, mûrit la personne et l'obéissance manifeste la volonté d'aller plus loin.

L'homme œuvrait seul dans le vaste royaume de la création avec clarté, détermination et sérénité. Son esprit, façonné par Dieu et rempli de sagesse, supportait le poids de la vie sans distraction ni anxiété. Mais tout changea lorsqu'il choisit d'écouter sa femme plutôt que de suivre le commandement de Dieu. Dès lors, le temps commença à se détériorer, la mortalité se fit sentir et les conséquences remplacèrent la paix.

Le Livre des Hommes : un manuel pour l'homme chrétien

Le *Livre des Hommes* se présente comme un manuel biblique de virilité dans un monde déchu, et non comme une réaction d'amertume. Ses lois et ses principes visent à protéger le cœur de l'homme, à préserver sa vocation et à le mettre à l'abri des pièges susceptibles de menacer sa famille, son intégrité et, parfois, la moitié de son patrimoine. Dans un monde où les relations peuvent être instrumentalisées, les hommes ont besoin, au-delà de l'amour et de la grâce, de discernement et de structure pour protéger l'héritage de leur vie contre tout accès non autorisé. Grâce aux enseignements d'autres hommes chrétiens qui ont acquis cette sagesse, nous pouvons instruire et protéger nos descendants.

Lorsque Dieu vit que l'homme prenait son rôle au sérieux, avec compétence et fidélité, il ne lui ajouta pas de tâches : il lui donna une récompense. Ce n'est qu'après que l'homme eut démontré son engagement dans l'intendance et l'obéissance que Dieu lui confia une compagnie. Cela établit un modèle : responsabilité d'abord, relation ensuite ; préparation d'abord, partenariat ensuite. Le chrétien moderne doit restaurer cet ordre s'il veut diriger efficacement et terminer la course dans la force.

Adam n'eut pas le droit d'épouser non pas pour être « **complété** », mais pour être soutenu dans la mission que Dieu lui avait déjà confiée. Avant de fonder une famille, un homme doit d'abord cultiver le jardin que Dieu a semé dans son cœur. Il lui revient également de comprendre certaines réalités juridiques afin de protéger ses biens. Il n'y a rien de mal à ce que les hommes sachent calculer et prévoir avant de s'engager dans le mariage.

Si l'épouse choisit de rester, nous avons la responsabilité de pourvoir à ses besoins ; mais si elle choisit de détruire l'union, elle doit partir et bâtir sa propre richesse. C'est pourquoi elle est appelée à rester et à obéir, afin de servir le dessein de Dieu dans le mariage : pour le meilleur et pour le pire, dans la maladie comme dans la santé, pour s'aimer et se chérir jusqu'à ce que la mort nous sépare.

De même, un homme de foi ne se marie pas pour découvrir sa destinée ; il se marie pour un but précis. Il sait déjà que le mariage implique de pourvoir, de diriger une famille et d'embrasser la joie de la compagnie d'une femme, même s'il était heureux seul :

« ***Ne craignez donc point : vous valez plus que beaucoup de passereaux.*** » (Matthieu 10:31)

Les défis de l'engagement dans le mariage

Les difficultés de l'engagement conjugal proviennent souvent d'un déséquilibre dans le soutien dont disposent l'époux et l'épouse. En général, la mariée bénéficie d'un réseau plus vaste et plus actif autour de son mariage et de son foyer, tandis que le marié dispose d'un soutien plus limité.

Un homme qui s'engage dans le mariage doit être prêt à assumer de lourdes responsabilités : organiser et gérer la vie domestique, participer à l'éducation des enfants, honorer et soutenir ses beaux-parents, travailler à l'établissement d'un foyer paisible et stable, et maintenir l'amour aussi bien dans les temps de joie que dans les temps d'épreuve.

Le jour des noces et dans la réalité qui s'ensuit, l'époux est généralement soutenu par ses parents, quelques amis fidèles et, parfois, des frères et sœurs proches. L'épouse, en revanche, peut compter sur l'appui de sa famille élargie, de son cercle d'amies et, plus largement, sur les structures civiles et judiciaires (avocats, tribunaux, lois) qui régissent le mariage, la garde des enfants et les droits matrimoniaux. Ce contraste pousse parfois l'homme à se poser une question pragmatique : « ***Est-ce une bonne alliance?*** »

En effet, les règlements de divorce entraînent souvent un partage inégal des biens acquis au prix de nombreuses années de travail. Les batailles pour la garde des enfants peuvent limiter, voire priver, un père de la présence régulière de ses enfants. Les pensions alimentaires et compensatoires peuvent obliger l'homme à pourvoir financièrement, parfois pendant de longues années, même après la rupture.

De fausses accusations peuvent mener à l'arrestation d'un mari avant même que son innocence ne soit prouvée, et ainsi ternir sa réputation. Des ordonnances restrictives peuvent limiter l'accès de l'homme à son foyer ou à ses enfants. La division des biens peut être attribuée à l'un des conjoints, aux biens ou aux entreprises, indépendamment de l'investissement effectif de chacun. Même des contrats prénuptiaux peuvent être contestés ou annulés. Bien souvent, une impression, réelle ou perçue, d'un biais juridique penche en faveur de la femme dans les questions de garde ou de finances.

Préparer et protéger

Cette réalité met en évidence une vérité subtile : un homme doit être prêt à démontrer sa sagesse avant de s'engager, à assumer ses responsabilités et à diriger avec amour et discernement. Même lorsqu'il est amoureux, il doit veiller à protéger légalement son patrimoine, pour lui-même et pour l'héritage de sa famille. Le mariage n'est pas seulement une célébration de l'amour : c'est une alliance durable, qui exige maturité et fidélité.

Les Écritures sont claires :

« L'Éternel a été témoin entre toi et la femme de ta jeunesse. Prenez donc garde dans votre esprit, et qu'aucun de vous ne soit infidèle à la femme de sa jeunesse !

Car je hais la répudiation, dit l'Éternel, le Dieu d'Israël. Car il cherche la postérité de Dieu. »
(Malachie 2:14-16)

Il est préoccupant de constater que peu de systèmes judiciaires cherchent réellement à préserver le fruit du travail de l'homme lorsque l'alliance du mariage est rompue. Les lois matrimoniales sont souvent structurées pour protéger d'abord l'épouse, considérée comme la partie la plus vulnérable sur le plan financier.

En pratique, si un homme désire protéger son patrimoine, il doit s'équiper avant même de se marier : des contrats prénuptiaux ou postnuptiaux, une planification financière rigoureuse et des conseils juridiques avisés. Sans ces précautions, une fois les vœux échangés, sa sécurité économique repose largement entre les mains des tribunaux, qui jugent selon une idée de « **justice familiale** » plutôt que selon les intérêts personnels de l'époux.

L'esprit du mariage chrétien

Cependant, le rôle d'un mari chrétien ne consiste pas à considérer sa femme comme une adversaire, mais comme une alliée, une aide précieuse qui le complète parfaitement. En l'aidant, il comprend qu'elle a besoin de sa force, de sa douceur, de sa présence et de sa constance. Et si, malgré tout, elle choisit de partir, elle garde sa liberté de reconstruire sa vie, mais elle ne saurait emporter l'héritage bâti par l'injustice.

Le mariage chrétien reste une alliance sacrée : « *Jusqu'à ce que la mort nous sépare.* Une union non pas destinée à détruire ce que nous avons construit, mais à glorifier Dieu par l'amour, la fidélité et la persévérance.

Nombres 23:19 :

« Dieu n'est point un homme pour mentir, ni fils d'un homme pour se repentir. Ce qu'il a dit, ne le fera-t-il pas? Ce qu'il a déclaré, ne l'exécutera-t-il pas? »

HEAVENLY CITIZEN

Chapitre deux

**Le but avant le partenariat : l
e plan de la Genèse pour la virilité**
*Comment Dieu forme les hommes à la responsabilité,
au leadership et à l'intendance avant de leur
accorder une épouse.*

Le mariage : une alliance sacrée

Le mariage n'est pas une décision à prendre à la légère. C'est une alliance pour la vie et, pour l'homme chrétien, une mission divine. Les hommes et les femmes doivent l'aborder avec respect. Quant aux parents, ils deviennent de sages conseillers, des voix de discernement et des protecteurs des familles.

Lorsqu'un homme et une femme se tiennent devant Dieu, leur famille et l'Église, ils ne se promettent pas seulement l'un à l'autre ; ils font une promesse à Dieu. Ils déclarent : « Je t'aimerai, je t'honorerai, je te chérirai. Mais plus encore, ils disent : « Je respecterai cette alliance sacrée, non seulement par des paroles, mais aussi par des actes et des choix, dans les bons comme dans les mauvais jours. »

Cependant, si le mariage traverse une période difficile, il arrive qu'une femme décide de partir. Même après avoir juré de rester jusqu'à la mort, elle peut décider de suivre son propre chemin vers la richesse. Dans ce cas, l'homme doit faire preuve de sagesse et prendre des mesures pour protéger le patrimoine familial, car celui-ci appartient à la famille dans son ensemble, et non aux fugitifs qui ont décidé d'abandonner leurs vœux sans motif valable ni abus.

Le mariage de M. et Mme Tout-le-Monde n'est pas un conte de fées. C'est une histoire sacrée qui commence lorsque deux personnes entièrement consacrées à Dieu s'unissent selon Son plan. Leur union n'est pas parfaite, mais elle est voulue par Dieu. Leur amour n'est pas exempt de difficultés, mais il repose sur la grâce.

Comme l'affirme Marc 10:9 : « Que l'homme donc ne sépare pas ce que Dieu a joint. Lorsque vous vous choisissez mutuellement, lorsque vos parents donnent leur bénédiction et que l'Église en est témoin, Dieu lui-même scelle cette union. Elle est scellée dans les cieux. C'est pourquoi, en tant que croyants, nous devons rechercher la volonté de Dieu dans nos relations. Car lorsque c'est la main de Dieu qui unit deux personnes, aucun homme, aucune circonstance, aucune épreuve ne peuvent les séparer.

Le monde a ses opinions sur le mariage, mais ***le Livre des Hommes*** affirme que :

« Le mariage est un ministère. C'est une école. C'est le creuset où deux âmes sont façonnées à l'image du Christ par l'amour, la paix, le pardon, le sacrifice et la joie, jusqu'à la mort. »

Ainsi, lorsque M. et Mme Juste se marièrent, ce n'était pas seulement le début d'un nouveau : c'était l'appel d'une vocation sacrée. Deux vies unies autour d'un but désintéressé. Un héritage forgé non seulement par des vœux, mais aussi par des choix quotidiens, des prières murmurées dans l'obscurité, des rêves bâtis ensemble et une foi soutenue au fil des saisons. Dans la jeunesse comme dans la vieillesse, dans la santé comme dans la maladie.

Ils ont dit « **OUI** », non seulement l'un à l'autre, mais aussi à Dieu lui-même, qui les a créés, trouvés et unis. Voilà le véritable miracle du mariage.

Reconstruire après la rupture de l'alliance

Selon l'Écriture, le dessein de Dieu pour le mariage n'a jamais été qu'il soit révocable, négociable ou fondé sur des émotions passagères, des modes modernes ou des attentes culturelles. Aux yeux de Dieu, le mariage n'est pas un contrat banal, une expérience romantique ni une chose à annuler lorsque les sentiments s'éteignent. C'est une alliance spirituelle, un lien sacré conclu en Sa présence.

Cela signifie que l'opinion des amis, de la famille ou des réseaux sociaux n'a aucune autorité sur votre mariage une fois les vœux échangés. Que vous traversiez la joie ou la souffrance, le poids sacré de l'alliance demeure.

Comme le dit le roi Salomon dans Ecclésiaste 5:4-5 :

« Lorsque tu as fait un vœu à Dieu, ne tarde pas à l'accomplir; car il n'aime pas les insensés : accomplis le vœu que tu as fait. Mieux vaut pour toi ne point faire de vœu que d'en faire un et de ne pas l'accomplir. »

Le mariage repose sur la fidélité permanente : c'est un choix d'amour éternel.

C'est pourquoi le mariage n'est pas destiné aux enfants. Lorsqu'on devient adulte, on délaisse tout ce qui relève de l'enfance.

Les parents, en premier lieu, puis les anges du Royaume, la famille et les amis sont témoins, mais au final, vous seul(e)s faites librement le choix d'une personne que vous présenterez devant le trône des cieux, afin de jurer de respecter cette alliance pour le reste de votre vie.

Aujourd'hui, beaucoup de chrétiens reconnaissent enfin que l'amour seul ne suffit pas à faire durer un mariage. Les émotions vont et viennent, mais c'est l'engagement qui maintient la maison debout. On ne reste pas marié simplement parce qu'on se sent encore amoureux. Ces papillons dans l'estomac, ressentis lors des fiançailles, ne sont que des réactions émotionnelles, provoquées par l'attraction et la chimie. Mais ces sentiments n'ont rien à voir avec la décision consciente et délibérée de se marier.

Le mariage n'est pas motivé uniquement par des émotions; c'est un choix enraciné dans l'engagement, la responsabilité et une véritable alliance. Nous restons mariés parce que nous avons fait un choix : Romains 7:2 :

« *Pour le meilleur et pour le pire, dans la richesse comme dans la pauvreté, dans la santé comme dans la maladie.* »

La hausse des divorces a rendu beaucoup d'hommes plus prudents avant d'entrer dans cette alliance sacrée. Ils sont de plus en plus conscients que choisir la mauvaise épouse peut entraîner de lourdes conséquences, tant émotionnelles que financières.

La Bible avertit que lorsqu'un homme choisit mal son épouse, il s'expose à une profonde douleur, à des querelles continuelles et à des obstacles spirituels dans sa vie et dans son foyer. Le roi Salomon avertit tous les hommes dans les Proverbes : « *Une femme querelleuse est comme une gouttière sans fin qui ne cesse de couler.* » (Proverbes 19:13), ce qui montre qu'un mauvais choix conjugal peut consumer la paix et la force d'un homme.

L'histoire de Samson (Juges 16) illustre comment aimer la mauvaise femme peut mener à la trahison, à une perte tragique de vocation et même à la destruction. De même, les nombreuses femmes étrangères de Salomon détournèrent son cœur de Dieu, ce qui entraîna la chute de son royaume (1 Rois 11:1-11).

Voilà pourquoi la Bible exhorte les hommes à rechercher une femme vertueuse, qui craint l'Éternel, pour fonder une vie stable avec des parents unis : « *Qui trouvera une femme vertueuse? Elle a bien plus de valeur que les perles.* » (Proverbes 31:10). Ainsi se protègent la vie, l'héritage et la foi.

Tant qu'un homme n'a pas décidé de mettre un anneau au doigt d'une femme et de s'engager, tous les autres resteront en attente à la porte de son projet. Aujourd'hui, de plus en plus de célibataires réfléchissent sérieusement aux femmes à éviter, en particulier celles qui abordent le mariage avec un esprit conditionnel : « *Seulement pour le meilleur, jamais pour le pire.* »

Si vous êtes une femme qui désire véritablement un mari, l'un des premiers pas consiste à rompre avec la mentalité forgée par un féminisme extrême, qui exalte l'indépendance au détriment du partenariat et le pouvoir au prix du désir.

Demandez-vous avec sincérité *: êtes-vous prête à renverser les rôles traditionnels et les lois bibliques?*

Achèteriez-vous une bague, choisiriez-vous un homme et lui proposeriez-vous le mariage? Même si vous êtes une « **dix** », belle, instruite, couronnée de succès dans votre carrière ou dans votre entreprise, cela signifie-t-il que vous seriez disposée à poursuivre et à initier le mariage?

La sagesse dans le choix et la vision du mariage

Considérez ceci : l'homme que vous désirez… combien d'autres femmes, peut-être plus jeunes, aussi accomplies ou même plus séduisantes, sont-elles en train de le chercher? Reconnaissent-elles sa valeur? Et vous, la reconnaissez-vous vraiment?

C'est ici que la sagesse intervient. Beaucoup de femmes tardent à comprendre les dynamiques des relations jusqu'au jour où il est trop tard. Le temps n'est pas une force neutre; il agit différemment sur les hommes et les femmes. Un homme peut bâtir, grandir et se marier presque à tout âge. Mais pour la femme, *la fertilité et la capacité d'enfanter déclinent souvent entre 25 et 35 ans, la ménopause approchant vers 40 ans.*

Et tandis que beaucoup placent leurs espoirs dans le fameux « top 1 % » d'hommes riches, puissants ou à haut statut, elles négligent souvent les hommes honorables, fidèles et constants qui les entourent au quotidien : à la station-service, dans le train, livrant des colis, servant des tables, dirigeant des entreprises ou travaillant avec diligence dans leurs métiers. Ces hommes ne s'affichent peut-être pas dans le luxe, mais ils possèdent le caractère, la loyauté et l'engagement, les véritables fondements d'un foyer durable et d'une famille de valeur.

Alors, posez-vous cette question : êtes-vous prête à vous accrocher à des standards irréalistes, à attendre une image parfaite, tout en manquant d'époux authentiques et en craignant Dieu, juste devant vous? Attendre n'est pas toujours sagesse; parfois, c'est un retard coûteux.

Ne prenez plus vos conseils en matière de relations auprès de personnes divorcées ou célibataires de longue date qui restent dans la même file que vous. Leur perspective est souvent façonnée par la douleur ou l'orgueil plutôt que par la sagesse et la vérité. Pendant ce temps, les hommes apprennent de plus en plus à reconnaître et à éviter certains états d'esprit chez les femmes, des mentalités qui ne sont pas toujours exprimées par des mots, mais se révèlent rapidement dans les attentes et les comportements.

Voici le schéma qu'ils apprennent à identifier :

- « Seulement pour le meilleur, jamais pour le pire. »
- « Seulement pour la richesse, pas pour la pauvreté. »
- « Seulement dans la santé, pas dans la maladie. »
- « Aimer seulement quand c'est agréable, chérir seulement quand c'est pratique. »
- « Rester tant que l'amour dure, partir quand la vie devient difficile. »

Un tel amour conditionnel n'est pas l'amour d'alliance véritable; il ressemble plutôt à un amour consommateur. Les hommes discernent de plus en plus le danger de s'engager auprès de femmes qui considèrent le mariage comme un simple sentiment temporaire, et non comme un engagement à vie. Si votre loyauté n'existe que dans les beaux jours et la prospérité, ce n'est pas de l'amour véritable; c'est un calcul intéressé. Et un homme sage le percevra clairement avant de prononcer ses vœux.

Or, cela ne reflète pas l'esprit du mariage tel que la Bible le définit. L'alliance authentique d'amour, établie par Dieu, ne repose pas sur les circonstances, mais sur un engagement ferme, un sacrifice quotidien et une fidélité mutuelle.

Se marier, c'est choisir d'honorer son vœu, de tenir sa promesse et de traverser, avec la personne aimée, les épreuves de toute une vie. Si, un matin, vous « ***ne ressentez plus l'amour*** », ce n'est pas une raison pour enfiler vos baskets et fuir le foyer ; c'est un signal pour plonger plus profondément en vous-même. Bien souvent, l'insatisfaction dans le mariage ne concerne pas l'époux, mais reflète un vide intérieur ou des attentes irréalistes, qui, dans la réalité, n'existent même pas dans d'autres couples.

N'oubliez pas que 90 % des « ***lunes de miel*** » publiées en ligne ne sont que du spectacle. Si vous rencontriez ces couples séparément, dans un cabinet de thérapie, vous comprendriez que le bonheur ne vient pas d'autrui : c'est vous-même qui êtes responsable de votre propre joie. L'amour de soi est inconditionnel. Le conjoint n'est pas la source ultime de votre bonheur ; il y contribue, mais la source ultime, c'est le Seigneur.

Psaume 16:5-6:

« *L'Éternel est mon partage et mon calice; c'est toi qui m'assures mon lot; les lignes me sont tombées dans de délicieux lieux ; un héritage magnifique m'est échu.* »

Attendre de son époux qu'il soit à la fois conseiller émotionnel, pourvoyeur financier, leader spirituel, motivateur, mari romantique et meilleur ami est non seulement irréaliste, mais aussi injuste.

Soyons honnêtes : aucun homme, aussi dévoué ou compétent soit-il, ne pourra cocher toutes les cases de la longue liste que certaines femmes modernes portent.

En voici un exemple typique :

    A. Un homme qui exprime ses sentiments avec sincérité
    B. Écoute sans jugement
    C. Communique avec empathie et patience
    D. Est émotionnellement et mentalement mûr
    E. Gère le stress et la vie avec résilience
    F. Gagne un revenu élevé ou est stable financièrement
    G. Loyal, fidèle, respectueux des limites
    H. Respecte sa voix, ses rêves, sans être dominateur
    I. Dirige spirituellement sans tyrannie (Éphésiens 5:25)
    J. Soutient ses ambitions tout en l'accompagnant affectivement
    K. Amusant, drôle, attirant sur le plan physique et romantique
    L. Transparent sur ses finances et ses projets

Et la liste continue…

Mais la Bible n'a jamais exigé la perfection des époux; elle a appelé à l'ordre divin. « *Vous qui êtes soumis à Christ, soumettez-vous les uns aux autres; femmes, soyez soumises à vos maris comme au Seigneur; car le mari est le chef de la femme, comme Christ est le chef de l'Église.* » (Éphésiens 5:21-23).

Oui, les épouses sont appelées à « se soumettre » à leurs maris, non pas de manière dégradante ou oppressive, tandis que les maris sont appelés à aimer leurs femmes comme le Christ a aimé l'Église, avec humilité, sacrifice et tendresse.

Si vous vous préparez au mariage en arborant le masque du « faux » : faux cheveux, faux cils, faux ongles, maquillage excessif, lentilles colorées, bronzage artificiel, soutien-gorge rembourré, gaines, Botox, implants, sourcils tatoués ou talons pour gagner de la taille, demandez-vous si vous ne devenez pas, en vérité, « ***Mademoiselle Faux*** ».

Malheureusement, dans bien des contextes de la culture occidentale actuelle, les lois bibliques sont reniées ou inversées. Les épouses ne sont plus encouragées à honorer, à soutenir et à respecter leurs maris, sauf si ceux-ci cochent chaque case de leur liste. Et si ce n'est pas le cas, beaucoup estiment avoir raison de partir, de divorcer et d'emporter avec elles la moitié de la vie de leur foyer.

Le mariage n'est pas un jeu. Il ne consiste pas à évaluer sans cesse si votre partenaire « **mérite** » d'être aimé ; il consiste à donner cet amour. Si vous voulez un mariage qui dure, bâtissez-le sur la grâce, la vérité et l'alliance, et non sur des conditions et des critiques. Car aucun être humain ne peut combler tous vos besoins ; seul **Dieu** le peut.

Examinez attentivement cette longue liste d'attentes. Même après le mariage, certaines continuent de cocher leurs « **cases folles** », doutant d'avoir fait le bon choix ou croyant qu'un autre aurait été meilleur. Soyons réalistes : au lieu de juger constamment votre mari, essayez d'établir une liste de ce que vous apportez à la relation, puis passez-la en revue point par point.

À l'inverse, si vous parcourez le monde et demandez aux hommes ce qu'ils attendent d'une épouse, la plupart ne dresseront pas de longue liste. Quatre-vingt-dix-neuf pour cent répondront à trois besoins essentiels : **Respect, Paix et Intimité.**

Les hommes désirent être respectés non seulement pour ce qu'ils font, mais aussi pour ce qu'ils sont. ***Le Livre des Hommes*** rappelle cette vérité :

Dans Éphésiens 5:33 : « ***Du reste, que chacun de vous aime sa femme comme lui-même, et que la femme respecte son mari.*** Le respect n'est pas une récompense de la perfection; il est un signe d'honneur, de confiance et de révérence au sein d'une alliance.

Sarah, quant à elle, illustre ce respect envers son mari, lorsqu'elle dit : « Elle rit en elle-même, en disant: **Maintenant que je suis vieille, aurais-je encore des désirs? Mon seigneur aussi est vieux.** » (Genèse 18:12).

Le désir des hommes : un foyer de paix

Les hommes aspirent à un foyer paisible et émotionnellement sûr, un véritable refuge plutôt qu'un champ de bataille. Le roi Salomon le dit avec sagesse :

« *Mieux vaut habiter dans une terre déserte qu'avec une femme querelleuse et irritable.* » (Proverbes 21:19)

Hélas, dans le monde d'aujourd'hui, beaucoup d'hommes responsables en viennent à dire que toutes les femmes devraient suivre un simple apprentissage, que certains qualifient de « programme du silence ». L'esprit d'un homme s'épanouit dans un climat de respect tranquille et de soutien constant, mais il peut être brisé par des conflits incessants, des critiques dures ou par une femme persuadée qu'elle sait mieux et peut mieux faire que son mari.

« *Une femme vertueuse est la couronne de son mari; mais celle qui fait honte est comme la carie dans ses os.* » (Proverbes 12:4)

La crise contemporaine du mariage

Depuis quelques décennies, un nombre croissant d'études sociologiques et psychologiques met en lumière une tendance préoccupante au sein de la dynamique des mariages de longue durée. Après des années, parfois des décennies, à bâtir une vie commune, à élever des enfants et à relever les défis du quotidien, beaucoup de femmes choisissent le divorce, souvent à la quarantaine ou plus tard.

Selon une étude de l'American Sociological Association (2015), près de 70 % des divorces sont initiés par des femmes, et ce taux est encore plus élevé chez les diplômées universitaires ayant une carrière prometteuse et un revenu élevé. Elles se sentent plus désirées que leurs maris et recherchent « **du nouveau** ».

Les hommes, eux, ferment rapidement leur cœur lorsqu'une femme décide de partir. Au moment où elle se retourne, il est souvent trop tard : ils sont déjà passés à autre chose, parfois remariés, vivant comme si elle n'avait jamais compté. Non par rancune, mais par résolution. L'homme est créé pour s'adapter rapidement et pour chercher des solutions plutôt que de la pitié. Après avoir investi des années dans un foyer, être abandonné peut le transformer en profondeur. Beaucoup fermeront la porte pour toujours, non par haine, mais par respect de soi. Certains choisissent alors une compagne plus jeune et plus dynamique, ou une nouvelle vie sans risquer à nouveau leur paix.

Le mirage d'une « nouvelle vie »

L'une des raisons fréquemment invoquées est la recherche d'une « vie meilleure » : épanouissement affectif, un nouveau partenaire ou la quête d'identité personnelle. Mais dans bien des cas, cela conduit à détruire le foyer qu'elles avaient promis de protéger, en réclamant des pensions, des allocations et un partage équitable des biens, souvent acquis grâce au travail financier du mari.

Or, la recherche et les témoignages montrent que ce « recommencement » ne procure pas le bonheur attendu. Avec l'âge, les charmes qui attiraient autrefois perdent de leur éclat. Ce qui semblait une flamme durable n'était qu'une étincelle passagère. L'excitation d'une nouvelle relation est souvent brève et ne remplace pas la compatibilité construite au fil des années. Ces nouvelles unions manquent généralement de compréhension profonde des valeurs, des habitudes et des objectifs communs, ce qui entraîne des désillusions et des séparations.

Une conséquence claire de ces choix est l'augmentation du risque de solitude à l'âge avancé. De nombreuses études sur le vieillissement montrent que les femmes divorcées ressentent davantage de solitude que celles qui sont mariées ou veuves, vivant souvent seules avec pour seule compagnie des animaux domestiques. Or, si ceux-ci apportent un réconfort, ils ne remplacent pas la profondeur d'une relation humaine fondée sur l'expérience partagée et sur un engagement fidèle. Ce qui commence comme un désir de liberté se termine trop souvent par l'isolement et le regret, pris de conscience tardivement.

Préserver et nourrir l'alliance

Si vous êtes marié et suivez Christ, n'attendez pas que l'amour s'éteigne. ***Partagez les principes du Livre des Hommes avec votre conjoint.*** Lisez-les, méditez-leur et priez ensemble. Offrez non seulement un espace de correction, mais aussi un espace de connexion. Plutôt que de fuir, choisissez de continuer à vous aimer.

Voyagez ensemble et organisez une escapade pour un week-end. Changer de décor peut ranimer l'émerveillement mutuel. Participez à des événements et à des pièces de théâtre et créez de nouveaux souvenirs. Écrivez des lettres, non seulement des messages : les mots écrits ont un poids durable. Planifiez des rendez-vous hebdomadaires et protégez ce temps. Ce n'est pas un luxe, c'est une bouée de sauvetage pour votre amour.

Le mariage n'est pas autosuffisant ; il s'épanouit grâce aux soins intentionnels, à la prière partagée et à l'investissement mutuel. On n'abandonne pas un jardin parce qu'il ne fleurit plus; on l'arrose, on le protège, on le cultive. Faites de même avec votre alliance. Soyez un exemple pour vos familles et vos amis. Restez ensemble comme deux témoins répondant à l'appel du Juge suprême, un couple ayant combattu le bon combat et gardé la foi.

Le dessein divin : intimité et alliance

Dieu a créé le mariage pour favoriser la proximité émotionnelle et physique. En Genèse
2:18, il est écrit : « ***L'Éternel Dieu dit : Il n'est pas bon que l'homme soit seul; je lui ferai une aide semblable à lui.*** »

Les hommes désirent profondément une épouse qui soit bien plus qu'une colocataire : une femme qui partage non seulement leur lit, mais aussi leur vie, leur vision et leur foi. L'intimité va au-delà de la connexion physique; elle est la colle qui unit la vulnérabilité, entretient l'affection et soude les projets communs.

Cet engagement n'est pas soumis au tribunal de l'opinion publique. Il n'est pas mesuré par des « likes », des commentaires ou des applaudissements. C'est un lien sacré, sérieux, intime et privé, placé sous le regard de Dieu. Il mérite le respect, la discrétion et la protection. Les vœux échangés à l'autel ne sont pas destinés à être exposés, mais à être conservés dans l'espace sacré du mariage.

Les vœux constituent la partie la plus solennelle de la cérémonie. La fête peut inclure des parents, frères, sœurs et amis, mais l'alliance fidèle commence par une décision privée : deux personnes se choisissent pour la vie, cœur à cœur, âme à âme. Ce choix se fait devant Dieu, bien avant d'être vu par des invités ou de sceller une bague.

Puis, quand la musique s'éteint et que les habits de fête sont rangés, la vraie vie commence. Avec ses défis : travail, finances, parentalité, croissance personnelle. Mais de même que le choix du mariage fut intime, les luttes doivent aussi rester personnelles et sacrées.

Seuls deux se sont mariés, ni leurs familles ni leurs amis. Pour protéger le lien et éviter l'érosion de la confiance qui mène au divorce, il est sage et mature de garder les difficultés conjugales au sein du couple. Cherchez d'abord Dieu, non l'opinion publique. Ne rendez des comptes qu'à des mentors spirituels de confiance, non aux réseaux sociaux, aux ragots ni à la famille élargie. Votre mariage est votre ministère : protégez-le par la sagesse, la discrétion et la prière.

Cela signifie que, dans le mariage, le mari et la femme ne sont plus deux individus distincts, mais une seule entité unie, émotionnellement et spirituellement. Par conséquent, aucun des deux ne devrait exposer ou dénigrer l'autre devant des tiers, que ce soit à la maison ou ailleurs. Ce qui concerne l'un concerne l'autre, et leurs difficultés doivent être traitées avec discrétion, amour et unité, et protégées contre toute ingérence ou toute division. Ce lien sacré n'est pas destiné à être exposé au monde, mais à être honoré et sauvegardé comme une seule chair.

Malheureusement, dans la culture actuelle, les mariages sont souvent mis en scène sur les réseaux sociaux pour impressionner des inconnus, tandis que les vœux sacrés sont eux-mêmes considérés comme des suggestions temporaires. Le Livre des Hommes met en garde les chrétiens contre cette folie.

Ecclésiaste 5:4-5 :

« Lorsque tu as fait un vœu à Dieu, ne tarde pas à l'accomplir, car il n'aime pas les insensés. Accomplis le vœu que tu as fait. Mieux vaut pour toi ne point faire de vœu que d'en faire un et de ne pas l'accomplir. »

Un mariage n'est pas une fête : c'est une promesse à garder jusqu'à ce que la mort nous sépare. L'autorité divine de l'alliance.

Seul Dieu a l'autorité d'unir deux personnes en mariage, et Lui seul a le droit de parler dans cette alliance. Il a dit : « ***Que l'homme, donc, ne sépare pas ce que Dieu a joint.*** Cela signifie qu'aucun ami, aucun membre de la famille, aucun conseiller, ni même un tribunal n'a le pouvoir de briser ce que Dieu Lui-même a scellé. »

Quand deux personnes se tiennent devant Dieu et s'unissent dans l'amour et l'obéissance, elles sont redevables avant tout à l'Éternel et le restent jusqu'à la mort. Pas à la culture, pas aux modes, et certainement pas à leur convenance personnelle. Le mariage n'est pas un jeu; ceux qui y entrent doivent le faire avec le poids de l'éternité en tête, **jusqu'à la mort.**

Les deux qui disent « ***Oui*** » doivent aussi dire chaque jour : « ***Nous resterons ensemble quoi qu'il arrive*** », non pas parce que c'est facile, mais parce que c'est saint.

Lorsqu'un homme et une femme entrent en alliance devant Dieu, ils ne sont plus deux, mais une seule chair. Pourtant, dans un monde marqué par la chute, certains mariages ne durent pas.

Le Livre des Hommes cite 1 Corinthiens 7:15 :

« Si le non-croyant se sépare, qu'il se sépare; le frère ou la sœur ne sont pas liés dans ces cas-là. Dieu nous a appelés à vivre en paix. »

Cet enseignement reconnaît que, parfois, un conjoint peut choisir de s'éloigner, notamment en cas de conflit de foi, de valeurs ou d'engagements. Dans de telles situations, le croyant n'est plus lié spirituellement. On ne peut pas commencer à rebâtir une vie nouvelle tout en restant attaché à une alliance qui a été spirituellement, émotionnellement ou légalement abandonnée. Comme un bâtiment condamné doit être détruit avant d'être reconstruit, une personne doit être libérée de ses anciens vœux pour pouvoir repartir.

Les lois humaines et les dérives modernes

Les lois gouvernementales, en particulier aux États-Unis, entrent souvent en conflit avec les enseignements bibliques. Dans *le Livre des Hommes*, c'était l'époux qui avait l'autorité de rédiger une lettre de divorce en cas d'adultère ou d'abandon des devoirs conjugaux (Deutéronome 24:1-4; Matthieu 19:9).

Aujourd'hui, cependant, le gouvernement accorde aux femmes un pouvoir égal, voire supérieur, pour entamer un divorce, indépendamment des fondements bibliques. Beaucoup, surtout dans des cultures façonnées par des idéologies séculières, quittent leur foyer non pas par peur ni par abus, mais par insatisfaction ou par intérêt personnel.

Trop souvent, une femme quitte son mari lorsqu'il est financièrement stable, profitant des lois de l'État pour réclamer la moitié de ses biens, ainsi qu'une pension alimentaire et une contribution pour les enfants. Ce qui devait être une union sacrée devient un piège juridique, où l'homme se retrouve brisé sur les plans financier et émotionnel, tandis que l'État récompense celle qui s'en va.

Dans certains cas, des femmes invoquent une fragilité psychologique ou un « **traumatisme émotionnel** » pour éviter de travailler et obtenir un soutien financier prolongé, même si elles n'ont pas contribué autant à la vie du foyer. L'Écriture nous appelle certes à la compassion envers les cœurs brisés, mais elle ne justifie jamais la manipulation.

La restauration selon Dieu

Le mariage est fait pour le sacrifice mutuel, et non comme moyen de réclamer des privilèges. Les hommes qui veulent suivre les lois de Dieu doivent agir avec sagesse et un discernement spirituel. Si une femme choisit d'abandonner son rôle d'épouse et qu'il existe une preuve claire de négligence, de trahison ou de rébellion contre le dessein divin, alors l'homme a un fondement biblique pour se libérer de ces liens.

Ce n'est qu'une fois l'ancienne fondation enlevée qu'il peut véritablement reconstruire, spirituellement et émotionnellement, et peut-être un jour avec une nouvelle partenaire qui honorera l'alliance telle que Dieu l'a voulue.

HEAVENLY CITIZEN

CHAPITRE TROIS

Un homme chrétien divorcé
« L'Éternel est près de ceux qui ont le cœur brisé, et Il sauve ceux qui ont l'esprit abattu. » (Psaume 34:18)

Je suis un chrétien qui a cru de tout son cœur que mon mariage durerait « jusqu'à ce que la mort nous sépare ».

J'étais convaincu que si je suivais le chemin de Dieu, mon foyer resterait solide. J'ai promis, devant Dieu et en présence de témoins, d'aimer, d'honorer et de chérir mon épouse. Et pendant plus de vingt ans, j'ai tenu cette promesse, chaque jour, non comme un fardeau, mais comme mon plus haut appel. J'ai assumé avec fierté et un profond sens de la responsabilité les rôles de mari, de père, de pourvoyeur, de protecteur et de guide spirituel au sein de ma famille.

Aujourd'hui, en regardant en arrière, je mesure à quel point j'ai cherché à vivre les paroles de Josué :

« Moi et ma maison, nous servirons l'Éternel. » (Josué 24:15)

Je ne désirais rien de plus que bâtir une maison ayant Dieu pour fondement et l'amour pour murs inébranlables. Dieu m'a béni de deux fils, des enfants forts et intelligents, qui devinrent le centre de ma vie et le plus grand don du Père céleste, même lorsque je faiblissais. Ils étaient mon monde entier, mon héritage et ma raison de supporter des tempêtes que beaucoup d'hommes auraient abandonnées bien avant moi.

Imagine-toi à ma place : fatigué, plein de doutes, te demandant comment rester fidèle à Dieu lorsque ton mariage semble s'éloigner de Lui. J'écris ces mots pour toi.

Frère, comprends ceci : même si tes plans s'effondrent, ton histoire n'est pas terminée. Car il est écrit :

« Le malheur atteint souvent le juste, mais l'Éternel l'en délivre toujours. » (Psaume 34:19)

J'ai expérimenté cette vérité pendant longtemps, et toi aussi, tu la connaîtras si tu continues à t'accrocher au Seigneur.

Dès l'instant où j'ai dit « **oui** », j'ai scellé une alliance non seulement avec ma femme, mais aussi avec Dieu : celle de pourvoir, de protéger et de conduire. Pendant quinze ans, j'ai porté le poids du foyer avec une fidélité sans faille. Peu importe l'usure physique, émotionnelle ou spirituelle, j'étais présent.

J'ai payé chaque facture, entretenu la maison, pris soin des voitures, financé chaque vacance, chaque sortie, chaque petite joie de ma femme et de mes enfants. J'ai tout donné, non par obligation, mais par fidélité à la promesse faite devant le ciel.

Dans ma culture, comme dans beaucoup d'autres, l'homme est responsable de subvenir aux besoins de toute sa famille. J'ai consacré ma force et ma jeunesse à bâtir ce que je croyais être un foyer stable. Je n'ai jamais demandé combien ma femme gagnait lorsqu'elle a commencé à travailler, ni questionné ses dépôts bancaires. Pour moi, aimer signifiait lui faire confiance.

J'étais peut-être naïf ; j'aurais pu tirer davantage de sagesse du Livre des Hommes, mais j'ai choisi de rester ferme, agissant comme un mari aveugle et insensé. Pendant que je travaillais et me sacrifiais, elle construisait silencieusement sa propre richesse, jusqu'à pouvoir s'offrir ce que je ne pouvais plus lui donner. Puis, un jour, elle déclara : « **Ici, en Amérique, je n'ai pas besoin d'un homme pour me soutenir. Je peux m'occuper de moi-même.** »

À cet instant, sans dire un mot, elle signait la fin de notre mariage. Dieu, dans Sa sagesse parfaite, a créé l'homme en premier et a inscrit dans le cœur de chaque homme ce que nul n'a besoin de lui enseigner : à ce moment-là, je sus, au plus profond de moi, que je n'étais plus son mari. Le vœu était mort, non par mon choix, mais par son orgueil.

Je m'étais levé tôt, couché tard, fait d'innombrables sacrifices sans me plaindre, car il est écrit :

« *Tout ce que vous faites, faites-le de bon cœur, comme pour le Seigneur et non pour des hommes.* » (Colossiens 3:23).

Dieu tient l'horloge et observe chaque geste.

Pendant vingt ans, j'ai pourvu aux besoins du foyer, couvrant toutes les dépenses. J'étais fier d'être le pourvoyeur, non pas pour être reconnu, mais pour que ma femme et mes fils se sentent en sécurité, protégés et aimés.

Jamais je n'aurais imaginé qu'elle partirait, surtout après tout ce que nous avions partagé. Elle était dans la quarantaine, mon aînée, avec, derrière nous, une histoire riche. Ce n'était pas son départ qui m'a brisé, mais la prise de conscience qu'elle nous avait quittés bien avant que cela ne devienne visible.

Même sous le même toit, elle s'était déjà détachée, sur les plans émotionnels et spirituels, de la famille. Pourtant, elle restait, profitant en silence de la sécurité et des ressources du foyer, comme si elle en faisait encore partie, alors que son cœur avait dérivé depuis longtemps. Méfie-toi de ceux qui cachent leur tromperie derrière un masque de justice.

1 Corinthians 13:7-8 :
« L'amour excuse tout, il croit tout, il espère tout, il supporte tout. L'amour ne périt jamais. »

J'étais persuadé que mon amour, mon travail et ma fidélité fortifieraient notre mariage. Je m'étais trompé sur son cœur, mais jamais sur mon obéissance à Dieu. Cette obéissance devint mon ancre au milieu des tempêtes.

Lorsqu'elle a commencé son nouvel emploi avec une rémunération supérieure, j'ai éprouvé une grande fierté face à sa réussite. Je pensais que cela allégerait mes charges financières et lui procurerait un sentiment de satisfaction renouvelé. Je l'encourageais, je soutenais ses études et je n'hésitais jamais à lui venir en aide.

Ce qui avait commencé comme une bénédiction commença, lentement, à creuser un fossé entre nous. J'ai observé que cette nouvelle rémunération renforçait sa confiance. Son cercle social évolua également : elle passa plus de temps avec des femmes qui se déclaraient « **indépendantes** » mais qui, en réalité, nourrissaient du ressentiment. Je vois certaines d'entre elles quitter leur mari, une après l'autre, en se félicitant mutuellement pour leur « liberté ». Elles ont convaincu ma femme qu'elle n'avait pas besoin de moi.

Je vis alors s'accomplir sous mes yeux Proverbes 14:1 :
« La femme sage bâtit sa maison, et la femme insensée la renverse de ses propres mains. »

Reconstruit par Dieu

J'ai demandé au Seigneur de reconstruire ce que je ne pouvais plus maintenir de mes propres mains. Mais le Seigneur a choisi de me reconstruire, moi, plutôt que mon mariage. Le Saint-Esprit a commencé à me murmurer doucement : « Je te relèverai encore, je ne t'abandonnerai jamais. »

Le divorce peut donner l'impression d'une liberté face aux responsabilités, mais pour les femmes plus âgées ayant des enfants, cette indépendance se paie souvent au prix fort. Après des années à gérer un foyer et à élever des enfants, beaucoup se retrouvent à réintégrer la scène des rencontres avec des ressources limitées et peu d'opportunités. Le poids financier est particulièrement lourd :

Des études montrent que les femmes de plus de 40 ans voient leur niveau de vie chuter de 55 % après un divorce, contre seulement 11 % chez les hommes. Ce fossé s'explique par des carrières interrompues et des inégalités salariales.

Sur le plan émotionnel, le chemin est tout aussi difficile. Elle ne réalisait pas qu'en prétendant se bâtir elle-même, elle démolissait en réalité son propre toit. Elle avait oublié que la force d'une famille ne vient pas seulement de l'argent, mais aussi de l'unité placée sous la main de Dieu. Et tandis que son cœur s'éloignait, le mien restait, priant, travaillant et veillant dans une douleur silencieuse. J'ai demandé à Dieu de me guider, de m'indiquer quand viendrait le moment de la laisser partir. Je priais souvent pour mes enfants, m'appuyant sur la promesse du Psaume 127:1 :

« *Si l'Éternel ne bâtit la maison, ceux qui la bâtissent travaillent en vain.* »

J'avais planifié un long voyage en voiture de Boston au Delaware, espérant que ce changement d'environnement raviverait notre lien. Sept heures sur la route, deux enfants endormis à l'arrière, ma femme à mes côtés… Je pensais que l'éloignement de ses amies adoucirait son cœur envers notre famille. Elle appréciait les voyages, les repas, les hôtels, mais son cœur s'était détaché depuis longtemps. L'indépendance féministe avait déjà pris racine avant que quiconque ne perçoive le changement.

Nous avions été de proches amis. J'essayais de recréer cette atmosphère perdue. Je croyais que plus de temps partagé comblerait le fossé creusé entre nous. Je n'avais pas compris que les influences qu'elle avait adoptées avaient transformé ses convictions et ses priorités. Ce que je voyais comme une chance de renouer, à ses yeux, était un choc d'idéologies.

C'est alors que Le Livre des Hommes commença à parler directement de ma situation, et que je me mis enfin à l'écouter. La première leçon ? Le silence. Shsshshshsss !

« Je dis : Je prendrai garde à mes voies, de peur de pécher par ma langue; je mettrai un frein à ma bouche, tant que le méchant sera devant moi. » (Psaume 39:1).

Alors, je cessai de parler. J'ai retenu ma langue, non par peur, mais par sagesse et discernement. Je me suis souvenu ensuite : *« Car l'Éternel donne la sagesse; de sa bouche sortent la connaissance et l'intelligence. »* (Proverbes 2:6).

Il avait appris aux hommes à penser avec clarté et à discerner rapidement, afin que je voie la fin d'une chose avant qu'elle ne s'accomplisse. C'est à ce moment-là que je commençai à me préparer, non seulement extérieurement, mais aussi intérieurement. J'ai rassemblé ma dignité, protégé mon cœur et marché seul avec le Seigneur. La bataille ne m'appartenait plus. Le Saint-Esprit me souffla à nouveau avec clarté : *« Il est temps pour toi de partir. »*

À cet instant, je compris que je devais me battre pour ma famille autrement :

Non pas avec colère, mais avec stratégie. Car la vie après le divorce, surtout pour les femmes plus âgées, ne se limite pas à l'émotionnel; elle comporte aussi de lourds défis financiers et sociaux. J'avais envisagé un nouveau départ dans un autre État. Le Delaware offrait un réseau similaire d'écoles privées pour garçons et de maisons neuves abordables. Je me dis : « **Si elle voit que je suis prêt à tout laisser derrière, encore une fois, pour elle et pour les enfants, elle se souviendra sûrement de mon amour.** »

Au début, elle fut impressionnée. Elle vit que je pouvais encore pourvoir à ses besoins et que je restais cet homme qui lui donnait un sentiment de sécurité. Mais son cœur était déjà parti. Je compris alors la vérité de Proverbes 4:23 :

« Garde ton cœur plus que toute autre chose, car de lui viennent les sources de la vie. »

Le Saint-Esprit me montra que cette femme allait causer beaucoup de douleur à mes fils et à moi, et que si je n'y prenais pas garde, je finirais condamné par l'État, accusé d'avoir détruit mon foyer ou même envoyé en prison.

J'avais protégé mon cœur, mais elle non. Un cœur gouverné par l'orgueil et des influences malsaines devient étranger ; même dans ton lit, tu ne reconnais plus la personne qui te couche à tes côtés. Si tu es un homme de prière, comme moi, le Seigneur t'enverra des signes pour t'apprendre que ta place n'est plus dans cette maison et qu'il est temps d'entreprendre d'autres projets. Ce train est complet et il n'y a plus de place pour le mari à bord.

J'ai dû apprendre que tu ne peux pas changer le fruit sans changer la racine ; or, la racine était déjà trop profonde.

Quand la vérité éclate

Au lieu de « **jusqu'à ce que la mort nous sépare** », c'était comme si la mort nous fonçait dessus.

Mais la Parole de Dieu ne faillit jamais. Dans les moments les plus sombres, Galates 6:9 ranima en moi l'espérance :

« **Ne nous laissons pas de faire le bien ; car nous moissonnerons au temps convenable si nous ne nous relâchons pas.** »

J'ai choisi de ne pas devenir amer. J'ai décidé de rester fidèle, non pas à cause d'elle, mais à cause de Lui, le Dieu qui voit, qui entend et qui récompense. En retour, il m'a donné la force d'endurer. Beaucoup d'hommes subissent en silence les ravages de la détresse conjugale, jusqu'à aujourd'hui.

Le Livre des Hommes parlera pour eux : un cœur calme et paisible est intimement lié à la santé du corps, tandis que le stress et l'envie minent et détruisent.

La fermeture émotionnelle, la fatigue chronique et l'érosion de l'identité ne sont pas que des métaphores; ce sont des réactions scientifiquement observées à un stress conjugal prolongé, particulièrement chez les hommes mariés.

Des recherches menées par l'American Psychological Association et la Harvard Medical School démontrent que les hommes engagés dans des mariages à forts conflits ou marqués par la négligence émotionnelle courent un risque bien plus élevé de dépression, d'anxiété, d'insomnie et de maladies liées au stress, telles que l'hypertension et les affections cardiaques.

La répression prolongée des émotions, souvent inculquée aux hommes dès l'enfance, conduit à la solitude, à l'abus de substances et à un profond sentiment d'échec ou de honte. Faute de soutien suffisant, beaucoup intériorisent leur

Souffrance, aboutissant à ce que les psychologues appellent le « ***désespoir silencieux*** » : un état où l'on est physiquement présent, mais émotionnellement absent et spirituellement vidé.

Même dans cet exil émotionnel, les Lois de Dieu offrent l'espérance aux hommes chrétiens :

« L'Éternel est près de ceux qui ont le cœur brisé, et Il sauve ceux qui ont l'esprit abattu. » (Psaume 34:18).

Quand on est trahi, abandonné ou faussement accusé, et que le poids semble insupportable, il est encore possible de se relever, non par sa propre force, mais en s'ancrant en Dieu. Le prophète encourage les hommes à ne pas se laisser abattre en Ésaïe 41:10 :

« Ne crains rien, car je suis avec toi ; ne promène pas des regards inquiets, car je suis ton Dieu ; je t'affermis, je viens à ton secours, je te soutiens de ma droite triomphante. »

Même seul, Dieu est présent. Pour ceux qui se confient en Lui, il y a restauration, honneur et une identité renouvelée, une identité qui n'est plus définie par ce qui a été brisé, mais par Celui qui fait toutes choses nouvelles.

La trahison révélée.

Ce n'était pas une surprise.

J'ai appris une chose en tant qu'homme chrétien : la vérité finit toujours par éclater. Un homme de prière pressent souvent ce qui se passe bien avant que cela ne soit révélé. Pendant des années, j'ai prié : « ***Seigneur, fais que cette coupe s'éloigne de moi, ne permets pas que ce soit vrai.*** »

Mais le Saint-Esprit confirmait sans cesse : « **Oui, mon fils, c'est ainsi.** J'ai demandé à Dieu de mettre en lumière ce qui était caché dans les ténèbres, et en son temps, il l'a fait.

Frère, ce pressentiment que tu portes depuis un moment n'est pas qu'une intuition. C'est le discernement. Eh oui, c'est vrai. Plus tôt tu acceptes la réalité, plus tôt tu pourras préparer tes prochains pas, non dans la défaite, mais dans la victoire. Car Dieu ne prend pas plaisir à ceux qui abandonnent; il ne t'a pas créé pour être perdu.

Vous avez la force d'un lion :

« *Le méchant prend la fuite sans qu'on le poursuive ; le juste a de l'assurance comme un jeune lion.* » (Proverbes 28:1).

Personne n'a le droit de te mépriser. Dieu fortifie ceux qui persévèrent et avancent avec sagesse, dignité et foi.

« *Car ce n'est pas un esprit de timidité que Dieu nous a donné, mais un esprit de force, d'amour et de sagesse.* » (2 Timothée 1:7).

Et encore :

« Car il n'est rien de caché qui ne doive être découvert, rien de secret qui ne doive être mis en lumière. » (Marc 4:22).

J'ai trouvé des preuves irréfutables de son infidélité. Mais cela n'a pas brisé mon cœur : il a libéré mon esprit. J'avais été fidèle, et le Saint-Esprit avait déjà confirmé ce que je pressentais depuis longtemps. Dieu avait vu mon cœur, et désormais la vérité était exposée aux yeux de sa propre famille. Je n'étais pas surpris, car un homme de prière qui marche avec Dieu sait déjà.

« *Dieu nous les a révélées par l'Esprit; car l'Esprit sonde tout, même les profondeurs de Dieu.* » (1 Corinthiens 2:10).

J'ai organisé un dernier voyage en famille, cette fois à New York, chez ses parents. Je n'en ai rien dit avant la rencontre. Puis, sous leur toit, j'ai révélé tout ce qu'elle faisait.

Sans cris ni injures. Juste les faits. Sa famille l'a regardée avec douleur et incrédulité. Elle a éclaté en larmes et présenté ses excuses.

Mais son oncle, **un homme intègre et respecté**, l'a regardée droit dans les yeux et lui a dit : « **N'ose pas nous demander pardon. Demande pardon à ton mari, celui que tu as blessé.** »

Alors, je leur ai dit : « Je vous la rends saine et sauve, sans conflit, sans dommage. Désormais, elle peut réaliser ses projets avec son amant. Je ne suis plus lié à elle, et elle recevra bientôt une lettre de divorce pour poursuivre le bonheur et l'excitation qu'elle croit avoir trouvés. »

Pendant vingt ans, j'ai pourvu fidèlement à tous ses besoins et à ceux de nos enfants. J'ai payé chaque facture, entretenu ses voitures, assuré ses loisirs, financé nos vacances, tout en restant présent sur les plans émotionnel et spirituel.

Je lui ai donné de l'amour et de l'affection, de mon mieux, sans négligence. Nous avons élevé nos enfants ensemble, partagé des sorties et construit des souvenirs. Elle a vécu dans le confort et sous ma protection. **Désormais, elle n'est plus mon problème.**

Pourquoi alors ce choix d'un dernier entretien respectueux avec sa famille plutôt que de simplement partir ?

Parce que le respect est essentiel. Cesser d'aimer est une chose que je peux accepter; c'est dans l'ordre des choses. Mais tolérer un manque de respect délibéré, surtout de la part de celle que j'ai honorée au-dessus de tout, **jamais**. Je n'attends pas la perfection, mais j'exige l'honnêteté et l'intégrité. Voilà pourquoi j'ai choisi de la rendre à sa famille dans la paix et la dignité : je crois encore à l'honneur, même à la fin.

Une porte fermée

Tout avait déjà été discuté entre nous : désormais, elle serait divorcée et libre de rejoindre ses amants, dont certains, j'en suis sûr, étaient eux-mêmes mariés. Ce soir-là, je suis parti. J'ai pris la voiture et je suis rentré seul avec mes fils. Elle est revenue quelques jours plus tard en bus, mais j'avais déjà fermé la porte de mon cœur.

« La lèvre véridique est affermie pour toujours, mais la langue fausse ne subsiste qu'un instant. » (Proverbes 12:19).

Ses mensonges furent exposés ce jour-là. Même si cela a blessé ceux que j'aimais, je suis resté calme. Quand elle est revenue à la maison, peu importait ce dans quoi elle s'était engagée : elle avait perdu le droit de me blâmer.

Ma préoccupation première était de protéger mes fils de la dure réalité d'un foyer brisé. Je gardais encore un espoir, pour les préserver, pour maintenir une certaine normalité. Mais je savais, au fond, que son cœur ne voulait pas changer.

Elle retombait toujours dans les mêmes schémas. Elle avait franchi une limite que je ne pouvais pas pardonner. J'ai décroché, comme 100 % des hommes le feraient. Nous ne restons pas après une trahison : nous cessons de faire confiance et nous n'oublions jamais. Alors nous partons.

« *Comme un chien qui retourne à ce qu'il a vomi, ainsi est le sot qui répète sa folie.* » (Proverbes 26:11).

Pourtant, j'ai choisi la patience. J'ai attendu, laissant à mes garçons le temps de grandir, afin qu'ils comprennent mieux et ne soient pas blessés par le nouvel environnement de leur mère. En même temps, j'ai protégé mon cœur et mon avenir.

J'ai veillé à ce qu'aucun autre enfant ne naisse de cette union, et j'ai confirmé par des tests ADN que mes fils étaient bien les miens. Non par doute envers eux, mais par sagesse pour moi-même, une compréhension chèrement acquise, enracinée dans les leçons **du *Livre des Hommes*.**

Jésus a dit : « Voici, je vous envoie comme des brebis au milieu des loups. Soyez donc prudents comme les serpents, et simples comme les colombes. » (Matthieu 10:16).

À ce stade, la protection n'est réservée qu'à tes enfants si tu en as. Mais surtout, il faut désormais te protéger toi-même. Garde ton cœur dans le silence et agis avec discernement. Entoure-toi du mur infranchissable du Saint-Esprit; personne ne doit pénétrer l'espace sacré entre toi et ta foi en Dieu. Tes prochains pas sont déjà tracés par Lui. Il te suffit de rester tranquille et de lui faire confiance pour te guider.

« L'Éternel combattra pour vous; et vous, gardez le silence. » (Exode 14:14).

HEAVENLY CITIZEN

Chapitre quatre

Les Lois du Vrai Mari, Grâce Admirable Le Seul Digne de Notre Adoration

Ce fut un moment décisif, celui d'une véritable indépendance. Lorsqu'elle partit en Floride sans m'en informer, accompagnée de ses amies divorcées et « ***indépendantes*** », laissant nos enfants à la garde de leur grand-père, je compris clairement que la porte de ma liberté ultime s'ouvrait. Sans colère ni regret, je rassemblai mes affaires, quittai cette maison et ne regardai jamais en arrière.

Parfois, s'éloigner n'est pas un signe de faiblesse, mais un acte d'obéissance pour protéger ce que Dieu a confié entre nos mains. N'oublions pas que c'est pour cela qu'Il a créé l'homme en premier lieu.

L'Éternel t'accordera la force de partir et de rencontrer une femme plus belle, plus jeune, profondément chrétienne, élevée dans un foyer stable par ses deux parents, attachée à des valeurs solides, fertile et sans enfants. C'est ce que Dieu a fait pour moi. Je suis désormais remarié depuis cinq ans, et Dieu nous a bénis d'un autre fils. J'ai retrouvé mon épouse dans un autre pays.

Dieu créa l'homme en premier afin d'établir une hiérarchie claire et un ordre dans Son dessein pour l'humanité. La primauté appartient à l'homme : il doit d'abord être établi, discipliné, enraciné dans des valeurs, guidé par une vision, fondé sur la stabilité et marcher dans son appel avant même qu'une femme n'entre dans sa vie.

Le Seigneur a institué un modèle de direction tendre et responsable au sein de la famille et de la société. Selon 1 Corinthiens 11:3, 8-9, cette hiérarchie divine montre que, bien que l'homme et la femme soient égaux aux yeux de Dieu, leurs rôles diffèrent. *Je veux cependant que vous sachiez que Christ est le chef de tout homme, que l'homme est le chef de la femme, et que Dieu est le chef de Christ. Car l'homme n'a pas été tiré de la femme, mais la femme a été tirée de l'homme; et l'homme n'a pas été créé à cause de la femme, mais la femme a été créée à cause de l'homme. »*

Cette organisation céleste démontre que l'homme doit diriger avec amour, dévouement et sens de la responsabilité, reflétant l'autorité et la sagesse de Dieu, qui l'a établi comme chef de la femme et de son foyer. En même temps, la femme a été créée comme aide et partenaire adaptées, complétant l'harmonie parfaite de la création divine dans le mariage.

Le Livre des Hommes rappelle, dans Deutéronome 24:1-4, que si un homme prend une femme et qu'elle devient « **désagréable à ses yeux** » parce qu'il découvre en elle quelque chose de honteux, il peut lui écrire une lettre de divorce et la renvoyer. Mais cette femme, souillée par son infidélité et son instabilité, répétera ce cycle encore et encore, jusqu'à ce qu'aucun homme ne veuille plus d'elle.

Si une femme choisit de quitter son mari, croyant que l'herbe est plus verte ailleurs, elle s'expose à la corruption spirituelle et à un cercle vicieux de tromperie aux yeux de Dieu. L'Écriture exhorte les épouses à respecter et honorer leur mari (Éphésiens 5:33), et non à rompre l'alliance à la légère. Le titre « mari » ne doit jamais être pris à la légère : il incarne un rôle sacré.

Un mari reflète l'image de Dieu dans son foyer : il est le chef de la maison (Éphésiens 5:23), protecteur, pourvoyeur et guide. Il aime sa femme comme le Christ a aimé l'Église, d'un amour sacrificiel et inconditionnel (Éphésiens 5:25). Fidèle intendant de son mariage et de ses enfants, il est un leader-serviteur qui conduit avec humilité et vision. Mépriser un mari, c'est mépriser la structure divine que Dieu a instituée pour la famille lorsqu'Il a créé l'homme à Son image.

La relation entre le Seigneur et l'homme doit être respectée : Dieu confia à Adam la responsabilité de cultiver (*travailler*) et de garder le Jardin avant même qu'Ève ne soit créée, ce qui souligne le rôle fondamental de l'homme en tant qu'intendant et pourvoyeur.

Genèse 2:15 dit : « *L'Éternel Dieu prit l'homme, et le plaça dans le jardin d'Éden pour le cultiver et pour le garder.* »

Dans *Le Livre des Hommes*, cela définit ce que signifie être un homme de véritable valeur, un chrétien de haute stature : nous n'avons besoin de l'approbation de personne pour bâtir, reconstruire, créer la richesse et poursuivre notre vision. Nous avons fréquenté la plus haute école, l'université unique fondée et enseignée par le Tout-Puissant lui-même.

Après un divorce, il est parfois nécessaire pour un homme de revenir à ses racines, de revisiter ***Le Livre des Hommes*** et de redécouvrir son but original. Voilà pourquoi 99 % des hommes réussissent dans les cinq années qui suivent un divorce :

Un vrai homme est motivé à travailler avec acharnement et sagesse pour bâtir un héritage.

Le Livre des Hommes conseille aussi de conserver tout héritage ou tout don dans un compte séparé et de ne jamais le mélanger aux fonds conjoints. Si un contrat prénuptial ou postnuptial n'est pas possible, souviens-toi que tu es le premier fils de Dieu, que tu es un homme, et que tant qu'il y a de la vie, il y a un chemin. Reste concentré.

La direction d'un homme au sein de sa famille reflète le plan divin de la paternité, établissant un ordre hiérarchique sous Dieu : père, mère, puis les enfants. Paul écrit dans Éphésiens 5:23 :

« Car le mari est le chef de la femme, comme le Christ est le chef de l'Église, qui est son corps, et dont il est le Sauveur. »

Dès le commencement, Dieu confia à Adam un rôle de chef et d'intendant, en lui donnant le commandement concernant l'arbre avant même la création d'Ève (Genèse 2:16-17). Cet ordre intentionnel montre clairement que l'homme a le devoir premier de préserver et d'enseigner la parole de Dieu au sein de sa famille.

LES VÉRITABLES MARIS

La manière de s'adresser à un mari est très différente de celle qu'on adopte avec un enfant. On peut corriger un enfant avec impatience, mais un mari mérite une communication empreinte de respect et de dignité, car il porte des responsabilités que les enfants ne connaissent pas encore. Hélas, beaucoup d'hommes souffrent aujourd'hui en silence, en particulier les chrétiens, qui se sentent incompris à la fois par la société et parfois dans leur propre foyer.

Lorsque je dis « chrétien », je ne fais pas référence à une dénomination particulière, protestante, catholique ou autre, car Jésus lui-même n'a pas été limité par des frontières religieuses. Il n'a pas agi comme un imam, un prêtre ou un pasteur lié à une institution. Il est venu annoncer le Royaume de Dieu et accomplir la Loi et les Prophètes, comme il l'a déclaré clairement :

Matthieu 5:17 :

« Ne croyez pas que je sois venu pour abolir la loi ou les prophètes; je suis venu non pas pour abolir, mais pour accomplir. »

Un mari fidèle

Un mari fidèle est un homme qui comprend que sa vie ne lui appartient pas, mais qu'elle est une intendance confiée par Dieu. Chaque matin, il se lève non seulement pour gagner le pain, mais aussi pour couvrir sa famille de prières, de protection et de présence. Mépriser un tel homme, lui arracher le fruit de son labeur et le rejeter comme si ses efforts ne signifiaient rien, ce n'est pas seulement une injustice : c'est un péché contre le Dieu qui l'a appelé. L'Écriture nous rappelle que le cri des opprimés parvient jusqu'aux oreilles de l'Éternel des armées. Ceux qui déshonorent un mari fidèle devront en rendre compte à son Créateur.

Au cœur du caractère d'un mari véritable se trouve la fiabilité d'un grand-père de famille. Ses promesses ont du poids, et il s'efforce de les tenir. Quand il parle, sa famille peut se fier à son intégrité. Ses actions reflètent ses valeurs fondamentales, et son caractère demeure sans compromis.

Il n'est pas parfait, mais sa droiture persévérante éclaire un monde marqué par le compromis. Il bâtit sa maison sur l'honnêteté plutôt que sur la tromperie, enseignant à sa famille à vivre dans la vérité par son propre exemple.

Mais la responsabilité d'un mari ne se limite pas à fournir du pain. Un mari fidèle comprend que « **l'homme ne vivra pas de pain seulement, mais de toute parole qui sort de la bouche de Dieu** » (Matthieu 4:4).

Son rôle n'est pas seulement de subvenir aux besoins financiers, mais aussi de nourrir les âmes. Il apporte un soutien affectif, de l'écoute et des conseils avec compassion. Il pourvoit spirituellement, guidant sa famille dans la justice, enseignant à ses enfants les voies de Dieu et rappelant à toute sa maison qu'elle appartient à un Royaume plus grand. Sa conduite nourrit à la fois le corps et l'esprit.

La fidélité caractérise son lien avec son épouse. Concernant ses enfants, chaque mari chrétien fait preuve d'un engagement sacrificiel pour leur sécurité et leur bien-être. Si la joie de la mère demeure essentielle, la plupart des pères fidèles acceptent leur rôle de représentants du Seigneur auprès de leurs enfants. Son amour ne se réduit pas à une affection superficielle ou à une passion passagère ; il s'agit d'un engagement durable. Il honore son épouse par des paroles qui élèvent, des attitudes respectueuses et des gestes qui protègent sa dignité.

Un mari fidèle ne se contente pas de dire qu'il aime sa femme : il le montre par sa constance, sa patience et ses sacrifices. Pour ses enfants, l'amour ne se mesure pas aux cadeaux ou aux possessions, mais à la présence : écouter leurs histoires, les corriger avec douceur, les encourager à marcher dans l'appel de Dieu.

Un vrai mari est aussi un protecteur. Sa force ne réside pas seulement dans ses muscles, mais aussi dans sa vigilance et son discernement. Il protège physiquement sa famille contre les dangers, il protège émotionnellement par son attention et sa bienveillance, et il protège spirituellement en gardant son foyer à l'abri des fausses valeurs et des influences impies.

Au-delà de la protection, sa voix rugit comme celle d'un lion pour donner la direction. Il offre une vision au foyer, orientant ses proches vers un avenir marqué non par la peur, mais par la foi. Sous son autorité aimante, sa femme et ses enfants trouvent la sécurité, sachant que leur maison est ancrée dans l'amour et la sagesse.

Un mari qui regarde au-delà de lui-même reconnaît que son véritable héritage n'est pas constitué de voitures ou de richesses matérielles, mais du caractère et de la foi qu'il transmet à ses enfants. Il vit avec un sens de l'éternité, posant des fondations qui dureront au-delà de sa propre vie. Sa fidélité garantit à sa descendance bien plus que des biens : elle leur lègue des valeurs, une stabilité et la foi. Un mari véritable n'existe pas seulement pour aujourd'hui : il sème pour l'avenir, créant un héritage qui résonnera à jamais.

Pourquoi Dieu a-t-Il établi l'homme comme chef de la maison, de son épouse et de ses enfants ?

Dès le commencement, le dessein divin pour la famille fut établi dans la Genèse.

Dieu créa Adam en premier, puis Ève, formée comme « une aide semblable à lui » (Genèse 2:18). Cet ordre divin n'a jamais signifié supériorité ou infériorité, mais bien une organisation.

De même que l'univers obéit à une structure, la famille repose sur un ordre. Dieu donna à l'homme le rôle de chef, non comme un dictateur, mais comme un serviteur-leader, reflétant l'autorité paternelle de Dieu sur Son peuple. Cet ordre assure l'harmonie et la direction, car là où il n'y a pas de direction, règne la confusion.

Ainsi, la « **chefferie** » est une responsabilité plutôt qu'un privilège. L'homme porte devant Dieu le fardeau de l'intendance pour le bien-être de son foyer. Quand surgissent les difficultés, c'est souvent vers le mari que la famille se tourne en premier. Son rôle apporte stabilité dans l'incertitude, orientation dans la confusion, courage dans la crainte. Il ne s'agit pas de domination, mais d'un mandat de service. Dieu tient l'homme pour responsable, comme lorsqu'Il appela Adam en premier dans le Jardin : « *Où es-tu ?* » (Genèse 3:9).

La Bible affirme clairement que l'homme et la femme sont égaux devant Dieu : « Maris, vivez chacun avec votre femme en montrant de la sagesse ; honorez-la comme devant aussi hériter avec vous de la grâce de la vie. » (1 Pierre 3:7)

L'épouse n'est pas inférieure à l'homme ; elle se tient à ses côtés comme cohéritière de la grâce. Pourtant, l'Écriture la décrit comme « **un vase plus faible** », non pas en termes de valeur, mais en termes de besoin de protection, de soins et d'honneur. La force du mari est destinée à soutenir la vulnérabilité de son épouse, et non à l'exploiter. Son rôle est de couvrir, non de dominer.

Cet ordre de la chefferie n'amoindrit ni la voix ni la valeur de l'épouse ; il confirme sa place d'honneur. Dans la sagesse divine, l'autorité et l'égalité coexistent au foyer. Le mari conduit avec un amour sacrificiel, et l'épouse soutient avec respect et sagesse. Ensemble, ils reflètent l'image de Christ et de Son Église : **l'épouse chérie et l'époux qui donne sa vie par amour** (Éphésiens 5:25-27).

Lorsque cet ordre divin est rompu, la maison souffre. Par exemple, lorsqu'une épouse s'élève contre son mari dans la colère, cela transmet souvent du mépris plutôt qu'un désaccord constructif. L'Écriture appelle les épouses à respecter leurs maris, tout comme les maris doivent aimer leurs femmes (Éphésiens 5:33). Des voix élevées détruisent le respect, creusent la distance et blessent la confiance.

Proverbes avertit : « *Mieux vaut habiter à l'angle d'un toit que de partager la demeure d'une femme querelleuse.* » (Proverbes 21:9). Le conflit ronge la paix, mais le respect renforce l'unité.

L'atmosphère d'un foyer est façonnée avant tout par les paroles échangées entre mari et femme. Un ton dur ou criard attise la colère, tandis qu'une parole douce et respectueuse favorise la paix. L'Écriture enseigne : « ***Une réponse douce détourne la fureur, mais une parole dure excite la colère.*** » (Proverbes 15:1). Une épouse qui choisit la douceur, même dans la frustration, manifeste une maturité spirituelle et permet à son foyer de prospérer. Sa voix devient une source de guérison, et non de blessures.

En définitive, Dieu a établi l'homme comme chef de son foyer, non pour l'élever au-dessus de son épouse et de ses enfants, mais pour assurer à la famille la direction, la protection et le reflet de l'amour sacrificiel du Christ. Le rôle de respect de l'épouse et celui d'amour du mari ne s'opposent pas, mais se complètent. Quand chacun assume son rôle divin, la famille devient une forteresse, un témoignage vivant de l'ordre, de la paix et de l'amour qui caractérisent le Royaume de Dieu.

Une parole douce

Une parole douce, prononcée avec patience, a le pouvoir de guérir les blessures et de rétablir la proximité. Une communication respectueuse fortifie le cœur du mari, encourage sa direction et préserve la paix au foyer. À l'inverse, les disputes constantes volent la joie et fragilisent les fondements mêmes du mariage. En choisissant la douceur, une épouse n'honore pas seulement son mari, mais elle honore aussi Dieu, dont l'Esprit lui donne de la patience et de la grâce.

Le mari et l'alliance du mariage

Le mari se définit comme celui qui entre dans une alliance conjugale, caractérisée par des droits et des responsabilités mutuels envers son épouse. Le premier mari fut Adam, à qui Dieu donna une épouse, Ève, comme « **une aide semblable à lui** » (Genèse 2:18).

Ils demeurèrent unis jusqu'à la mort, illustrant la permanence du dessein divin en matière de mariage. Un mari n'est pas seulement un homme marié ; il est un chef d'alliance, un protecteur et un serviteur au sein de sa maison.

Ève fut la première femme, créée par les mains mêmes de Dieu dans un monde encore intact, sans péché. Sa beauté était pure et parfaite, le reflet de la perfection de la création. Elle n'était pas seulement resplendissante à l'extérieur, mais également dotée d'un esprit vif et curieux. Intelligente, sensible et capable de raisonner, elle fut conçue comme une partenaire égale à Adam : différente dans le rôle, mais égale en valeur. Sa beauté captivait, et son intelligence complétait son apparence, symbolisant l'intention divine du féminin.

Son intelligence et sa curiosité la conduisirent à la séduction, et dès cet instant, elle dut porter le lourd fardeau de la désobéissance. Pourtant, même dans son échec, elle resta aux côtés de son mari et assuma avec lui les conséquences. Son histoire demeure un rappel solennel de la loi immuable de Dieu, témoignant que Sa Parole ne peut être ignorée sans conséquence.

Contrairement à beaucoup de femmes modernes du XXIe siècle qui quittent facilement leur mari pour s'engager seules sur des chemins incertains, les épouses doivent reconnaître une vérité fondamentale : les hommes observent. Si une femme quitte son foyer et se rend accessible à un autre, la confiance est brisée et l'homme croira qu'elle pourrait recommencer.

Aucun homme sage ne souhaite devenir la cible d'une telle instabilité. Au contraire, les femmes devraient apprendre de l'exemple d'Ève : bien qu'elle ait failli, elle resta aux côtés de son mari jusqu'à la fin. La véritable sagesse n'est pas dans l'abandon, mais dans la persévérance, l'honneur de l'alliance et la protection du foyer de Dieu.

La Bible décrit le mari non comme le chef d'un simple arrangement social, mais comme le gardien d'une alliance divine :

« ***Car le mari est le chef de la femme, comme Christ est le chef de l'Église, qui est son corps, et dont il est le Sauveur*** » (Éphésiens 5:23).

Ce leadership repose sur la responsabilité plutôt que sur le contrôle, reflétant l'amour sacrificiel du Christ pour Son Église. Le mari est appelé à diriger avec humilité, à protéger avec courage et à servir avec fidélité.

Même l'étymologie du mot « **mari** » révèle ce rôle d'intendance : il vient de l'ancien norrois *húsbóndi*, qui signifie littéralement « celui qui tient la maison ». Dans le sens biblique, le mari n'est pas seulement l'habitant du foyer, mais aussi son gardien, investi par Dieu de la mission de gouverner avec sagesse et amour.

Le Livre des Hommes Chrétiens donne ce conseil : si un homme peut subvenir aux besoins de sa famille sans contraindre son épouse à travailler à l'extérieur, il devrait le faire. **Pourquoi ?**

La raison n'est pas d'amoindrir la femme, mais de préserver son rôle premier.

1 Pierre 3:7 : ***Celui qui nourrit le cœur de la maison et qui est la gardienne des enfants. L'Écriture rappelle que la femme est*** « le vase plus faible »,

Non en valeur, mais dans son besoin de protection et de couverture.

Lorsque la pression financière l'oblige à diviser ses forces entre l'éducation des enfants et les exigences du travail extérieur, la famille peut être exposée à la tension et à la tentation. Sans la direction du Saint-Esprit, l'attrait de l'indépendance financière peut déformer ses priorités et fragiliser son lien avec son mari.

Beaucoup d'hommes contestent ce principe, mais si l'on observe les pays où le taux de divorce avoisine zéro, un facteur commun se dégage : les femmes y assument principalement le rôle de maîtresses de maison. La valeur et le respect accordés à leur travail, à s'occuper des enfants, à maintenir le foyer, à soigner l'apparence du mari et des enfants constituent le socle de la famille. Voilà l'œuvre de l'épouse.

Cela n'amoindrit pas sa dignité ni ne réduit son égalité en tant que cohéritière de la grâce. Une épouse est une femme entrée dans une alliance légale et spirituelle de mariage, partageant des droits, des responsabilités et le compagnonnage avec son mari. Elle est une aide, non dans le sens d'une servitude, mais comme une partenaire qui complète ce qui manque à l'homme, tout comme Ève fut donnée à Adam.

L'apôtre Paul reconnaît que le mariage est un appel important et que rester célibataire peut parfois permettre une plus grande disponibilité pour le Seigneur (1 Corinthiens 7). Cependant, pour ceux qui se marient, les responsabilités sont grandes et la vocation sacrée.

Une épouse incarne l'amour, le respect et la collaboration au sein du mariage. Elle a la charge de nourrir le cœur du foyer, de soutenir son mari avec sagesse et de modeler l'atmosphère de la vie familiale. Mari et sa femme forment ensemble une seule chair, une seule maison, bien que chacun apporte des ressources différentes.

Dans le mariage, l'individualité n'est pas effacée, mais l'unité prend la priorité. Les finances, les responsabilités et les décisions ne doivent jamais être des outils de division, mais des instruments d'unité. Comme je le rappelais souvent à ma propre épouse : l'argent ne devrait jamais être un problème dans notre maison, car il n'est pas destiné à nous diviser, mais à nous servir comme un seul corps sous l'ordre de Dieu.

Le seul digne de notre adoration

Qu'il soit clair : certains hommes refuseront cette conviction, mais la vérité demeure. Aussi puissant qu'il soit, président, roi, dignitaire vêtu d'autorité ou riche de succès, aucun homme n'est digne de notre adoration.

Nous ne nous prosternerons jamais devant un président, un roi ou un haut dirigeant. Nous ne baiserons pas leurs mains ni n'élèverons la voix comme s'ils étaient des sauveurs. Toute puissance terrestre, si grande soit-elle, est passagère et destinée à disparaître.

David dit dans le Psaume 146:3 :

« *Ne vous confiez pas aux grands, aux fils de l'homme, qui ne peuvent pas sauver.* »

Il n'y a qu'Un seul devant qui nous tombons face contre terre, déposant nos gardes et nos couronnes à ses pieds. Le seul pouvoir digne de notre adoration est le Seigneur Jésus-Christ, qui détient les clés de la vie et du Royaume des cieux.

Philippiens 2:9-10 :

« *C'est pourquoi aussi Dieu l'a souverainement élevé, et lui a donné le nom qui est au-dessus de tout nom, afin qu'au nom de Jésus tout genou fléchisse dans les cieux, sur la terre et sous la terre* »

Tous les prophètes, les rois et les êtres célestes de l'histoire n'ont jamais osé proclamer ce que le Christ déclara Lui-même. Le Messie n'a pas dit qu'Il avait trouvé un chemin. Il a affirmé : « *Je suis le chemin.* »

Il n'a pas prétendu avoir découvert la vérité. Il révéla : « *Je suis la vérité.* »

Il n'a pas proposé de philosophie de vie. Il proclama : « *Je suis la vie. Nul ne vient au Père que par moi* » (Jean 14:6).

Ses paroles le distinguent de tout prophète, chef ou souverain qui n'a jamais existé.

En tant qu'hommes, maris et pères, nous reconnaissons qu'aucun homme ne surpasse Celui qui détient les clés de notre salut. Notre loyauté n'appartient pas aux trônes terrestres, mais au trône éternel de Dieu. Nos louanges ne sont pas pour des couronnes éphémères, mais pour le Roi des rois et le Seigneur des seigneurs (Apocalypse 19:16).

Ainsi, un véritable homme de Dieu vit avec conviction : il respecte l'autorité, mais n'adore que le Christ. Il honore les dirigeants, mais ne fléchit le genou qu'au Sauveur, Jésus-Christ. Il peut servir sa nation, mais il appartient au Royaume. Nous ne baiserons jamais la main de quiconque comme signe de majesté suprême, sauf celle de notre Seigneur Jésus.

Voilà la marque d'un véritable homme : un mari et un père qui comprennent que la force, l'intégrité et l'héritage ne proviennent pas des titres terrestres, mais du Seigneur éternel qui règne à jamais.

Psaume 95:6

« Venez, prosternons-nous et humilions-nous, fléchissons le genou devant l'Éternel, notre créateur ! »

En tant qu'époux, nous avons la responsabilité de nous exprimer sur tout ce qui concerne la sécurité, l'orientation et le bien-être de la famille. Il ne s'agit pas de domination, mais de redevabilité devant Dieu. La direction spirituelle (la "tête") implique d'être digne de confiance dans la supervision, de prendre des décisions avec sagesse, prière et amour, en considérant toujours ce qui est le meilleur pour le foyer.

Lorsque le mari et la femme marchent ensemble dans l'unité, soumis à la Parole de Dieu, la maison est remplie de paix, d'ordre et de stabilité. Un tel mariage devient non seulement une bénédiction personnelle, mais aussi un témoignage vivant du Royaume de Dieu sur la terre.

Psaume 150:1-2

« Louez l'Éternel ! Louez Dieu dans son sanctuaire ! Louez-le dans l'étendue, où éclate sa puissance ! Louez-le pour ses hauts faits ! Louez-le selon l'immensité de sa grandeur! »

Une prière pour une parole paisible

Père céleste, apprends-moi à garder ma langue et à maîtriser mon tempérament. Donne-moi la sagesse de parler avec amour, patience et respect, même dans les moments les plus difficiles. Là où mes paroles ont blessé, apporte la guérison. Là où ma maison a été ébranlée par la colère, restaure-la par ta paix. Que ma voix devienne un instrument d'encouragement plutôt que de destruction. Façonne mes mots pour que mon mariage reflète l'amour du Christ et de son Église. Que l'atmosphère de mon foyer soit emplie de douceur, de sagesse et de grâce. **Au nom de Jésus, Amen.**

HEAVENLY CITIZEN

Chapitre Cinq

Les hommes :
*chefs et intendants du foyer chrétien Les vrais maris
marchent par la foi et demeurent vigilants*

« Car le mari est le chef de la femme, comme Christ est le chef de l'Église, qui est son corps, et dont il est le Sauveur. » (Éphésiens 5:23)

Les hommes chrétiens doivent être les leaders et les gardiens du foyer. Dieu a confié aux époux la mission sacrée de diriger, de protéger et de subvenir aux besoins de leur famille avec intégrité et amour. Les véritables maris vivent par la foi, en maintenant un esprit clair, et veillent sur leur cœur et leur maison avec sagesse et prière. Ils n'exercent pas leur autorité avec dureté, mais avec l'amour sacrificiel que le Christ a montré envers son peuple.

Un mari sage demeure attentif et intentionnel, jamais paresseux dans son appel. Il conduit, pourvoit et protège sans crainte ni compromis. Pendant ce temps, son épouse embrasse son rôle conféré par Dieu : bâtir et nourrir le foyer à ses côtés, sous la supervision et la grâce divines. « *La femme sage bâtit sa maison, et la femme insensée la renverse de ses propres mains.* » (Proverbes 14:1). Ensemble, ils forment un foyer solide qui honore le Seigneur et laisse un héritage de foi aux générations futures.

Les hommes guidés par la foi ne se laissent pas gouverner par des émotions passagères, des tendances culturelles ou des quêtes sociales. Ils restent ancrés dans l'Écriture et guidés par les conseils pieux ainsi que par les enseignements du *Livre des Hommes*. Ils comprennent que le mariage est une alliance sacrée, non un simple contrat ; ils savent que Dieu l'observe. « *Que l'homme ne sépare donc pas ce que Dieu a uni.* » (Marc 10:9).

Ils discernent aussi le moment de se tenir fermes pour leur famille ou, si nécessaire, de s'éloigner de la trahison ou de la manipulation, non par orgueil, mais par un discernement juste, afin de protéger ce que Dieu leur a confié.

Les hommes de Dieu se souviennent qu'ils sont appelés à être audacieux comme des lions. « *Le méchant s'enfuit quand personne ne le poursuit, mais le juste a de l'assurance comme un jeune lion.* » (Proverbes 28:1). De même que Christ, le Lion de Juda, règne avec force et justice (Apocalypse 5:5) :

Gabriel écrit dans *Le Livre des Hommes* : « Tout véritable mari doit défendre farouchement son foyer. Aucune femme ne devrait chercher à tromper ni à exploiter le dur labeur et le dévouement d'un homme pour des intérêts égoïstes. ». Les hommes qui lisent ce livre savent que la manipulation n'a pas sa place dans un foyer fondé sur Dieu, la vérité et l'honneur.

Dans le monde d'aujourd'hui, si une épouse choisit d'abandonner son rôle d'aide pour se donner une indépendance centrée sur elle-même, un homme fidèle n'a pas besoin de la supplier de rester. Il sait que la paix et le but viennent de Dieu seul. Adam travaillait fidèlement et nomma toute la création avant qu'Ève ne lui soit donnée en mariage. Il était entier et porteur de sens avant qu'une épouse ne lui soit ajoutée.

« Il n'est pas bon que l'homme soit seul ; je lui ferai une aide semblable à lui. » (Genèse 2:18). Toute épouse dont le jugement n'est plus conforme à celui de son mari devra en répondre devant le Seigneur pour avoir rompu l'alliance et privé ses enfants de la bénédiction quotidienne d'un père.

Un homme vertueux comprend qu'il vaut mieux vivre dans la paix que dans le conflit. *« Mieux vaut un morceau de pain sec avec la paix qu'une maison pleine de viandes avec des querelles. »* (Proverbes 17:1). Il met sa confiance dans la fidélité de Dieu : nombreuses sont les femmes pieuses qui honorent l'amour de l'alliance et respectent le leadership biblique authentique des hommes.

C'est pourquoi les hommes demeurent fermes, audacieux comme des lions, intendants vigilants de ce que Dieu leur a confié, dirigeant, aimant et protégeant avec sagesse, courage et foi. Oui, le véritable amour existe, et nous honorons ces lois bibliques en respectant et en valorisant les nombreuses femmes de Dieu restées fidèles à leur part de l'alliance.

Il ne manque pas de femmes de foi qui honorent l'amour de l'alliance et respectent le leadership biblique des hommes. Voilà pourquoi les maris demeurent fermes, audacieux comme des lions, fidèles intendants de ce que Dieu leur a confié. En tant qu'hommes de Dieu, nous devons aussi nous dresser contre toutes les formes d'abus. Aucun homme ne devrait lever la main, élever la voix ni nourrir de pensées dures contre la femme qu'il a juré d'aimer et de protéger. L'abus viole le dessein de Dieu et corrompt le sanctuaire du foyer.

Pourtant, dans une culture où le mariage resterait sacré et honoré par les familles et les communautés, la liberté d'abandonner ses vœux à la légère ne serait plus considérée comme anodine. Si les épouses savaient que fuir sans raison légitime signifiait vivre seules pour le reste de leurs jours, sans remariage ni réinvention facile, elles n'oseraient plus avancer des excuses telles que « l'amour n'est plus là » comme motif suffisant pour détruire un foyer.

Le désir d'un partenaire plus riche, plus excitant ou plus complaisant justifierait-il de rompre ce que Dieu a uni ? Qu'elles en répondent devant Dieu !

Aujourd'hui, les mentalités modernes ont conduit de nombreuses femmes à croire qu'elles peuvent tout avoir : la liberté de partir, un nouveau départ avec un autre homme et le style de vie qu'elles admirent en ligne, y compris les richesses et les ressources construites avec l'époux qu'elles méprisent désormais.

Cette façon de penser a transformé beaucoup de femmes en rêveuses, plus âgées, plus exigeantes, mais offrant moins en retour. Elles imaginent un homme parfait, bâti à partir d'une liste interminable de critères, oubliant que le temps change chacun. Les jeunes célibataires qu'elles convoitent ne leur répondent souvent pas, car ces hommes ont d'innombrables options.

Le Livre des Hommes dit : les plus grands gagnants et les jeunes hommes ont des options parmi des femmes dynamiques dont le cœur est encore disposé à bâtir et non à détruire; dont la beauté est encore en pleine floraison et non en déclin ; dont l'attitude apporte la paix et non la rivalité. Elles sont plus fertiles et prêtes à suivre les projets des hommes. Il n'y a pas de place pour les vieilles voitures aux moteurs inutiles.

Le *Livre des Hommes* enseigne que, dans le véritable marché de l'amour et de l'engagement, les hommes prospères et les jeunes hommes prometteurs se tournent naturellement vers des femmes rayonnantes, désireuses de bâtir avec eux plutôt que de démolir ce qu'ils espèrent créer. Ce sont des femmes prêtes à apprendre et à écouter, chérissant chaque occasion de croître aux côtés de leurs maris.

La beauté de ces femmes est encore fraîche et épanouissante ; leur esprit est coopératif plutôt que combatif, et leur jeunesse leur permet d'avoir de nombreux enfants en bonne santé, renforçant ainsi l'héritage familial. Comme une voiture de luxe neuve, sortie du showroom, parfaite dans sa conception et pleine de promesses, ces femmes apportent de la vitalité et de la fraîcheur à la vie d'un homme.

En revanche, beaucoup d'hommes évitent les mères célibataires âgées ou les femmes alourdies par un passé difficile et des corps fatigués, briseuses de foyers et de cœurs, même si leur apparence extérieure semble soignée. Pour ces hommes, de telles femmes ressemblent à des voitures d'occasion au kilométrage élevé : autrefois désirables, encore peut-être brillantes, mais marquées par l'usure, chargées de bagages et n'offrant que peu, sinon des histoires factices et des blessures accumulées.

Les hommes chrétiens découvrent souvent que leurs options s'élargissent avec le temps, l'expérience et les ressources acquises. Plus un homme fidèle vieillit, plus il affine sa valeur, étend son influence et attire une affection véritable. Il devient comme un arbre offrant abri et fruit, tandis que la femme en fuite ressemble à une voiture usée sur un parking bondé : trop de kilomètres, trop de propriétaires passés, et trop peu d'acheteurs disposés.

Cependant, les « reines amères » et les divas carriéristes proclament haut et fort : « Je n'ai besoin d'aucun homme ! Mon travail est mon mari ; je suis mariée à ma carrière ! Je vis pour moi et fais ce que je veux ! Les hommes ne valent rien ; *je me suffis à moi-même, et mon chien me suffit* ! »

Études récentes et dérives modernes

Des recherches récentes en sociologie et en économie comportementale ont montré que les femmes à hauts revenus sont plus enclines à adopter une « hyper-indépendance », souvent appelée « détachement individualiste » dans les études ». Une étude publiée en 2022 dans le Journal of Marriage and Family indique que les femmes financièrement accomplies retardent de plus en plus, voire rejettent, les relations traditionnelles, influencées par certaines idéologies féministes modernes qui considèrent la soumission comme une faiblesse et la dépendance comme un échec.

Beaucoup d'entre elles entrent alors dans ce que les chercheurs décrivent comme une métaphore : « **l'île de l'indépendance** », ou « **Lala Island** », un espace où l'autosuffisance est privilégiée par rapport à la communion. Cependant, les coûts émotionnels, spirituels et relationnels s'accumulent silencieusement.

Hélas, avec le temps, peu de gens mesurent les effets à long terme de cet isolement volontaire, jusqu'au jour où la beauté s'efface, où les options se réduisent, et où trouver une véritable compagnie devient de plus en plus difficile. Ce que le monde appelle « **liberté** » finit par ressembler davantage à un exil permanent sur « l'île de l'indépendance ».

L'éveil des hommes

C'est dans la douleur, la prière et le discernement que les hommes s'éveillent et apprennent à choisir plus sagement. Le Livre des Hommes n'est pas un mythe : il reflète une sagesse intemporelle et rappelle aux hommes d'éviter les relations fondées sur le contrôle, l'orgueil ou la rébellion contre l'ordre divin. Proverbes 21:9 avertit : « Mieux vaut habiter à l'angle d'un toit que de partager la demeure d'une femme **querelleuse.** »

En d'autres termes, la paix a plus de valeur pour un homme que la simple présence.

Les hommes apprennent à se détourner des anciens schémas et des « anciens maîtres », ces partenaires qui utilisent l'indépendance comme arme, pour rechercher plutôt la paix de Dieu, l'harmonie spirituelle et le respect mutuel. Comme l'a dit Jésus en Jean 14:27 :

« Je vous laisse la paix, je vous donne ma paix. Je ne vous la donne pas comme le monde la donne. Que votre cœur ne se trouble point et ne s'alarme point. »

Les illusions de « l'indépendance »

Nombreuses sont celles qui, dans leur jeunesse, ont refusé de bâtir une famille, trop occupées à poursuivre le statut et la richesse. Mais à l'âge mûr, cette indépendance tant vantée laisse souvent un goût amer, alors que les applaudissements pour leur carrière s'éteignent. On les retrouve encore, dans la quarantaine ou la cinquantaine, seules dans des clubs ou des soirées, cherchant désespérément à rivaliser avec des femmes de vingt ans, leurs cadettes.

Ces « **Miss Indépendantes** » autoproclamées oublient le but profond pour lequel le Seigneur les a créées. Elles rejettent l'héritage de l'obéissance et du respect, se moquent de l'engagement et refusent la compagnie des nombreux maris autour d'elles, utilisant « l'indépendance » comme prétexte pour éviter la maturité et la responsabilité.

Cette réalité n'est pas une moquerie des femmes, mais un appel pressant à revenir au respect du mariage : une alliance qui exige maturité, sacrifice et fidélité partagée. Lorsque les maris et les épouses se rappellent que le mariage n'est pas jetable, mais un pacte sacré devant Dieu, alors les familles restent fortes et les générations futures prospèrent.

Le système qui profite des foyers brisés

Le livre des hommes déclare :

« *Une femme avide trouble sa maison et fait du tort à ses enfants, mais celle qui hait la malhonnêteté vivra en paix.* »

Au début des années 1900, les femmes ont obtenu le droit de vote aux États-Unis, marquant une étape importante vers l'égalité sociale. Mais dans les années 1960 et 1970, la « deuxième vague » du féminisme est apparue, exigeant l'égalité au travail, la contraception, l'avortement légal et la libération du rôle de femme au foyer.

À la même époque, les lois de divorce « **sans faute** » furent introduites aux États-Unis et au Canada, facilitant la rupture d'un mariage sans preuve d'adultère ou de maltraitance. Ainsi, une femme pouvait quitter son mari simplement parce que son amant était plus « ***récent*** » et quitter une part importante de sa vie.

Les systèmes sociaux et les tribunaux n'ont pas seulement cherché à protéger les femmes et les enfants ; ils ont, volontairement ou non, fragilisé la place du père. Ils ont permis aux femmes de divorcer plus aisément tout en recevant des pensions alimentaires ou des aides publiques. Cela a encouragé la monoparentalité, laissant de nombreux foyers sans père, tandis que beaucoup d'hommes perdaient jusqu'à 50 % de leur patrimoine, dont 35 % consacrés aux pensions après séparation.

Même dans l'Église, certaines femmes chrétiennes adoptèrent cette mentalité, considérant les hommes comme interchangeables et oubliant l'autorité de la Parole. Pourtant, l'Écriture est claire : « ***Que l'homme donc ne sépare pas ce que Dieu a uni*** » (Marc 10:9) et « ***Femmes, soyez soumises à vos maris comme au Seigneur… Maris, aimez vos femmes, comme Christ a aimé l'Église*** » (Éphésiens 5:22-25).

L'avertissement et l'espérance

Au fil du temps, le mouvement des « femmes indépendantes » recrute de plus en plus de jeunes femmes naïves, les faisant perdre leurs années les plus précieuses, jusqu'à ce qu'elles cherchent un mari à l'approche de la cinquantaine. Mais ces « destructrices de foyers » finissent par briser des cœurs, surtout ceux de ceux qui méconnaissent les avertissements **du *Livre des Hommes.***

Pourtant, malgré les chutes de l'humanité depuis le Jardin d'Éden, un réveil est en marche. Aujourd'hui, les hommes mariés, les jeunes époux, ceux qui se préparent au mariage ou les célibataires en quête d'une épouse sont appelés à la vigilance. Rendons grâce à Dieu pour les vérités révélées dans ***le Livre des Hommes,*** confiées à Gabriel, guide pour retrouver notre vocation première et pour marcher avec sagesse dans un monde qui se moque trop souvent de la véritable virilité.

Cette sagesse enseigne à chaque homme une vérité exigeante, mais salvatrice :

Il est désormais de ta responsabilité de transmettre ce savoir afin que d'autres hommes préservent leur cœur et ne s'éloignent pas du Seigneur. Car l'amour seul ne suffit pas à soutenir un mariage, et la beauté seule ne garantit pas la vertu.

Salomon, l'homme le plus sage de tous les temps, l'a appris à travers ses erreurs : « Ce que mon âme cherche encore, je ne l'ai point trouvé : *j'ai trouvé un homme parmi mille ; mais je n'ai pas trouvé une femme parmi elles toutes.* » (Ecclésiaste 7:28). Cette révélation ne doit pas nourrir l'amertume, mais rappeler que notre espérance doit reposer en Dieu, non dans le mirage fragile d'un idéal humain.

Un appel à la vigilance fraternelle du livre des hommes

Les hommes ne doivent jamais se sentir pressés ni désespérés de se marier, car en 2025 encore, la confusion demeure. Mais grâce à Dieu, *le Livre des Hommes* transmet une sagesse intemporelle que beaucoup avaient négligée.

Le prophète Ésaïe avait annoncé un temps de désordre social, fruit amer de ce que l'on pourrait aujourd'hui appeler « le mouvement imprudent de

l'indépendance féminine ». Ésaïe avertissait que lorsque les femmes abandonnent leur mari sans cause juste, elles rejettent leur rôle divin et attirent sur elles des conséquences que nulle liberté passagère ne pourra empêcher.

Contrairement au monde, nous, hommes, sommes appelés à la franchise et à la vérité. Quand l'un de nous s'égare, il est de notre devoir fraternel de l'aider à revenir vers la vérité, en particulier au sujet de son foyer, de son épouse et de ses enfants.

Comme le rappelle Jacques 5:19-20 :

« Mes frères, si quelqu'un parmi vous s'est égaré loin de la vérité, et qu'un autre l'y ramène, qu'il sache que celui qui ramènera un pécheur de la voie où il s'était égaré sauvera une âme de la mort, et couvrira une multitude de péchés. »

Telle est notre mission fraternelle : veiller les uns sur les autres, relever ceux qui sont tombés et protéger les familles que Dieu nous a confiées en tant que chefs, maris et pères.

Les femmes et la véritable vocation

Beaucoup de femmes risquent de perdre de vue leur véritable vocation lorsqu'elles prêtent l'oreille à des voix trompeuses plutôt qu'à celle de leur mari, qui les encourage à rester au foyer et à soutenir leur époux fidèle.

Titte 2:4-5 le rappelle avec force :

« Dans le but d'apprendre aux jeunes femmes à aimer leurs maris et leurs enfants, à être retenues, chastes, occupées aux soins domestiques, bonnes, soumises à leurs maris, afin que la parole de Dieu ne soit pas blasphémée. »

La perception erronée de la soi-disant « **femme indépendante** », encouragée par des gouvernements qui tirent profit de la fragilisation des familles, exploite le patrimoine générationnel des hommes travailleurs afin de promouvoir l'abandon du mariage et des valeurs familiales traditionnelles.

Cette vision pousse de nombreuses femmes âgées à finir leur vie seules, souvent avec pour seule compagnie un animal domestique. Ces politiques ferment les yeux sur la souffrance que subissent également les enfants dans un tel environnement de turbulence et de solitude.

L'ancienne prophétie d'Ésaïe évoque déjà cette mentalité destructrice : « Et sept femmes saisiront en ce jour un seul homme, et diront : **Nous mangerons notre pain, et nous nous vêtirons de nos habits ; fais-nous seulement porter ton nom ! Enlève notre opprobre !** » (Ésaïe 4:1).

Le choix des hommes visionnaires

C'est pourquoi de nombreux hommes nord-américains, fiers et clairvoyants, prennent désormais leur passeport pour chercher une épouse à l'étranger : Philippines,
Thaïlande, Vietnam, Colombie, Brésil, République dominicaine, Ukraine, Russie, Mexique, Kenya, Éthiopie, Ghana, Rwanda, Tanzanie, Ouganda ou encore dans les Caraïbes.

Ces cultures accordent encore une grande valeur à la famille et au mariage, bien plus qu'à une indépendance radicale. Beaucoup de femmes y grandissent dans le respect des rôles traditionnels, au sein de familles marquées par la foi et les valeurs morales, où la loyauté, la modestie et le soin apporté au foyer restent essentiels. Le nom de famille conserve une grande importance.

Que chaque homme se souvienne de cette sagesse tirée du *Livre des Hommes,*

Une épouse vertueuse est un don rare et inestimable du Seigneur, qu'elle vive au bout du monde ou à deux pas de chez vous. « *Qui trouvera une femme vertueuse ? Elle a bien plus de valeur que les perles.* » (Proverbes 31:10).

L'exemple d'un mariage solide

Un ami proche, marié depuis plus de quinze ans en 2025, me confia un jour que le seul excès de vitesse qu'il avait commis était de rentrer plus vite chez son épouse. Après toutes ces années, elle avait su cultiver un foyer paisible et joyeux, un véritable sanctuaire pour son esprit. Elle était pour lui une femme chrétienne qui honorait Dieu, mais aussi qui comprenait la puissance de l'amour, de la paix et de la loyauté. Et parce qu'elle lui offrait cela, il le lui rendait avec la même mesure.

Quand je lui demandai : « **Quel est ton secret pour garder ton mariage solide en ces temps modernes ?** », sa réponse fut simple mais profonde :

« Notre vie n'est pas virtuelle, elle est réelle. Si tu n'es pas mon ami dans la vie, tu ne sauras jamais comment je vis. Personne en dehors de notre union n'a voix dans notre mariage.

Seuls nous deux sommes présentés devant Dieu pour conclure cette alliance, pas trois. Nous n'exposons ni nos joies ni nos luttes en ligne. Le mariage est un espace sacré, privé, non public. C'est un lieu secret pour deux cœurs, où l'on partage, grandit et protège. »

Comme le rappelle Proverbes 11:13 :

« Celui qui répand la calomnie dévoile les secrets ; mais celui qui a l'esprit fidèle les garde. »

Dans un monde qui surpasse, il faut protéger ce qui est sacré. Ce qui est bâti dans le secret dure souvent le plus longtemps.

La solution ne réside pas seulement dans un changement de lieu, mais dans la marche guidée par la sagesse, le respect, la prière et le discernement. Un homme doit d'abord devenir digne d'une bonne épouse, puis faire confiance à Dieu pour le conduire à elle. Lorsque les femmes respectent et honorent leurs maris, les hommes trouvent la paix.

Le Livre des Hommes enseigne désormais à poser les bonnes questions, car, selon

Ésaïe 26:3 : *« Tu assures la paix à celui qui s'appuie sur toi, à celui qui se confie en toi. »*

Plutôt que de s'arrêter à l'apparence, un homme doit sonder le cœur, la foi et la vision d'une femme. Les questions suivantes ouvrent un dialogue essentiel pour discerner la profondeur d'une relation et la solidité d'un engagement :

- Que signifie pour toi le mariage ?
- Qu'as-tu le plus admiré dans le couple de tes parents ?
- Quelle place la foi occupe-t-elle dans ta vie quotidienne ?
- Quelle est ta vision de l'éducation des enfants ?
- Que signifient pour toi la soumission et le partenariat dans le mariage ?

- Comment gères-tu les finances et les dépenses ?
- Quels sont tes objectifs et tes rêves de vie ?
- Qu'attends-tu d'un mari ?
- Quelles responsabilités estimes-tu être celles d'une épouse ?
- Comment gères-tu le stress ou la déception ?
- Que signifie pour toi le respect dans une relation ?
- Comment réagis-tu face à un profond désaccord avec ton mari ?
- Quelle est ta conception de l'engagement lorsque les temps deviennent difficiles ou que tu te sens malheureuse ?
- Comment perçois-tu l'équilibre entre l'indépendance et le partenariat dans le mariage ?
- Que ferais-tu si ton mari commettait une erreur ou traversait une épreuve financière ou émotionnelle ?
- Qui consultes-tu lorsque tu es contrariée par ton conjoint ?
- Que penses-tu du divorce comme option en cas de difficultés conjugales ?

La femme qui craint l'Éternel

Les femmes qui craignent le Seigneur honorent naturellement leurs maris. Leur vie de prière est un acte de révérence envers Dieu. Elles pensent, parlent et agissent différemment dans le cadre de l'alliance conjugale. « ***La grâce est trompeuse, et la beauté est vaine ; la femme qui craint l'Éternel est celle qui sera louée.*** » (Proverbes 31:30).

Une telle femme comprend le vrai sens du mariage : même si elle travaille et prend soin de sa famille, elle demeure fidèle à son engagement, car le mariage est une alliance sacrée et non un simple contrat. Elle chérit l'exemple de ses parents, modèle de fidélité. Sa foi éclaire ses pas, lui donnant force et sagesse à chaque étape de la vie : « ***Reconnais-le dans toutes tes voies, et il aplanira tes sentiers.*** » (Proverbes 3:6).

Elle considère l'éducation des enfants comme une bénédiction et un devoir : « Instruis l'enfant selon la voie qu'il doit suivre ; et quand il sera vieux, il ne s'en détournera pas. » (Proverbes 22:6).

Éphésiens 5:22 : Elle croit que la soumission et le partenariat reflètent la sagesse divine, sachant que « **Femmes, soyez soumises à vos maris comme au Seigneur** »

Proverbes 21:5 : « **Les projets de l'homme diligent ne mènent qu'à l'abondance.** »

Ses priorités sont solides, non sujettes aux caprices des passagers. Elle comprend ce qu'elle peut raisonnablement attendre de son mari et ce qu'elle doit, de son côté, lui offrir : « **Elle lui fait du bien, et non du mal, tous les jours de sa vie.** » (Proverbes 31:12).

Une épouse rare et précieuse

Une telle femme est rare, un véritable trésor. Elle marche parmi les adorateurs, marquée par un cœur pur et un esprit discipliné, façonnée par l'éducation dans un foyer chrétien craintif de Dieu.

Ces femmes se tiennent au sommet de l'échelle spirituelle, appelées à enseigner aux jeunes épouses comment honorer leurs maris et respecter les lois révélées dans *Le Livre des Hommes.* Elles appartiennent au 99e percentile des femmes spirituellement intelligentes, non pas par un savoir mondain, mais par leur fidélité dans l'alliance du mariage.

Par leur honneur, leur loyauté et leur humilité, elles gagnent la confiance de leur mari et récoltent les fruits d'un foyer paisible et prospère. Leur présence ne diminue pas l'homme ; elle le multiplie. Par leur amour, leur respect et leur sagesse, elles élèvent leurs maris au bien de toute la famille et à la gloire de Dieu.

Lorsqu'apparaissent le stress ou la déception, elle répond avec douceur et prière, se souvenant que « *La réponse douce calme la fureur* » (Proverbes 15:1). Elle définit le respect comme un honneur réciproque et un amour partagé, conformément au commandement : « *Que chacun de vous aime sa femme comme lui-même, et que la femme respecte son mari* » (Éphésiens 5:33).

Quand des désaccords surgissent, elle écoute et parle avec sagesse, choisissant la paix plutôt que l'orgueil. Elle considère l'engagement comme une promesse à tenir, même lorsque la tempête souffle, faisant écho à cette parole : « *Que l'homme donc ne sépare pas ce que Dieu a uni* » (Matthieu 19:6).

Elle réconcilie son indépendance avec la beauté du travail en équipe, demeurant aux côtés de son mari lorsqu'il chute, comme l'écrit l'Ecclésiaste : « *Deux valent mieux qu'un, car si l'un tombe, l'autre relève son compagnon* » (Ecclésiaste 4:9-10). En cas de conflit, elle choisit de se calmer et de prier : « *Que chacun soit prompt à écouter, lent à parler, lent à se mettre en colère* » (Jacques 1:19). Elle cherche le conseil de Dieu plutôt que les commérages, car « *Heureux l'homme qui ne marche pas selon le conseil des méchants* » (Psaume 1:1).

Elle ne considère pas le divorce comme une échappatoire facile, mais comme un ultime recours lorsque tout a échoué, car son cœur reste attaché au vœu : « *Que l'homme donc ne sépare pas ce que Dieu a uni* » (Matthieu 19:6).

La sagesse d'une femme de Dieu

Les paroles et la vie d'une telle femme démontrent chaque jour qu'elle craint l'Éternel et honore l'homme que Dieu lui a donné, édifiant son foyer avec sagesse et loyauté. « *La femme sage bâtit sa maison, et la femme insensée la renverse de ses propres mains* » (Proverbes 14:1).

Le Livre des Hommes stipule que chaque homme doit élaborer un plan de loyauté afin d'évaluer si une femme est prête à devenir une épouse fidèle. Il faut vérifier si son tempérament et son caractère conviennent à l'engagement. **Quelle est l'influence de ses parentes sur ses valeurs et sa vision du mariage ?** Ses amies l'encourageront-elles à respecter son mari, ou tenteront-elles de perturber ses décisions au sein de votre foyer ?

Avant de choisir une épouse, un homme doit aller au-delà de la beauté ou du charme et rechercher une femme qui comprend réellement le sens du sacrifice et de la loyauté. Il est sage de lui poser directement la question : « ***Peux-tu me décrire ce que signifient pour toi le sacrifice et la loyauté si nous nous marions ?*** »

Cette question révèle si elle saisit ce qu'implique l'engagement lorsque la vie devient difficile et que l'amour est mis à l'épreuve. Une épouse fidèle sait que le véritable amour ne se prouve pas par le confort, mais par la persévérance : « ***Elle excuse tout, elle croit tout, elle espère tout, elle supporte tout. L'amour ne périt jamais*** » (1 Corinthiens 13:7-8).

L'humilité et la volonté de progresser sont tout aussi importantes. Un homme avisé devrait lui demander :

« *Quelles habitudes ou quels traits de caractère crois-tu devoir encore améliorer pour devenir une meilleure épouse un jour* ? »

Une réponse honnête révèle si elle est consciente de ses limites et prête à reconnaître ses faiblesses. La véritable humilité est le fondement du respect et du soutien, qui doivent se refléter dans les actes, et non seulement dans les paroles. À la question : « **Que signifie pour toi honorer ton mari au quotidien ?** »

Une femme pieuse parlera de servir, de respecter et d'élever son mari, même quand personne ne la regardera.

Une femme de Dieu est une bénédiction dans la vie d'un homme : humble, elle ne complique jamais la vie, mais l'enrichit.

Une femme sage prépare aussi son cœur pour protéger son mariage. Poser la question :

« Comment comptes-tu maintenir ton amour et ton engagement en cas de conflit, de stress ou de déception ? »

Ou encore :

« Que ferais-tu si tu ressentais une attirance pour un autre homme alors que tu es mariée ? »

Permet de voir si elle garde son cœur pur, fixe des limites claires et choisit la fidélité en pensées comme en actions.

Lui demander comment elle gérera les désaccords au sujet de l'argent, de la famille ou des choix de carrière révèle sa maturité et sa volonté de communiquer avec patience et sagesse plutôt qu'avec orgueil ou obstination.

Enfin, une femme sage trouve son plus grand bonheur non dans des plaisirs éphémères, mais dans une relation profonde avec Dieu, dans l'aimer et être aimée, et dans une vie menée avec but et grâce. Comme l'Écriture le dit : « *Ne soyez pas attristés, car la joie de l'Éternel est votre force* » (Néhémie 8:10).

À la question : « **Quelles sont les trois choses qui te rendraient vraiment heureuse et en paix avec toi-même ?** »

Sa réponse révélera un cœur enraciné dans la foi, la famille et la satisfaction en Dieu.

HEAVENLY CITIZEN

Chapitre Six

Quand il est temps de partir :
la force intérieure de l'homme, la sagesse de Salomon et le courage de relâcher Craindre l'Éternel, être sage pour protéger son cœur (Proverbes 4:23)

« Garde ton cœur plus que toute autre chose, car de lui viennent les sources de la vie. »

Ce n'est pas un passeport qui protège le cœur d'un homme, mais la crainte de l'Éternel et les conseils avisés des frères du Livre des Hommes, qui marchent sur la même voie de vertu. Il ne s'agit pas d'un ancien conte, mais d'un avertissement divin adressé à notre génération d'hommes. Quand une société cesse d'honorer l'alliance du mariage et méprise l'équilibre entre masculinité et féminité, le résultat est la solitude, la confusion et une lutte désespérée pour restaurer ce que Dieu a soigneusement établi.

Les hommes doivent retenir cette sagesse : ne devenez pas amers, devenez plus forts. Sache quand chérir ton épouse et quand la congédier de ton programme. Ne cours pas après chaque visage séduisant, mais recherche une femme de caractère noble, issue de parents honorables, car elle vaut plus que les perles. Tiens-toi fermement aux enseignements **du *Livre des Hommes***, afin de demeurer inébranlable si ta femme s'éloigne de son rôle. Ne sombre pas avec son navire : laisse-la partir. Elle doit savoir que beaucoup d'autres femmes, plus belles, plus jeunes et plus respectueuses, t'attendent.

Que l'avertissement d'Ésaïe t'inspire la prière, la force et la droiture. Que les hommes se lèvent pour diriger avec sagesse et que les femmes retrouvent l'appel sacré de bâtir un foyer aux côtés d'un mari juste, sous la bénédiction du Seigneur.

La sagesse de Salomon et l'appel à la vigilance

Frère, **le *Livre des Hommes*** nous exhorte à abandonner les rêves puérils de « **gagner à la loterie de la vie** » en pensant naïvement qu'une belle femme, la romance ou la passion suffiront à bâtir une maison fondée sur Dieu. Si même le roi Salomon, le plus riche et le plus sage de tous, avec ses sept cents femmes et trois cents concubines, n'a pas trouvé de satisfaction durable dans la beauté ou la loyauté, pourquoi penserions-nous réussir seuls ?

La sagesse de Salomon n'a pas été perdue : il a transformé ses erreurs douloureuses en enseignements éternels pour les générations à venir. Écoute-les et ne vis pas sous la pression d'une femme. Si elle n'est pas un atout, demande-toi si tu ne dois pas la laisser partir.

Mon père disait souvent : « Nous sommes des hommes créés par Dieu pour chasser comme des lions, bâtir et survivre partout. Partout où il y a de l'eau et du sel, nous nous adapterons, travaillerons et prospérerons. « Son nom était Élie Marcelin.

Salomon enseigne qu'une bonne épouse est un trésor rare et précieux. « *Une femme vertueuse est la couronne de son mari, mais celle qui fait honte est comme la carie dans ses os* » (Proverbes 12:4). La vertu intérieure d'une femme est plus importante que son charme extérieur. Une femme de caractère divin honore et fortifie son foyer ; une femme dépourvue de cette vertu ronge lentement la paix et détourne l'homme de son but.

Voilà pourquoi Salomon met en garde contre les femmes séduisantes et immorales. « Pour te préserver de la femme corrompue, de la langue douceureuse de l'étrangère. Car, pour le prix d'une prostituée, on se réduit à un morceau de pain ; et la femme mariée tend un piège à la vie précieuse » (Proverbes 6:24-26). Une seule relation insensée peut coûter à un homme sa réputation, sa famille, son argent et même son âme.

D'où l'importance de s'entourer de frères qui vivent selon les principes **du *Livre des Hommes*.** Ils te rappelleront l'avertissement de Salomon : « ***Afin de te préserver de la femme corrompue, de la langue douceureuse de l'étrangère*** » (Proverbes 7:5). Car, comme il est écrit : « *Sa maison, c'est le chemin du séjour des morts ; il descend vers les demeures de la mort* » (Proverbes 7:27).

Le courage de quitter et la paix de Dieu

Un homme sage ne mendie jamais la paix dans sa maison : il l'établit par un jugement sûr, une direction constante et un profond respect de Dieu. Une demeure stable n'est pas bâtie sur l'émotion ou la contrainte, mais sur la sagesse, la compréhension et la connaissance qui apportent la bénédiction. Même la vie la plus simple, marquée par l'harmonie et la force tranquille, vaut mieux qu'une vie de bruit, de conflits et d'abondance sans repos.

Frère, quand l'amour devient toxique et que la loyauté se transforme en trahison, souviens-toi : rester trop longtemps peut te coûter ton âme ou ta liberté. Partir au bon moment peut sauver ta vie et te ramener en dignité. «

L'Éternel rétablit Job dans son premier état… et l'Éternel lui accorda le double de tout ce qu'il avait possédé » (Job 42:10).

Jésus a dit : « Si l'on ne vous reçoit pas et si l'on n'écoute pas vos paroles, sortez de cette maison ou de cette ville, et secouez la poussière de vos pieds » (Matthieu 10:14). Parfois, partir est un signe d'obéissance et de force, et non de faiblesse. Lorsque le Seigneur te dit : « Assez », il est temps de plier bagage et de partir. Car « Il y a un temps pour tout… un temps pour garder et un temps pour jeter, un temps pour aimer et un temps pour haïr, un temps pour la guerre et un temps pour la paix » (Ecclésiaste 3:1,6-8).

Fortifiez-vous et ayez du courage ! Ne craignez point et ne soyez point effrayés devant eux ; car l'Éternel, ton Dieu, marchera lui-même avec toi, il ne te délaissera point, il ne t'abandonnera point » (Deutéronome 31:6).

Témoignage et restauration

Après des années de mépris, de trahison et de solitude dans mon propre foyer, j'ai choisi de partir, non par colère, mais par nécessité et avec dignité. J'ai déposé le divorce, pris mon passeport et quitté le pays. « *Mieux vaut un morceau de pain sec, avec la paix, qu'une maison pleine de festins, avec des querelles* » (Proverbes 17:1).

Elle m'a suppliée de revenir, menaçant de me retirer ma liberté, mais mon cœur était déjà parti. Je l'ai rendue à sa famille, et Dieu m'a donné un nouveau départ. Aujourd'hui, il a doublé ma part : une nouvelle vie, une nouvelle épouse, une maison paisible et une joie que nul ne peut m'ôter.

Le *Livre des Hommes* exhorte les pères fidèles à faire preuve de courage. Le travail et l'argent d'un homme n'ont aucune valeur éternelle s'ils ne sont pas enracinés en Dieu. Aucune idéologie moderne, « indépendance radicale », ne peut remplacer le rôle d'un père. Un homme ne peut pas quitter ses enfants spirituellement, émotionnellement ou matériellement. Les pères doivent rester vigilants : l'enjeu est trop grand.

Comme Paul, que chacun de nous puisse dire : « **J'ai combattu le bon combat, j'ai achevé la course, j'ai gardé la foi** » (2 Timothée 4:7).

Dieu appelle :

« *Ainsi chacun de nous rendra compte à Dieu pour lui-même.* » (Romains 14:12)

Dans un foyer chrétien, il ne devrait y avoir aucun débat quant à qui enseigne aux enfants à suivre Jésus. Aucune question sur qui sécurise la maison dans la prière. Aucune confusion quant à qui doit se lever pour briser l'esprit du divorce et détruire les malédictions générationnelles transmises par les lignées de sang.

Chaque loyer ou mensualité hypothécaire, chaque facture d'électricité, chaque sac de courses, chaque paire de chaussures, chaque goutte de carburant, chaque prime d'assurance, chaque réparation de voiture, chaque frais médicaux, chaque scolarité, chaque réparation domestique, chaque événement familial et chaque vacance – tout cela repose sur les épaules d'un père et d'un mari qui portent et soulèvent ce poids.

Les pères sont appelés à prier avec diligence pour que leurs enfants deviennent des citoyens justes, des bâtisseurs de culture et des leaders pieux. Un jour, nous nous tiendrons devant le Seigneur et rendrons compte de la manière dont nous avons géré nos foyers.

En tant qu'époux, nous acceptons la responsabilité et le privilège de dire : « Oui, Seigneur, nous avons combattu le bon combat. « Même lorsque certaines épouses s'éloignent pour courir après les illusions nourries par les réseaux sociaux, nous demeurons fermes. Nous déclarons que nos foyers seront remplis du Saint-Esprit. Nous rejetons la passivité et prions pour que la puissance du ciel couvre et soutienne nos enfants. Demandez à n'importe quel homme véritablement fidèle : « **Restes-tu debout pour ta famille et marches-tu avec Dieu pour prendre soin de tes enfants ?**

Sans hésiter, chaque mari répondra : « **Oui.** »

Dans le tribunal de Dieu, ni tes avocats, ni le gouvernement, ni tes amis, ni tes soutiens en ligne, ni les « mouvements de femmes indépendantes » ne pourront se présenter en ta place. Tu te tiendras seul devant le Seigneur, et Il te demandera :

Qu'as-tu fait de l'époux que je t'ai donné ?

Dieu ne te rejette pas à chaque fois que tu échoues. Il fait grâce. Il est patient. Il attend. Pourtant, certaines femmes quittent leur mariage pour des raisons futiles, parce qu'elles ne voient plus le bien en leur mari, ou parce que le monde leur a dit qu'elles « **méritent mieux** ». Mais nous, nous n'abandonnerons pas nos enfants. Hommes, levez-vous. Combattez le bon combat. Refusez d'être relégués. Dirigez vos foyers avec amour, force et la vérité divine. Vous avez été créés pour cela. Cependant, il vaut mieux s'éloigner que de finir en prison.

Souviens-toi de l'homme que tu étais

Époux chrétien, prends un moment pour réfléchir au jeune homme que tu étais avant de te marier. **Le Livre des Hommes** t'encourage à te souvenir de ce temps où tu étais célibataire, plein de force, de rêves et d'aspirations. Tu rêvais de bâtir quelque chose qui dure : une famille, un foyer, un avenir. Ces rêves n'étaient pas déraisonnables, mais des semences de responsabilité en attente de germination.

Il est bon pour l'homme de porter le joug dans sa jeunesse » (Lamentations 3:27). Ce joug n'est pas seulement celui du travail, mais aussi celui de la discipline et de la préparation. Les jeunes doivent apprendre que la virilité ne vient pas seulement avec l'âge, mais aussi avec la maturité nécessaire pour assumer les responsabilités d'époux, puis de père noble.

Se décider à devenir mari et père est un choix sérieux. Aucun homme qui comprend vraiment la gravité de ce rôle n'y entre à la légère. L'Écriture dit : « *Maris, aimez vos femmes comme le Christ a aimé l'Église et s'est livré lui-même pour elle* » (Éphésiens 5:25). Cet engagement n'est pas seulement envers ton épouse, mais d'abord envers Dieu. Être mère et père signifie embrasser une vie de sacrifice et de leadership. C'est un appel divin, non une option.

Le retour à l'homme intérieur

Le Livre des Hommes est plus qu'un livre : c'est un appel sacré adressé à tout homme de Dieu. C'est une invitation à revenir à l'homme que tu étais avant que la vie ne t'écrase, avant que l'amour féerique de ce monde ne brouille ton identité par un contrat gouvernemental. C'est le moment de retourner en toi-même : à ce moment où ton âme était pure, où tu croyais encore, avant les déceptions, les trahisons et le poids des responsabilités.

Le *Livre des Hommes* n'est pas écrit à l'encre, mais en feu – le feu de Dieu : *car notre Dieu est un feu dévorant* (Hébreux 12:29).

Le Saint-Esprit te rappelle qu'avant même ta naissance, tu appartenais à Dieu. « Avant que je t'eusse formé dans le ventre de ta mère, je te connaissais, et avant que tu fusses sorti de son sein, je t'avais consacré » (Jérémie 1:5). Tu es un homme de respect, de dignité et d'honneur. Le Saint-Esprit ne parle pas seulement à tes oreilles, mais aussi à ton âme. C'est le temps d'écouter plutôt que de contester. Le temps d'agir, et non de procrastiner. Quitter n'est pas fuir : c'est obéir. C'est se retirer d'une situation insoluble, marcher en avant dans la force et l'obéissance, et restaurer ta dignité.

Le mariage : plus qu'une cérémonie

Le mariage demande plus qu'une cérémonie, un costume et des alliances. Dire « **oui** » ne fait pas automatiquement de toi un mari, ni d'elle une épouse en esprit. Le mariage n'est que le commencement public : la véritable connexion se révèle au fil du temps.

Une étude publiée dans le *Journal of Family Psychology* (2012) montre que 47 % des femmes avouent avoir eu des doutes avant leur mariage, et celles qui en avaient étaient 90 % plus susceptibles de divorcer que celles qui étaient confiantes.

Bien que tous les doutes ne proviennent pas d'attachements passés, beaucoup de femmes entrent dans le mariage non pas uniquement par amour, mais aussi parce que « **c'était le bon moment** », « **l'âge pour avoir un enfant** » ou par convenance sociale. Certaines gardent en elles un lien émotionnel fort avec un ancien amour jamais résolu.

Si tu épouses une femme dans sa ville natale ou dans son pays d'origine, il y a de fortes chances, disons 95 %.

Que tu n'étais pas son premier choix. Tu étais plutôt l'option la plus pratique : un homme offrant plus de stabilité matérielle, ou apte à élever l'enfant d'une précédente relation. Tu n'étais pas « **l'homme de ses rêves** », mais celui qui convenait à son plan.

Tôt ou tard, elle pourrait détruire ton foyer et tout ce que tu as construit. Si tu identifies sa véritable nature rapidement, tu pourras limiter les dégâts, mais la trahison sera déjà en marche. C'est particulièrement vrai si elle reste en contact avec un ancien amant ou si elle adhère à des idéologies extrêmes de « femme indépendante ».

Beaucoup d'hommes entrent dans le mariage les yeux grands fermés. Ils ne posent pas les vraies questions qui révèlent les intentions et la maturité d'une femme. C'est comme signer un contrat d'affaires alléchant, sans lire les petites lignes, et découvrir ensuite qu'on a tout perdu.

C'est pourquoi des prédicateurs, des juristes et même des tribunaux conseillent souvent aux hommes de lire **Le Livre des Hommes** et de se prémunir par un contrat prénuptial, avant ou après le mariage. Un contrat de mariage n'est pas un geste romantique, mais une protection pratique et nécessaire dans un système qui favorise souvent fortement un seul des parties lors d'une séparation.

Aucun pays n'a encore abrogé les lois qui permettent à un conjoint de s'en aller avec des gains financiers considérables, parfois même avec la majeure partie de ce qu'un homme a mis toute sa vie à bâtir. Dans bien des cas, les incitations économiques sont si fortes que partir peut devenir une décision avantageuse plutôt qu'un dernier recours.

Le divorce est devenu une industrie à mille milliards qui profite aux gouvernements, aux avocats et à ce que certains appellent le mouvement de la « **femme indépendante** ». Dans cette perspective, le mariage n'est plus seulement un lien émotionnel ou spirituel ; c'est un contrat juridique et financier qui peut parfois se transformer en un champ de bataille, souvent au détriment du mari mal informé.

Entrer dans le mariage sans préparation ni protection, c'est comme monter sur un échiquier sans connaître les règles du jeu ni la stratégie de l'adversaire. L'amour et l'engagement sont de beaux idéaux ; cependant, ils doivent s'accompagner de prudence, de lucidité et d'anticipation juridique, afin d'éviter un avenir marqué de regrets et de pertes.

D'un point de vue statistique, il n'est pas rare que des hommes épousent des femmes émotionnellement indisponibles ou encore liées à leurs anciens partenaires. La recherche et l'expérience de l'accompagnement conjugal indiquent que 10 à 30 % des hommes ont pu se marier avec des femmes gardant des attaches affectives non résolues, ou qui n'étaient pas pleinement présentes au moment des vœux, pensant à un autre. Il ne s'agit pas seulement d'infidélité ; c'est une déconnexion émotionnelle antérieure au mariage. Certaines peuvent dire « **oui** » alors que leur cœur est ailleurs.

Souvent, lorsque vous épousez une femme dans sa ville d'origine, au milieu de son histoire et de ses souvenirs, il subsiste aussi des attachements romantiques. Dans de tels contextes, une femme sur trois peut rester émotionnellement, voire physiquement, impliquée avec un ancien compagnon, notamment dans des milieux où les cercles sociaux restent étroits et où les anciens amours sont proches.

Le danger de ces attaches non résolues, c'est qu'elles sont souvent invisibles au début. Selon le Journal of Marital and Family Thérapie (2018), entre 15 et 25 % des femmes mariées reconnaissent avoir eu une liaison émotionnelle, physique ou les deux. Les liaisons émotionnelles sont fréquentes, car beaucoup de femmes recherchent la connexion, la consolation et la validation. Nombre d'entre elles surviennent avec des hommes du passé, et non avec des inconnus. Une étude menée par la psychologue Nancy Kalish (California State University) a montré que 62 % des personnes qui reprennent contact avec un ancien amour alors qu'elles sont mariées finissent par avoir une relation sexuelle. Les technologies modernes, notamment les réseaux sociaux, ont rendu ces retrouvailles plus accessibles, plus fréquentes et plus discrètes.

Des plateformes comme Facebook, Instagram ou WhatsApp deviennent des ponts silencieux vers le passé. Une conversation qui commence par « **Comment vas-tu** ? » glisse vite vers « **Tu me manques** ». Ce qui autrefois demandait des efforts et des déplacements se fait désormais au creux de la main. Un simple message privé peut rallumer une flamme. Un article de 2020 en psychologie rapporte qu'environ 30 % des femmes engagées dans des relations de longue durée pensent encore à un ancien amant ou éprouvent des sentiments pour lui. Même en l'absence d'agir, ces émotions persistantes fragilisent l'intimité et l'engagement présents. Le cœur peut être ailleurs, tandis que le corps demeure.

La Parole de Dieu en parle : « *Le cœur est tortueux par-dessus tout, et il est méchant : qui peut le connaître ?* » (Jérémie 17:9). Même une personne amoureuse ne mesure pas toujours l'ampleur de ce qui enlace ses émotions. Mais Dieu voit ce que nul ne voit : « **Nulle créature n'est cachée devant lui, mais tout est nu et découvert aux yeux de celui à qui nous devons rendre compte** » (Hébreux 4:13). Une femme peut tromper son mari, ses amis, voire elle-même ; Dieu, lui, démasque l'illusion. Il n'est pas dupe de vœux vides ni d'un amour feint.

À l'homme qui découvre que son épouse s'attache encore, en secret, à un autre, prends courage dans les promesses de Dieu : Il ne gaspille jamais la souffrance. « **Je vous remplacerai les années qu'ont dévorées la sauterelle…** » (Joël 2:25).

Si tu as aimé et que tu as été trahi, Dieu restaurera la paix, le but et la guérison. Ta valeur ne se mesure pas à son égarement. Son cœur a pu errer, mais ta fidélité demeure sacrée aux yeux de Dieu. Il est Père des délaissés et guérisseur des cœurs brisés. « *Je vous laisse la paix, je vous donne ma paix… Que votre cœur ne se trouble point* » (Jean 14:27).

Enfin, hommes de foi : demeurez sages et vigilants. « **La femme sage bâtit sa maison, et la femme insensée la renverse de ses propres mains** » (Proverbes 14:1). Si votre épouse élève en secret des autels à un autre, elle abat sa propre maison. Mais vous, fondez la vôtre sur le roc. Soyez des hommes de paix, de vérité et de courage. Et souvenez-vous de ce que Dieu vous dit :

« **Je serai pour vous un père, et vous serez pour moi des fils et des filles, dit le Seigneur tout-puissant** » (2 Corinthiens 6:18). Votre identité n'est pas dans votre choix, mais dans votre appel à Lui. Que votre guérison commence dans la vérité, que votre dignité demeure dans l'Esprit, et que votre avenir s'enracine dans la foi, non dans la fantaisie. Dieu ne vous laissera pas longtemps dans l'obscurité.

Le mariage exige sacrifice, leadership, discernement et une solide fondation spirituelle. Trop d'hommes portent une alliance sans mesurer ce qu'elle signifie. Devenir mari ne commence pas à l'autel, mais quand l'homme se soumet à Dieu et s'engage dans une mission de vie : protéger, aimer et pourvoir. De même, avoir des enfants ne fait pas automatiquement de toi un père.

La paternité n'est pas qu'un rôle biologique ; c'est un appel spirituel. « ***Mettez en pratique la parole, et ne vous bornez pas à l'écouter, en vous trompant vous-mêmes par de faux raisonnements*** » (Jacques 1:22). Certains pères ne répondent jamais aux besoins émotionnels de leurs enfants, et certains maris partagent un lit, mais pas une alliance vécue. Ce n'est pas le plan de Dieu.

Nous vivons un temps où bien des mariages valorisent l'apparence plutôt que le dessein. On planifie des noces avec des budgets qui pourraient rembourser des prêts étudiants, sans jamais réfléchir à la soumission, au sacrifice ni à la souffrance. Et chez beaucoup de femmes modernes, le moindre obstacle suffit à déclencher le départ. Prisonnières d'une quête toxique d'approbation sur les réseaux, elles rivalisent en vanité, non en vertu.

On ne leur a jamais appris ce qu'est la vraie vocation d'épouse. Une femme élevée par une mère pieuse, honorant son mari, priant pour ses enfants et servant avec joie, bâtit sa maison sur un fondement solide. Mais celle qui idolâtre l'indépendance au détriment de l'intimité, l'orgueil au détriment du partenariat et le plaisir au détriment du dessein détruira sa maison et elle-même (Proverbes 14:1).

Je suis entré dans l'alliance matrimoniale à 27 ans, non pas parce que je me sentais prêt, mais parce qu'on m'avait enseigné que c'était l'usage dans l'Église. Je voulais bien faire, mais au fond je n'avais pas mesuré les conséquences. J'ai cédé à une illusion romantique commune : croire que l'amour, à lui seul, porterait le poids des responsabilités. Or, l'amour est insuffisant sans sacrifice. Avec le temps, j'ai appris à placer ma femme et mes deux fils au-dessus de mes intérêts. J'ai cuisiné, nettoyé, travaillé de longues heures et donné toutes mes ressources.

J'étais fier de l'homme que j'étais devenu, même si personne ne l'a jamais vraiment reconnu. Pendant deux décennies, je me suis totalement voué à mon rôle de mari ; j'ai sacrifié mes besoins les plus simples, comme une paire de chaussures ou un T-shirt, au bien de ma famille. J'ai tout investi pour leur assurer une vie sûre et confortable.

Mais au bout du compte, cela ne lui suffisait pas. Elle voulait davantage : plus de liberté, plus d'indépendance, après avoir embrassé une idéologie radicale qui l'a détournée des valeurs que nous partagions. J'ai donné jusqu'à n'avoir plus rien à donner, et j'y ai presque laissé ma vie ; j'aurais pu mourir d'un cœur brisé ou d'une crise foudroyante.

Pourtant, dans cette nuit, mes prières ont reçu une réponse. Le Seigneur a vu mon cœur, mes sacrifices, ma fidélité. Il a envoyé le Saint-Esprit murmurer : « Il est temps de partir. Dans cette direction silencieuse, j'ai trouvé la force de m'éloigner d'une situation que je ne pouvais plus réparer, retrouvant enfin ma paix et ma dignité.

Mon frère, si tu lis ces lignes, écoute bien : le Saint-Esprit est avec toi, maintenant et toujours. Il parle à ton cœur et te rappelle qu'il est légitime de te retirer. Si tu ne peux plus contrôler ce qui se passe et que rien ne s'améliore, place ton espérance en l'Éternel pour te guider et lâche prise. Souviens-toi de Job, le seul serviteur à qui Dieu rendit ce témoignage d'intégrité. Job a tout perdu, mais parce qu'il garda la foi, Dieu lui a rendu le double.

« L'Éternel rétablit Job dans son premier état... et l'Éternel lui accorda le double de tout ce qu'il avait possédé » (Job 42:10).

Commencez par prendre les choses un jour à la fois. Libérez-vous de la pression qui brise votre esprit. Retournez à la salle de sport, revenez à l'église, appelez un ami de confiance et partagez vos luttes en prière.

« Ne vous inquiétez de rien ; mais en toutes choses, par la prière et par la supplication, avec des actions de grâces, faites connaître vos demandes à Dieu » (Philippiens 4:6).

Ce n'est plus votre rôle de donner sans fin ; c'est le moment de demander de l'aide. Commencez à prier pour vous-même et pour vos enfants. Acceptez que vous deviez peut-être repartir à zéro, mais souvenez-vous de ceci : recommencer vaut bien mieux que de finir en prison ou de vous enliser dans des actions qui ruineront votre âme.

Si vous devez quitter votre ville pour vous sauver, faites-le sans hésiter. Dans mon cas, j'ai dû quitter tout le pays et recommencer dans la cinquantaine. Et devinez quoi ? Avec le Seigneur à mes côtés, je vais mieux que je ne l'aurais jamais imaginé. Après l'obscurité, au cœur même de votre désert, une lumière vous attend. Le Seigneur est de l'autre côté, attendant avec votre ange, prêt à vous guérir et à vous restaurer au double.

Je comprends, parce que j'ai été exactement là où vous êtes, et moi non plus n'y croyais pas au début. Mais j'ai choisi de Lui faire confiance malgré tout, et lorsque j'ai avancé dans la foi, Jésus était là, attendant de travailler mon cœur et de restaurer ma vie. Il fera la même chose pour vous.

De grands changements ont eu lieu. Celle qui autrefois appréciait ma stabilité est devenue de plus en plus agitée. Elle s'est rapprochée de deux femmes qui avaient quitté leur mariage pour poursuivre ce qu'elles appelaient leur « meilleure vie ». Ces femmes n'étaient ni sages ni guéries ; elles étaient perdues, amères et semaient des illusions. Elles s'offraient des voyages luxueux que je ne pouvais pas financer et exhibaient leur bonheur sur les réseaux sociaux. Petit à petit, elle a commencé à croire que j'étais incapable.

Imaginez une femme d'une quarantaine d'années, avec deux enfants, quittant un homme qui lui offrait stabilité, amour, protection et soutien, pour courir après des fantasmes vendus par des femmes issues de foyers brisés, de mariages ratés et de blessures jamais guéries.

Ces « **influenceuses** » promeuvent une liberté déconnectée de la responsabilité, un « **rêve de vie** » fondé sur l'évasion, les validations superficielles et une indépendance artificielle. Pourtant, elles montrent rarement le prix réel : la solitude silencieuse, le déclin spirituel, l'amertume voilée. Quitter une base solide pour des illusions, ce n'est pas de l'émancipation : c'est souvent un pas hors de la sagesse, vers des cycles de confusion déguisés en croissance personnelle.

C'est alors que l'estime de soi commence à s'effriter. Beaucoup d'hommes diront à ces femmes exactement ce qu'elles veulent entendre, puis les utiliseront avant de les jeter aussi vite que la nouvelle d'hier. Derrière les portes closes, elles pleurent en silence, alors qu'en public elles masquent leur douleur sous un maquillage parfait et un sourire forcé. Mais même à ce stade, la couleur véritable du ciel demeure un mystère depuis la terre : la science peut deviner, mais seul Dieu voit au fond, là où les ténèbres couvraient la face de l'abîme. Et une fois qu'elle est partie, le Livre des Hommes avertit :
« **Ferme la porte derrière toi. Avance avec force, sans amertume.** »

Je me souviens du jour où j'ai eu une rupture émotionnelle ; non pas pour moi, mais pour les deux jeunes hommes que je m'apprêtais à laisser derrière. Je me suis appuyé sur l'épaule de sa tante, ressentant le poids silencieux d'une relation que je savais terminée depuis longtemps.

L'amour n'était plus là ; il ne restait plus que le souvenir de mes innombrables efforts au fil des années. Après vingt ans d'engagement, je la voyais faire des choix insensés, agir comme une étrangère que je n'avais jamais connue. Ce n'était pas une douleur amoureuse, mais la lucidité : la femme en qui j'avais placé ma confiance n'existait plus telle que je l'avais connue.

Manquer de respect à celui qui a tenu la maison était inacceptable. Elle commença à citer les phrases de celles qui prônent l'indépendance : « **Je n'ai plus besoin d'un homme pour subvenir à mes besoins.** J'ai compris que ce n'était pas seulement une rébellion, mais aussi une tromperie. »

Puis la voix vint. Pendant le culte du dimanche matin, assis à côté de mes garçons, j'ai senti le Saint-Esprit me parler directement à l'esprit : « **Tu es un bon père. Dieu est satisfait de toi. Mais il est temps de partir. Pas demain. Aujourd'hui.** C'était aussi clair que si quelqu'un m'avait soufflé à l'oreille.

J'ai reconnu la voix de Dieu, car elle était accompagnée de paix. Le soir même, elle m'a envoyé un message pour me dire de trouver un autre endroit où dormir : la maison que je venais de payer n'était plus la mienne. Je n'ai pas discuté. Je n'ai pas supplié. Je suis rentré, j'ai fait mes valises et je suis sorti par la porte que j'avais moi-même contribué à bâtir.

Elle a fait son choix et son erreur n'est pas mon fardeau. Un mois plus tard, un autre homme habitait la maison. Il a tenu vingt-deux jours. De 2018 à aujourd'hui, elle est passée d'un homme à l'autre. Aujourd'hui, elle se retrouve seule, la paix lui échappant peu à peu. Son seul compagnon est un doux chat. C'est son règlement de comptes moral. La vie de péché peut promettre la liberté, mais ses petites lignes sont pleines de troubles et de solitude.

Si une femme de cinquante ans croit pouvoir trouver mieux après que vous avez porté le poids, assuré sa sécurité et l'avez soutenue pendant plus de vingt ans, laissez-la partir. Fermez la porte derrière elle et protégez votre cœur. Recherchez de nouveau votre paix et votre joie, car vos chances de reconstruire et de retrouver le bonheur sont bien plus grandes que les siennes. Vos probabilités sont de sept contre un, tandis que les siennes frôlent le néant.

Le Maître de l'univers a créé l'homme en premier pour une raison. Aucun vrai homme n'attend de prendre en charge la vie d'une femme qui, à cinquante ans, quitte son mari et ses enfants, en espérant être épousée et soignée pour le reste de ses jours.

Ce scénario n'existe que dans les contes de fées ou les fantasmes virtuels, pas dans la réalité.

Mais je fais une chose : oubliant ce qui est en arrière et me portant vers ce qui est en avant, je cours vers le but, pour remporter le prix de la vocation céleste de Dieu en Jésus-Christ » (Philippiens 3:13-14).

Messieurs, écoutez bien : manifester un caractère exemplaire ne signifie pas mendier la reconnaissance. Vous pouvez agir avec intégrité et, tout de même, être rejeté. De telles expériences ne signifient pas un échec ; elles signifient une libération. Dieu ne négligera jamais votre fidélité.

Le Livre des Hommes veut vous rappeler que vous n'êtes pas insensés ; vous êtes appelés à découvrir votre véritable identité. Vous n'êtes pas brisés ; vous êtes en cours de construction. Certaines saisons appellent au silence et à la patience, mais l'obéissance mène toujours au renouveau. Ne restez pas dans des environnements où vous n'êtes pas estimés. Ne cherchez pas l'approbation de ceux qui se moquent de votre fidélité et de votre bonté. Faites confiance à Dieu, même dans l'épreuve.

Vous demeurez fils de Dieu, quels que soient les départs, les mensonges ou l'absence de reconnaissance. Le Saint-Esprit est votre consolateur, votre guide et votre source de force. Vos échecs passés ne vous disqualifient pas ; votre obéissance est votre plus grande victoire.

Le Livre des Hommes rappelle qu'avant d'être marié et père, avant d'avoir connu la trahison, vous étiez choisi. Le plan de Dieu pour vous continue ; son œuvre ne fait que commencer. Laissez votre passé instruire, non emprisonner. Accueillez l'appel du Saint-Esprit : le moment, c'est maintenant. Avancez.

Le Livre des Hommes encourage chaque homme à réfléchir à sa vie et à se demander : « **Ai-je vraiment assumé mon rôle ?** « Si la réponse est oui, qu'elle vous inspire à changer, non à avoir honte. Chaque homme est appelé à grandir, à mûrir et à diriger selon la volonté de Dieu.

Lorsque le respect que vous, en tant qu'époux, inspire s'éteint, il peut arriver qu'en dépit de vos efforts, votre femme ne vous voie plus comme un leader, mais comme un poids ou comme un enfant de plus. Cela contredit le dessein de Dieu pour la famille : « *Car le mari est le chef de la femme, comme Christ est le chef de l'Église* » (Éphésiens 5:23). Cette autorité signifie direction, non domination. Si une épouse perd le respect, la famille risque de s'effondrer.

« *Parce que vous savez que l'épreuve de votre foi produit la patience.* » (Jacques 1:3) **Revenir au respect**, surtout après un échec ou une perte, ne se fait pas par la force, mais par la reconstruction intentionnelle du caractère. En tant qu'homme et chef, vous devez comprendre que le leadership commence **au-dedans**. Le respect ne se réclame pas ; il se **mérite** par des actes constants, une ligne claire et des convictions fermes.

Le *Livre des Hommes* enseigne que le chemin pour **reconquérir le respect** est graduel : il se façonne décision par décision, acte d'intégrité après acte d'intégrité. Recommencez par **rétablir la discipline** : tenez vos engagements, même les plus modestes. Pratiquez le **silence**, non comme une fuite, mais comme la retenue de la sagesse. Parlez seulement quand c'est nécessaire, et alors, que vos paroles soient fermes, vraies et alignées sur vos valeurs renouvelées.

Les piliers à embrasser

Responsabilité : assumer vos actes sans excuses. Prenez la pleine responsabilité de votre vie, de son passé comme de son avenir.

Intégrité : vivre de telle sorte que votre vie privée ne soit rendue publique que sans honte.

Force émotionnelle : rester calme en épreuve. Être lent à la colère, prompt à écouter, réfléchi dans vos décisions. « *Celui qui est lent à la colère a une grande intelligence* » (Proverbes 14:29).

Humilité : non pas penser moins de vous-même, mais penser juste, devant Dieu et les autres. « ***Humiliez-vous devant le Seigneur, et il vous élèvera*** » (Jacques 4:10).

Un **vrai mari** cultive la discipline pour gouverner son temps, ses habitudes et ses désirs : sans ordre intérieur, les influences extérieures deviennent un chaos. La **vision spirituelle** consiste à écrire votre but et à rechercher la clarté de votre appel : « **Écris la vision, et gravez-la sur des tables, afin qu'on la lise couramment** » (Habacuc 2:2).

Renoncez à l'**amertume**, non pour les autres, mais pour libérer votre propre âme. « Que toute amertume… disparaisse du milieu de vous… vous pardonnant réciproquement, comme Dieu vous a pardonné en Christ » (Éphésiens 4:31-32). Surtout, **marchez dans la crainte de Dieu**, car ceux qui le craignent ne manquent de rien.

Celui qui marche dans l'intégrité marche en sécurité » (Proverbes 10:9).

Reconstruire le respect, c'est **reconstruire l'homme** : non pour les applaudissements, mais pour l'héritage. Que vos actes soient votre excuse et que votre transformation soit votre discours. Laissez une **loi plus haute** guider votre vie : non l'orgueil, mais le **sens**.

Pensez à vos enfants et à vos ressources

Chaque homme doit évaluer non seulement les coûts financiers, mais aussi ceux **émotionnels et spirituels**. « **L'homme de bien laisse un héritage aux enfants de ses enfants** » (Proverbes 13:22). Si votre maison est agitée, vos ressources s'épuisent, vos enfants sont pris au milieu des tensions : il est temps d'un **bilan spirituel**.

Demandez-vous si vos actes procèdent de l'amour ou de la frustration, de la responsabilité ou de la réaction. Il est essentiel de **respecter chacun** dans votre foyer et de mesurer comment vos actions ou vos omissions peuvent nourrir le désordre. En tant que pères, nous façonnons plus que des finances : nous bâtissons un **legs**. Protéger vos enfants, sur les plans émotionnel et matériel, fait partie de ce mandat.

Les lois de Dieu ne se négocient pas

Dieu ne marchande pas, car son intelligence surpasse la nôtre. Sa Parole trace un **chemin clair** jusqu'au retour dans son Royaume céleste. Le *Livre des Hommes* accueille cette loi : « *Si quelqu'un n'a pas soin des siens, et principalement de ceux de sa famille, il a renié la foi, et il est pire qu'un infidèle* » (1 Timothée 5:8). Ce soin inclut **la gouvernance, l'amour, la sagesse et l'ordre** pour les enfants. Quand cet ordre se brise, par l'abandon du mandat par l'homme ou par la résistance à la structure de Dieu par la femme, la maison en souffre.

La **désobéissance** entraîne des conséquences ; l'**obéissance** restaure la paix. **Le *Livre des Hommes*** ne réfute pas seulement les opinions insensées : il **rappelle à chaque homme** de revenir, de rebâtir et de reprendre ce que Dieu lui a confié. Car lorsqu'un homme marche dans son rôle divin, **toute la maison guérit**. Et si l'épouse ne veut plus de vous, **retirez-vous avec dignité** et marchez dans le respect.

Les fausses « *babes* »

Aucun homme ne devrait être surnommé « babe ». C'est une étiquette fallacieuse qui **minimise la dignité** de la masculinité et réduit l'identité d'alliance à un mot creux. Je m'appelle **Gabriel** ; mon diminutif est **Gabe**, pas **Babe**. *À partir de* : si vous commencez à apprécier ce faux surnom comme s'il signifiait amour et respect, soyez vigilant : observez à quel point une lettre disparaît rapidement.

Souvent, quand une femme **retire son affection**, elle le fait subtilement, parfois inconsciemment. Ce qui commençait par « *babe* », marque de proximité, devient « *bae* », mot apparemment inoffensif qui signale déjà une **distance**. La lettre manquante « **b** » appartient peut-être déjà à quelqu'un d'autre. Lorsque l'affection glisse ailleurs, le cœur **s'éloigne**. Bientôt, elle ne vous appelle plus que par votre prénom, non par intimité, mais par **détachement**. À ce stade, vous êtes peut-être déjà **hors de son cœur** et le lien s'affaiblit.

Oui, les **mots tendres**, mon amour, chéri, trésor, ont leur place : ils nourrissent la chaleur et l'intimité du mariage lorsqu'ils jaillissent d'un cœur **fidèle et vrai**. Mais il faut **discerner** : le langage de la tendresse peut vite devenir celui du retrait. La tendresse se **garde** ; elle ne se banalise pas.

Je l'ai appris à mes dépens. La première fois que cela m'est arrivé, j'ai appelé mon ami Jude : « J'ai le cœur brisé. J'ai **perdu une lettre** de mon surnom. Elle ne me disait plus, *babe*. En une nuit, c'était devenu *bae*. Aussi vite, j'étais devenu « **Monsieur Bae** ». Ce qui semblait une simple nuance verbale révélait un **changement de cœur**. « Ce n'est rien », diront certains. Et pourtant…

Proverbes 18:21

« La mort et la vie sont au pouvoir de la langue ;
Quiconque l'aime en mangera les fruits. »

La manière dont nous nous nommons, avec respect ou dédain, **bâtit** ou **détruit** l'intimité. Les mots comptent. Et quelqu'un d'autre, peut-être, **utilisait déjà** ma lettre perdue.

Conclusion : un homme véritable prête attention non seulement aux paroles de sa femme, mais aussi à **ce qu'elles expriment**. Ne méprisez pas les petits signaux : un glissement de langage indique souvent un **glissement du cœur**. Protégez votre mariage, chérissez les mots nés de l'amour et demeurez fidèles à vos vœux.

Et vous, dans votre propre histoire, avez-vous déjà **perdu une lettre** de votre nom ? Vous souvenez-vous **de qui vous l'avez** prise et **comment** ? La vraie question est peut-être : est-ce que **quelqu'un d'autre** l'utilisait déjà ?

HEAVENLY CITIZEN

Chapitre Sept

Vieillir :
Quand le temps s'échappe et que l'amour devient un choix difficile

Attendre trop longtemps dans la recherche de la perfection, dans l'amour, la carrière et le style de vie peut nous faire passer à côté d'occasions précieuses de mariage et de famille. Parfois, ce désir de tout « **bien préparer** » nous pousse à hésiter ; pourtant, embrasser le chemin tel qu'il se présente et rester ouverts aux nouvelles possibilités peut apporter un bonheur et un épanouissement inattendus.

Dans le monde d'aujourd'hui, d'innombrables hommes et femmes attendent trop longtemps avant de se marier, prisonniers d'un cycle sans fin de recherche du « partenaire parfait » qui coche toutes les cases. Ils passent des années à courir après un idéal amoureux qui doit non seulement combler leurs besoins affectifs, mais aussi répondre aux standards élevés imposés par la société ou les réseaux sociaux : le bon emploi, un revenu stable, un style de vie idéal, une apparence physique conforme aux normes de beauté… Des femmes et des hommes chrétiens que le Seigneur avait pourtant désignés comme futur mari ou future épouse vous passent sous le nez à cause de leur taille, de leurs traits physiques ou de leur salaire. En agissant ainsi, on oublie une vérité simple et implacable : le temps n'attend personne.

Si vous vous trouvez dans ce que ce livre appelle la « **zone rouge** », c'est-à-dire que vous avez déjà franchi la trentaine et que vous continuez à retarder le mariage et la famille, **le Livre des Hommes** vous avertit de ne pas ignorer la réalité. Différer le mariage et la parentalité entraîne des conséquences graves. Ceux qui repoussent ces responsabilités par peur ou par désir de « garder leurs options ouvertes » négligent le don le plus précieux sur lequel ils n'ont aucun contrôle : le temps.

Une responsabilité divine : ne retardez pas ce que Dieu a établi. Regardez autour de vous : beaucoup de vos pairs sont déjà entrés dans l'alliance du mariage, élèvent des enfants ou posent les bases de leurs futures générations. La vie avance, que vous soyez prêts ou non. Le temps, tel que Dieu l'a ordonné, ne s'arrête pas.

« Il y a un temps pour tout, un temps pour toute chose sous les cieux » (Ecclésiaste 3:1).

Ignorer les saisons prévues par Dieu, telles que le moment de fonder une famille, expose non seulement à la solitude, mais aussi à la douleur d'un but manqué.

Pour ceux qui tardent trop, les premiers effets se manifestent souvent en silence : regret, vide, absence de descendance. Et vient un jour où, tandis que d'autres tiennent leurs petits-enfants dans leurs bras, vos mains restent vides, non pas parce que Dieu vous aurait privé, mais parce que vous avez choisi de ne pas bâtir.

Oui, nièces et neveux sont une bénédiction, mais soyons honnêtes : si Dieu déversait un héritage spirituel destiné à vous et à votre maison, pourriez-vous prétendre que ceux qui appartiennent à la lignée d'autrui sont véritablement votre descendance ?

« *L'homme de bien a pour héritiers les enfants de ses enfants…* » (Proverbes 13:22). Ce verset implique **vos** enfants et vos petits-enfants, et non une joie empruntée à l'obéissance des autres.

Si vous étiez convoqué devant le Tribunal céleste, pourriez-vous vraiment expliquer au Seigneur pourquoi vous avez refusé de bâtir la famille qu'Il vous avait commandée ? « Dieu les bénit, *et Dieu leur dit : Soyez féconds, multipliez, remplissez la terre et l'assujettissez…* » (Genèse 1:28).

Auriez-vous l'audace de dire à l'Auteur du temps qu'il allait trop vite, que Son plan ne vous convenait pas ou que vous aviez besoin de plus de temps ? Réfléchissez-y bien. Ce serait contester la sagesse de Dieu comme si vous en saviez plus que Celui qui vous a formé dans le ventre de votre mère (Jérémie 1:5).

Les lois de Dieu ne se négocient pas.

« **Malheur à qui conteste avec son Créateur …** » (Ésaïe 45:9).

Le mariage et la famille ne sont pas des options secondaires : ce sont des missions divines. Ne pas répondre à cet appel, ce n'est pas simplement retarder le bonheur, c'est différer l'obéissance.

Ce n'est pas un reproche, mais un **réveil** : la fenêtre ne reste pas ouverte indéfiniment. Choisissez dès maintenant de marcher dans le dessein de Dieu. Si vous êtes appelés au mariage, poursuivez-le avec sagesse, prière et courage. Si vous êtes appelés au célibat pour une saison, vivez-le intentionnellement, mais ne confondez pas le délai avec le discernement. En fin de compte, vous paraîtrez devant Dieu seul, non pas en tant que neveu, oncle ou spectateur de la bénédiction d'autrui, mais en tant qu'homme fidèle à sa mission… ou en tant qu'homme qui a laissé passer l'heure.

Le poids du temps et de la nature

L'espérance de vie mondiale se situe entre 70 et 85 ans dans les pays développés. Hommes et femmes devraient viser le mariage et la fondation d'une famille entre 25 et 35 ans. Pour les femmes, la biologie est claire : la fertilité culmine entre 20 et 35 ans, puis décline fortement. Retarder le mariage augmente les risques de complications, d'infertilité et de problèmes de santé pour la mère comme pour l'enfant. La médecine moderne peut aider, mais elle ne peut pas faire reculer l'horloge biologique.

Les hommes ne sont pas exempts : leur fertilité diminue plus lentement, mais la qualité du sperme chute vers 40 ans, ce qui augmente le risque de maladies génétiques chez les enfants. De plus, la paternité exige de l'énergie et de la présence émotionnelle, plus difficiles à maintenir avec l'âge. La zone rouge concerne donc ces deux aspects : attendre trop longtemps, c'est risquer de manquer le moment où vous êtes encore forts, sains et capables de donner le meilleur de vous-mêmes à la génération suivante.

Gardez ceci en mémoire : la perfection est inaccessible, mais un bon conjoint est possible si vous cessez de courir après des illusions, tandis que la vie s'écoule en silence. **Le Livre des Hommes** vous exhorte à choisir le courage plutôt que la peur, l'engagement plutôt que les excuses, la foi plutôt que les illusions.

« Celui qui observe le vent ne sèmera point, et celui qui regarde les nuages ne moissonnera point » (Ecclésiaste 11:4).

Permettez-moi de vous poser une simple question :

Sommes-nous plus sages que le roi Salomon ?

Combien de vos proches avez-vous vus passer des années à rêver de la « **vie parfaite** » ? Ils veulent une carrière réussie, une fortune, une famille idéale, mais uniquement lorsqu'ils se sentiront pleinement prêts. Mais alors, souvent, il est déjà trop tard.

Certains rêvent d'un mari riche, grand, séduisant, aux traits athlétiques, avec une maison luxueuse et de belles voitures. D'autres veulent une épouse reine de beauté, à exhiber comme modèle sur les réseaux sociaux. Mon ami

Roy est dans ce cas : à plus de quarante ans, il dit encore qu'il est « trop jeune » et qu'il attend la femme parfaite qui « fera du sens » pour lui. Un homme de quarante ans avec l'esprit d'un adolescent. Quand il se réveillera, il sera trop tard, car il n'aura plus ni la force ni la patience de porter un foyer.

La vérité est dure : la plupart de ces rêveurs restent prisonniers de leurs illusions. La vie réelle ne correspond jamais à leurs attentes irréalistes. Et pendant qu'ils attendent le moment parfait pour fonder une famille, ils gaspillent silencieusement les meilleures années de leur jeunesse, des années qu'ils ne reverront jamais.

Rappelez-vous ce que dit Jacques 4:14 :

« Vous qui ne savez pas ce qui arrivera demain ! Car qu'est-ce que votre vie ? Vous êtes une vapeur qui apparaît brièvement, puis disparaît. »

Beaucoup d'hommes de Dieu seront sauvés, mais lorsqu'il s'agit de leur famille, ils échouent. Ils attendent trop, perdus dans leurs rêves et leurs hésitations, au lieu d'avancer par la foi et de chercher une épouse pieuse.

C'est pourquoi j'ai conseillé à mon ami Roy : demande à tes proches de confiance de t'aider à trouver une femme. Le temps file. La meilleure vie n'est pas pour demain, c'est maintenant. À moins que tu n'aies clairement choisi le célibat comme appel divin, et non comme refuge par peur ou par confort, le choix et ses conséquences t'appartiennent. Un jour, tu répondras devant le trône céleste.

Aujourd'hui, beaucoup se disent : « Pas encore… J'ai le temps. Mais le bon sens, les sages du **Livre des Hommes** et même la science s'accordent : il est sage de choisir prudemment, mais il est dangereux d'attendre éternellement un idéal qui n'existe pas.

Un sage du Livre des Hommes dit :

« Celui qui observe le vent ne sèmera jamais. Celui qui attend que les nuages disparaissent ne moissonnera jamais. Et si tu continues de dire : "Je ne suis pas encore prêt", un jour tu te réveilleras et tu verras qu'il n'y a plus aucun crédit de temps à la banque de ta vie. Tu dois simplement choisir quelqu'un de vrai, d'imparfait et d'humain, tout comme toi. »

Va raconter ton plan à Dieu !

Proverbes 19:21 nous rappelle :

« Il y a dans le cœur de l'homme beaucoup de projets, mais c'est le dessein de l'Éternel qui s'accomplit. »

Dieu a fixé des saisons pour semer, bâtir, se marier, élever des enfants et goûter à la joie de la vie familiale. Bien que nous élaborions souvent mille plans pour notre carrière ou nos ambitions personnelles, nous devons nous souvenir qu'il y a des bénédictions qui ne prospèrent que dans leur saison. Si tu manques ta saison, le fruit risque de ne jamais mûrir. Viens un moment où tu dois décider : demeurer célibataire ou fonder une famille. En définitive, ce choix est entre tes mains.

Les recherches confirment cette vérité. Selon le **Pew Research Center**, le nombre d'adultes jamais mariés à l'âge mûr a doublé au cours des dernières décennies. Beaucoup reconnaissent avoir attendu trop longtemps, en cherchant des circonstances parfaites ou le partenaire idéal, pour finalement se retrouver seuls, regrettant que leur jeunesse se soit envolée en silence.

Souvent, alors que leurs proches se mariaient et fondaient des familles, ils choisissaient de profiter de leur célibat sans se laisser guider par le Saint-Esprit.

Cependant, dès le début, Dieu a affirmé :

« **Il n'est pas bon que l'homme soit seul.** » (Genèse 2:18).

Célibataires endurcis et « éternelles bachelières »

Ces images nous sont familières, n'est-ce pas ? Mon ami Roy, par exemple, a 40 ans et vit heureux avec son frère, en disant qu'il s'installerait à 45 ou 50 ans. Il aime se faire plaisir, flirter avec des beautés pour obtenir des « likes » sur les réseaux sociaux et faire bonne figure. Certains le voient comme un « cas caché », si vous comprenez ce que je veux dire. Quand je lui ai dit : « À ton âge, mes fils avaient déjà 10 et 12 ans », il a ri, convaincu que l'on peut toujours commencer à tout moment, que « ce n'est jamais trop tard ».

Je crois que si tu gardes ta sexualité privée, nul n'a à te juger ; et si tu choisis de l'assumer ouvertement, tu vis simplement dans l'authenticité. La société exerce des pressions sur les relations et les choix de vie, mais chacun doit respecter le temps personnel de l'autre. Toutefois, il t'appartient de t'instruire sur ce que le Seigneur a brûlé de Sa colère.

« ***Elles subissent la peine d'un feu éternel, servant d'exemple.*** » (Jude 1:7).

Comme mon amie Margarette, qui se considère intelligente, a passé plus de quinze ans en isolement. Elle aspire à se marier, mais considère que tous ses prétendants ont de mauvaises intentions ou ne sont pas suffisamment dignes. En réalité, elle évite l'intimité ainsi que la déception, un comportement que les psychologues qualifient de « syndrome de Peter Pan » : celui d'adultes qui refusent de mûrir émotionnellement et cherchent constamment des excuses pour échapper à l'engagement. Le Livre des Hommes recommande de prendre ses distances.

Paralysie émotionnelle et peur de l'engagement. Les psychologues s'accordent à dire que la peur de l'engagement est aujourd'hui plus répandue que jamais. Le monde moderne encourage à « garder toutes les options ouvertes », à changer sans cesse, à craindre de choisir définitivement. Pourtant, une étude menée dans le cadre de la Harvard Study of Adult Development, l'une des recherches les plus longues sur le bonheur humain, démontre que ce ne sont ni l'argent ni la célébrité, mais des relations stables et chaleureuses qui sont la clé d'une vie longue et satisfaisante. Et n'en soyez pas surpris : les enfants, dons du ciel, contribuent aussi à prolonger la vie.

Ainsi, nul ne te donnera le bonheur : il dépend de tes choix et de ton obéissance.

En d'autres termes, tandis que des amis comme Roy, Margarette ou Den se persuadent d'être « libres », leur liberté se transforme en solitude. Mon ami Den, par exemple, a décidé il y a douze ans de rester célibataire pour toujours. Il goûte à l'indépendance financière et à la liberté, mais se demande parfois ce que serait sa vie si quelqu'un l'attendait à la maison pour partager ses fardeaux et ses joies.

Le roi Salomon, dans sa sagesse, avait sondé la nature profonde de la vie.

« Mais souviens-toi de ton créateur aux jours de ta jeunesse, avant que les mauvais jours arrivent et que n'approchent les années où tu diras : Je n'y prends point de plaisir » (Ecclésiaste 12:1).

Dieu nous invite à vivre avec sagesse et plénitude tant que nous avons de la force et de l'énergie. Attendre trop longtemps, c'est risquer d'entrer dans la vieillesse avec des rêves inachevés et personne avec qui les partager.

Il y a un temps pour tout, dit le roi.

« Que ta source soit bénie, et fais ta joie de la femme de ta jeunesse » (Proverbes 5:18).

« Il y a un temps pour tout, un temps pour toute chose sous les cieux » (Ecclésiaste 3:1).

La biologie confirme la Parole

Hommes et femmes qui se marient tard s'exposent à des risques accrus d'infertilité et de problèmes de santé. Ils perdent aussi des années précieuses à voir grandir leurs enfants. Les parents plus âgés peinent souvent davantage face à l'énergie débordante des adolescents, alors que leurs amis deviennent déjà grands-parents.

L'art d'attendre ou le piège du « jamais prêt »

Certains pensent être sages en différant le mariage « ***jusqu'à ce que tout soit en place*** ». Roy est convaincu. Épargner est sage, choisir prudemment est sage, mais attendre indéfiniment des conditions parfaites ne l'est pas. La peur de l'imperfection devient un piège qui les maintient dans le célibat, tandis que le temps passe et que la jeunesse s'enfuit.

Beaucoup se disent : « **J'ai encore le temps**. Mais est-ce vrai ? »

« Les jours de nos années s'élèvent à soixante-dix ans, et, pour les plus robustes, à quatre-vingts ans ; et l'orgueil qu'ils en tirent n'est que peine et misère, car il passe vite, et nous nous envolons. (Psaume 90:10).

Est-il sage de vivre 35 ou 40 ans seuls, alors que Dieu nous a créés pour la communion et la bénédiction familiales ? C'est pourquoi, dans plusieurs pays d'Afrique, les jeunes femmes sont encouragées à se marier tôt, dans leur vingtaine, quand elles sont fortes, fécondes et capables de s'occuper d'enfants vigoureux et pleins de vie.

Le Livre des Hommes dit : « ***L'amour croît dans des saisons imparfaites***. « Mon conseil à Roy, Margarette et Den est simple : la perfection est une illusion, mais l'amour pousse sur un sol imparfait. La vie ne sera jamais exempte de problèmes. Tu n'auras jamais assez d'argent pour tout sécuriser. Mais le dessein de Dieu pour le mariage n'est pas de t'appauvrir, mais de t'enrichir d'amour, de soutien et de joie.

« **Un époux multiplie ta force et des enfants deviennent ta couronne dans la vieillesse. Car** « ***deux valent mieux qu'un*** » (Ecclésiaste 4:9).

Un homme qui travaille des décennies sans jamais fonder de famille découvrira un jour que l'argent procure du confort, mais pas de descendance. Une femme qui ferme son cœur par peur comprendra que cette peur lui a volé sa chance d'aimer.

Sème aujourd'hui, récolte demain

« Ne vous y trompez pas : on ne se moque pas de Dieu. Ce qu'un homme aura semé, il le moissonnera aussi. Celui qui sème pour sa chair moissonnera de la chair, la corruption ; mais celui qui sème pour l'Esprit moissonnera de l'Esprit, la vie éternelle. Ne nous laissons pas de faire le bien ; car nous moissonnerons au temps convenable, si nous ne nous relâchons pas » (Galates 6:7-9).

Mes frères et sœurs, ne perdez pas vos meilleures années. Il n'y a pas de moment parfait, mais il y a un moment juste. Et ce moment, c'est souvent **maintenant**.

Ce n'était pas une simple présentation : c'était une investiture sacrée. Dieu leur donna Ses lois, Sa bénédiction et Son dessein : vivre dans l'unité, être féconds et élever une génération qui reflète Son image sur la terre.

« **N'a-t-il pas fait un seul être, avec un esprit vivant en lui ?** Et que cherche cet être unique ? Une postérité de Dieu. Veillez donc sur votre esprit, et qu'aucun ne trahisse la femme de sa jeunesse ! » (Malachie 2:15)

Dieu encourage le mariage dans la jeunesse pour des raisons qui dépassent la seule fécondité ou la simple compagnie : il s'agit aussi d'héritage, de former des enfants qui le connaissent, marchent dans la vérité et portent la justice au fil des générations. Parents et grands-parents participent à cette haute mission.

Le mariage n'est pas une invention culturelle ; c'est une alliance divine, instituée et sanctifiée par Dieu lui-même. Nul sur la terre n'a l'autorité de la redéfinir ni de la remplacer. Lui seul en fixe les termes, et tout a commencé en Éden, dans l'amour, le dessein et l'attente sainte placée en chacun de nous.

« C'est pourquoi l'homme quittera son père et sa mère, et s'attachera à sa femme, et ils deviendront une seule chair. » (Genèse 2:24)

Que t'inspire chaque cérémonie à laquelle tu assistes ? Prends un instant pour réfléchir : as-tu déjà vécu quelque chose de plus beau, de plus radieux, de plus bouleversant que cet instant sacré ? Chaque mariage a un parfum de ciel. Les robes élégantes, les smokings taillés à la perfection, la lumière sur les visages : soudain, tous semblent sortis d'un songe.

Alors tu t'imagines ton propre jour : la joie, le frisson, les discours qui arrachent des larmes, les mots d'amour qui résonnent dans les cœurs.

C'est un moment rare où presque tous endossent leur meilleur rôle : dignité, allégresse, unité. Et ce n'est pas un hasard si beaucoup rencontrent l'âme sœur lors d'un mariage. Des personnes que tu n'avais jamais vues ainsi se tiennent droites, irradiant beauté et honneur. De la musique aux vœux prononcés, des paroles sacrées à l'échange d'anneaux, tout s'imprime dans la mémoire.

Discernes-tu la bonté du Seigneur à travers tout cela ? Il a conçu cette joie pour que nous en goûtions la saveur.

« *Toute grâce excellente et tout don parfait descendent d'en haut, du Père des lumières…* » (Jacques 1:17)

Peut-on imaginer un plus beau jour pour une mère, un père, un frère, une sœur, un ami fidèle ? Tous rassemblés, se tenant à tes côtés comme tu t'es tenu autrefois aux leurs. Les présents, les parfums, la musique… l'eau devient vin, et la parure des lieux évoque la beauté d'Éden. C'est comme un paradis sur la terre, où même les anges du Seigneur célèbrent l'union de deux âmes qu'Il a rapprochées. Dieu lui-même envoie ses dons et sa bénédiction à ses enfants.

Et les enfants qui viendront ? Des avenirs se dessinent dès cet instant. « ***Voici, des fils sont un héritage de l'Éternel, le fruit des entrailles est une récompense.*** » (Psaume 127:3)

Et ce n'est pas tout : du dernier « *oui* » jusqu'à la fête qui suit, rires, danse et les premières aventures de la lune de miel, tout commence. Le devoir des époux devient une source de joie : sourire, aimer, vivre dans la reconnaissance devant le Seigneur.

Quelle grâce étonnante ! Quelle sagesse humaine pourrait imaginer mieux que ce que Dieu lui-même a ordonné ? Les lois saintes du mariage ne sont pas de simples traditions : elles sont sacrées, inscrites dans l'ordre de la création comme la voie parfaite de Dieu pour bâtir la vie, l'amour et l'héritage.

« ***Ce que Dieu a uni, que l'homme ne le sépare pas*** » (Marc 10:9).

Si tu envisages le mariage, tes craintes sont compréhensibles : il est véritablement honorable. Mais ne sois pas assez imprudent pour croire que ton premier but est d'assurer le bonheur d'une femme au prix de ton âme. Le Livre des Hommes déclare : « *Que celui qui ne cherche qu'à être heureuse demeure célibataire ; ainsi, il est libre de faire ce qui lui plaît et de ne répondre à personne.* Mais si tu choisis de te marier, sache-le : Dieu lui-même te tiendra pour responsable et inscrira ton nom à côté de ces paroles solennelles.

Vœu Solennel de Mariage

Ceci sera ton vœu solennel devant le Seigneur.

Je te le promets devant le **trône de Dieu**, devant les étoiles, devant nos âmes, devant ces cœurs, ces yeux témoins : je donne mon esprit, ma vie pour toi.

À l'aube comme au cœur des nuits, dans l'orage comme dans le calme, dans l'abondance comme dans la frugalité, mon amour pour toi ne défaillira pas.

Dans le rire clair, aux jours de larmes, sur des routes tortueuses ou pleines de lumière, en santé comme en douleur, ma foi en toi ne chancèlera point.

Avec Dieu pour guide

Je conduirai avec grâce, une force tendre et une étreinte chaleureuse. Je t'honorerai, fidèle et vrai, ainsi que le Christ a aimé Son Église pour toujours. Notre postérité sera sainte, obéissante et joyeuse.

Dieu souffle Sa bénédiction et les anges en sont témoins.
Cette alliance n'est pas faite de main d'homme :
Ce sont les lois gravées par la main aimante de Dieu.
Prends ma main, marche près de moi, unis pour toujours, inséparables.
Ceci est mon vœu, ma voix, mon souffle :
Te chérir jusqu'à la séparation par la mort. Même alors, où chantent les anges, je t'aimerai encore, devant le Roi.

Le mariage n'est pas une garantie de bonheur personnel. C'est une responsabilité sacrée, une alliance de sacrifice et d'intendance. Si ton unique désir est de poursuivre ton bonheur, je te demande de rester célibataire, afin de ne pas entrer dans ce lien sacré, puis l'abandonner, et de laisser derrière toi l'amertume et les ruines.

Le mariage n'est pas réservé aux égoïstes ni aux cœurs timorés ; il est pour ceux qui acceptent d'aimer, d'être choisis, de conduire, de protéger et de persévérer, dans la crainte de Dieu et sous le conseil des frères sages du Livre des Hommes. Choisis avec sagesse.

Ma relation avec eux (mes enfants) est le trésor que j'ai porté à travers le feu. Elle me rappelle Joël 2:25 :

« Je vous remplacerai les années qu'ont dévorées la sauterelle… »

Dieu restaurera ce que la trahison a voulu t'ôter. Hommes de foi, disciples du Fils de Dieu, vous verrez mûrir un fruit vigoureux. Ils sont notre témoignage vivant qu'un amour de père, ancré en Christ, peut résister à toute tempête.

L'affirmation qu'il y a un temps pour tout, un temps pour toute chose sous les cieux (Ecclésiaste 3:1) nous rappelle que les relations, comme toute part de la vie, se déploient selon le plan et le temps de Dieu. Le désir d'aimer et d'être aimés nous pousse parfois à rêver d'une relation idéale qui n'existe pas. Ces fantasmes faussent nos attentes et nourrissent l'impatience, surtout quand nous nous comparons à ceux qui semblent posséder ce que nous convoitons. Mais comprendre que le plan de Dieu pour nous inclut des saisons précises, chacune avec son but, nous aide à faire confiance à Son calendrier et à demeurer en paix, que nous soyons célibataires ou mariés.

HEAVENLY CITIZEN

Chapitre huit

Des attentes irréalistes et le danger de la fantaisie

De nombreuses personnes, surtout sur les réseaux sociaux et les applications de rencontre, idéalisent l'amour. Ces représentations sont bien souvent trompeuses, façonnées par les images médiatiques de la romance ou par la pression sociale de trouver le « ***partenaire parfait*** ».

Ainsi, nous finissons parfois obsédés par l'idée de rencontrer quelqu'un qui correspond à cet idéal illusoire, pour ensuite être déçus lorsque les relations authentiques ne répondent pas à ces attentes. La Bible nous avertit de ces faux idéaux et nous encourage à rechercher des relations vraies, telles que Dieu les a voulues, plutôt que de courir après des rêves impossibles.

La maîtrise de soi joue un rôle essentiel dans toute relation. L'Écriture déclare : « *Mais s'ils manquent de continence, qu'ils se marient ; car il vaut mieux se marier que de brûler.* » (1 Corinthiens 7:9). Beaucoup reconnaissent lutter contre la convoitise ou la tentation, ce qui nuit à leur santé et à leurs relations centrées sur Dieu. Le mariage offre un cadre plus sûr pour partager l'amour et l'intimité, où la maîtrise de soi est encouragée et attendue. Il ne s'agit pas de réprimer ses désirs, mais de leur soumettre la volonté de Dieu, afin de permettre aux relations de grandir et de s'épanouir selon Son plan parfait.

La perspective biblique sur la convoitise nous met en garde contre les douleurs émotionnelles et la séparation spirituelle qu'elle engendre. Dans Romains 13:14, l'apôtre Paul exhorte les croyants : « ***Mais revêtez-vous du Seigneur Jésus-Christ, et n'ayez pas soin de la chair pour en satisfaire les convoitises***. »

Il appelle ainsi à rejeter les désirs égoïstes et à choisir de vivre dans la sainteté de Dieu. La convoitise dépasse le simple appétit charnel : elle habite le cœur et l'esprit.

Pour résister à la tentation, le croyant est invité à rechercher la pureté et la justice, convaincu que le plan de Dieu demeure le chemin le plus sûr pour sa vie.

Dans la culture actuelle, beaucoup retardent la recherche de l'amour, privilégiant d'autres priorités telles que la carrière, la stabilité financière ou l'épanouissement personnel, parfois au détriment du mariage. Bien que ces objectifs ne soient pas mauvais en soi, ils peuvent devenir des obstacles lorsqu'ils empêchent de s'engager dans une relation durable.

La Bible rappelle que le mariage fait partie du dessein divin pour l'accomplissement de l'homme. Attendre indéfiniment par peur de la responsabilité ou par égoïsme, c'est risquer de manquer l'occasion de trouver un conjoint et d'accomplir la volonté de Dieu.

Pour beaucoup, le choix de rester célibataire tard dans la vie est lié à l'indépendance financière et à la réussite professionnelle. Ils se persuadent que posséder de l'argent et une carrière établie suffisent à leur garantir la sécurité. Pourtant, la Bible n'affirme nulle part que la richesse ou l'indépendance constitue la source ultime de l'épanouissement.

Elle nous met en garde contre le danger d'idolâtrer les biens matériels et les réussites personnelles au détriment des relations et de la communauté. Si la stabilité financière est importante, elle ne doit jamais se substituer aux relations que Dieu a prévues pour nous.

Le plan de Dieu pour le mariage et la compagnie

Dès l'origine, le plan de Dieu pour l'humanité était clair : nous n'étions pas faits pour vivre seuls. Dans Genèse 2:18, Dieu déclare : « *L'Éternel Dieu dit : Il n'est pas bon que l'homme soit seul ; je lui ferai une aide semblable à lui.* Le mariage fait partie du dessein initial de Dieu et reflète Son amour et Son soin pour Sa création. La décision de rester célibataire ou d'attendre le « *partenaire parfait* » doit toujours s'aligner sur la volonté de Dieu, et non pas découler de peurs ou de désirs personnels. Dieu a institué le mariage comme une alliance entre un homme et une femme, un partenariat qui reflète la relation entre le Christ et Son Église.

Attendre et savoir patienter sont des vertus que la Bible valorise dans tous les domaines de la vie, y compris dans les relations. Le Psaume 37:4 nous rappelle : « *Fais de l'Éternel tes délices, et il te donnera ce que ton cœur désire.* ».

Il s'agit de placer notre confiance dans le temps de Dieu et dans Son plan parfait. Quand nous nous réjouissons en Lui, nos désirs s'alignent peu à peu sur Sa volonté, et nous pouvons compter sur Lui pour nous donner le bon conjoint, au moment qu'Il a choisi. Mais l'impatience peut conduire à de mauvais choix, comme celui d'accepter une relation qui n'est pas inscrite dans le plan divin de notre vie.

La zone rouge : l'âge et le désir de se marier. À l'approche de 35 à 45 ans, beaucoup ressentent la pression de ce que ce livre appelle la « **zone rouge** » : une période où l'urgence de se marier se fait sentir, notamment en voyant les autres fonder leurs familles. Cette tranche d'âge est particulière, car nombre de partenaires potentiels ont déjà des enfants ou ont connu un mariage.

Certains croient alors avoir raté leur chance. Mais il n'y a pas lieu de céder à la panique : c'est plutôt un temps de réflexion, de prière et de discernement. Attendre trop longtemps sans envisager sérieusement une relation peut entraîner de la frustration et des regrets, mais cette saison peut aussi être une occasion de croissance spirituelle et d'alignement de ses désirs sur le plan de Dieu.

Le défi de se reconstruire après un divorce est considéré comme difficile. Pour ceux qui se trouvent dans la zone rouge après un divorce, il est nécessaire de traverser des étapes supplémentaires de guérison, à la fois émotionnelles et spirituelles, avant de songer à un remariage.

La Bible reconnaît la douleur de la séparation et appelle à la guérison par Dieu. Ceux qui envisagent une nouvelle union doivent rechercher Sa sagesse et prendre le temps de se rétablir. Rebâtir après une relation brisée demande un effort volontaire et une sincère volonté d'établir un mariage futur centré sur le Christ.

Dans une société qui valorise fortement les relations amoureuses, la solitude peut devenir un lourd fardeau. Le désir de compagnie est naturel, mais la pression sociale peut parfois pousser à des choix malsains. Il est essentiel de se rappeler que le plan de Dieu est unique pour chacun. La solitude n'est pas un signe d'échec, et être célibataire ne signifie pas être incomplet. La Bible souligne l'importance du contentement et encourage chacun à trouver son épanouissement dans sa relation avec Dieu, quel que soit son statut marital.

Le mythe des « **relations parfaites** »

Beaucoup de personnes, surtout celles qui attendent encore la « bonne » relation, sont influencées par l'illusion selon laquelle un partenaire parfait existe quelque part pour elles. Cette croyance conduit souvent à l'insatisfaction à l'égard des prétendants et à l'impression de ne jamais rencontrer la personne « **idéale** ». La réalité est simple : nul n'est parfait, et toute relation exige engagement, effort et sacrifice.

Le plan de Dieu pour le mariage met l'accent sur l'unité, le soutien et un but partagé, et non sur une perfection irréalisable. Une relation solide ne repose pas sur l'absence de défauts, mais sur deux personnes qui, chaque jour, choisissent de rester ensemble, unies par une alliance spirituelle comme mari et femme. Elles assument la responsabilité de s'honorer, de se soutenir et de demeurer fidèles l'une à l'autre pour la vie.

L'importance d'être complet avant de s'engager dans le mariage tient au fait qu'il faut d'abord être complet en Christ. La Bible enseigne que nous devons trouver notre plénitude en Lui avant de chercher un conjoint. Paul rappelle dans Colossiens 2:10 : « ***Vous avez tout pleinement en lui, qui est le chef de toute principauté et de toute puissance.*** »

Cela signifie que chacun doit d'abord rechercher une relation profonde et épanouissante avec Dieu, afin que Sa main le façonne et le transforme en la personne qu'Il appelle à devenir. Ce n'est qu'alors qu'il sera vraiment prêt à aimer, à servir et à bâtir un mariage fort et durable.

Faites-vous confiance au temps de Dieu pour vous marier ?

Le mariage est un don de Dieu, et il est vital de se confier à Son temps et à Son plan. « *Il y a dans le cœur de l'homme beaucoup de projets, mais c'est le dessein de l'Éternel qui s'accomplit.* » (Proverbes 19:21). Nous pouvons avoir nos propres projets et désirs, mais le dessein du Seigneur prévaudra toujours. Lui faire confiance dans Son calendrier, sans précipiter Sa volonté, et aligner nos désirs sur les Siens demeure le meilleur chemin vers l'accomplissement qu'Il nous réserve.

Pendant que nous attendons, Dieu agit. Il n'est jamais immobile, jamais distrait, jamais absent. Bien avant que nous ouvrions la bouche, il a déjà inscrit la réponse. « *Quand la parole n'est pas encore sur ma langue, voici, ô Éternel ! tu la connais entièrement.* » (Psaume 139:4). « *Avant que je t'eusse formé dans le ventre de ta mère, je te connaissais, et avant que tu fusses sorti de ses entrailles, je t'avais consacré.* » (Jérémie 1:5). Il connaît ton conjoint avant même que tu le rencontres. « *L'Éternel sera toujours ton guide.* » (Ésaïe 58:11). Son temps n'est ni en avance ni en retard.

Les hommes de Dieu, ceux qui se tiennent proches de Lui, savent que leur vie ne relève pas du hasard, mais qu'elle s'inscrit dans le plan souverain du Seigneur. Leur temps, leurs désirs, leurs déceptions et leurs rêves. Même lorsque l'avenir est incertain, car « ***nous marchons par la foi et non par la vue*** » (2 Corinthiens 5:7), ils le louent néanmoins. Leur louange ne dépend pas des résultats, mais de Sa nature.

Nous ne permettrons pas à nos pensées de revenir à la tristesse, à l'angoisse ou à la peur. Nous ancrons plutôt notre foi en Lui : « ***À celui qui est ferme dans ses sentiments, tu assures la paix, la paix, parce qu'il se confie en toi.*** » (Ésaïe 26:3). Ce sont les lois de Son Royaume, et non les opinions humaines, ni les statistiques, ni le rejet de mauvaises épouses, qui déterminent notre destinée. « Il y a dans le cœur de l'homme beaucoup de projets, mais c'est le dessein de l'Éternel qui s'accomplit. » (Proverbes 19:21).

Si nous avons essayé et échoué, nous nous adapterons sans renoncer et lui ferons encore confiance. Car nous savons qu'Il est le Dieu qui déplace les montagnes pour Ses enfants. « ***Si vous aviez de la foi comme un grain de semis… rien ne vous serait impossible.*** » (Matthieu 17:20).

À l'homme qui se sent seul aujourd'hui : confie-toi en l'Éternel de tout ton cœur et prie en toutes circonstances. « Ne vous inquiétez de rien; mais en toute chose faites connaître vos besoins à Dieu par des prières et des supplications, avec des actions de grâces. » (Philippiens 4:6). Tu verras comment Il interviendra, non pas selon ton calendrier, mais selon le Sien, toujours au moment juste.

Abandonne-toi au Dieu de feu. Dans ton silence, il te façonne. Là où ta force s'arrête, la Sienne commence. « ***Ma grâce te suffit, car ma puissance s'accomplit dans la faiblesse.*** » (2 Corinthiens 12:9).

Si tu as l'impression d'avoir atteint ta limite, d'être épuisé, oublié ou trahi par ceux que tu aimes, sache ceci : tu n'es pas seul. Tu te tiens au seuil d'une nouveauté. « Voici, je vais faire une chose nouvelle, sur le point d'arriver ; ne la connaîtrez-vous pas ? » (Ésaïe 43:19).

Les lois du Livre des Hommes te rappellent que même dans le silence et la douleur, le Dieu de feu agissait déjà pour ton bien. « *L'Éternel combattra pour vous; et vous, gardez le silence.* » (Exode 14:14). Aucun homme ne peut atteindre les profondeurs de ton âme, mais Dieu le peut. Et dans ce lieu sacré, il a toujours été avec toi.

Le Livre des Hommes offre un raisonnement biblique concis. La vérité est que si tu approches de ta « ***zone rouge*** », cette période critique où le temps et les occasions commencent à s'échapper, il faut accepter certaines réalités difficiles. Tu as consacré des années à ta carrière, à tes finances et à tes objectifs personnels, ce qui, en soi, n'est pas condamnable. Mais désormais que la fenêtre se referme, il est essentiel de réaliser que c'est toi qui, autrefois, as choisi le célibat et la réussite matérielle au détriment de la famille. Aujourd'hui, tu dois affronter un paysage différent.

Il est possible que vos critères aient changé, non pas en raison d'une diminution de votre valeur, mais en raison d'une évolution de la dynamique relationnelle. Il se peut que vous deviez envisager un autre lieu, voire un autre pays, afin de rencontrer quelqu'un prêt à bâtir une relation avec vous, souvent des personnes qui, comme vous, reprennent leur vie après un divorce ou la prise en charge d'enfants.

Si tu continues de t'accrocher aux mêmes attentes qu'à vingt ans, tu n'es pas réaliste. Le temps a avancé, et les options aussi. Chaque jour, de plus jeunes et plus fertiles arrivent sur la scène. Si tu ne modifies pas ton état d'esprit, ni la vie ni le temps ne s'arrêteront pour te satisfaire.

À partir du moment où tu lis ces lignes, l'horloge tourne… et elle ne joue pas en ta faveur.

À ce stade, choisir une femme qui a déjà des enfants ou qui a été mariée auparavant peut être une décision sage et riche de sens. En fin de compte, c'est toi qui as décidé d'attendre. Mais il est maintenant temps de déterminer si tu es prêt à t'adapter et à entamer un nouveau départ, ou si tu resteras prisonnier d'une idée dépassée.

Le choix d'être seul ! **Choisis-tu d'être seul ?**

Si tel est ton choix, comprends bien cette vérité : il t'appartient entièrement. Dès le commencement, l'Architecte de la création a déclaré : « Il n'est pas bon que l'homme soit seul » (Genèse 2:18). Par ces mots, Dieu a révélé que la compagnie fait partie de Son dessein pour l'humanité. La rejeter, c'est accepter la réalité d'un long chemin parcouru dans la solitude. Sur cette route, les joies sont célébrées seules, les peines portées seules, et les étapes franchies sans témoin terrestre. Le désert de la solitude peut être à la fois une épreuve et un appel.

Cependant, pour ceux qui marchent sur cette voie pour des raisons spirituelles, l'Écriture offre un encouragement. L'apôtre Paul a lui-même déclaré : « ***Il est bon pour l'homme de ne pas toucher de femme*** » (1 Corinthiens 7:1).

Et encore :

« Je voudrais que tous les hommes soient comme moi ; mais chacun tient de Dieu un don particulier, l'un d'une manière, l'autre d'une autre » (1 Corinthiens 7:7). Pour le croyant qui choisit le célibat afin de rester pur et tout entier consacré à Dieu, il y a bénédiction, force et but éternel. Paul rappelle que le célibat peut libérer l'homme pour qu'il serve le Seigneur sans distraction (1 Corinthiens 7:32–34).

Le Livre des Hommes affirme un tel choix par la prière et le soutien. Nous prions pour que ceux qui suivent ce chemin demeurent forts, gardant les yeux fixés sur la croix et le cœur purifié par le sang du Christ, qui a porté tous les péchés. Ce chemin n'est pas celui de l'abandon, mais celui de la consécration. Vivre sans se marier pour l'amour du Christ n'est pas une faiblesse, mais une discipline spirituelle, à condition qu'elle soit vécue dans la foi et la sincérité.

L'homme qui choisit le célibat doit marcher par la foi, se souvenant chaque jour qu'il n'est jamais réellement seul : « Je ne te délaisserai point, et je ne t'abandonnerai point » (Hébreux 13:5). Le Seigneur lui-même est son compagnon constant, son ami le plus proche, son héritage éternel. Dans la prière, il trouve la communion ; dans la Parole, le conseil ; dans l'adoration, la fraternité avec Celui qui le connaît mieux que tout partenaire humain.

Un tel chrétien devient le témoignage vivant de la suffisance du Christ. Sa vie démontre que la joie, l'accomplissement et l'identité ne dépendent pas du mariage, mais de l'union avec le Sauveur. « ***L'Éternel est mon partage, dit mon âme ; c'est pourquoi j'espère en lui*** » (Lamentations 3:24). Même s'il marche sans épouse ni enfants, il marche avec l'Esprit, et sa vie devient une offrande de dévotion sans partage à Dieu.

Dans la maison de la foi, le mariage et le célibat sont tous deux des dons du Seigneur. L'homme marié reflète le Christ et l'Église à travers son alliance avec son épouse, tandis que l'homme célibataire reflète la dévotion indivise du Christ envers le Père. Aucun de ces chemins n'est supérieur à l'autre ; tous deux sont des appels sacrés. Ce qui compte avant tout, c'est la fidélité à la mission que Dieu confie.

Ainsi, si tu décides de demeurer célibataire, fais-le par conviction et non par compromis. Que ta solitude soit emplie d'adoration, que tes moments de silence soient nourris de prière, et que tes journées soient remplies de service pour le Royaume. Tu n'es pas seul : tu marches avec le Seigneur qui t'a appelé, qui te fortifie et qui te promet une compagnie éternelle. « Et voici, je suis avec vous tous les jours, jusqu'à la fin du monde » (Matthieu 28:20).

Qui choisit d'être seul

Beaucoup de femmes se retrouvent seules, parfois par choix, parfois par circonstances. Pour certaines, déménager pour se marier n'est pas possible; pour d'autres, les occasions de rencontrer un époux ne se présentent jamais. Avec le temps, la solitude devient familière et l'indépendance une manière de vivre. Elles s'habituent à subvenir à leurs propres besoins, à prendre leurs propres décisions et à façonner leur existence sans l'influence quotidienne d'un partenaire. Dans ce processus, elles découvrent leur force et leur résilience, apprenant à se tenir debout par elles-mêmes.

Mais lorsqu'une femme habituée à l'indépendance choisit de poursuivre le mariage, elle doit comprendre qu'un tel tournant exige de l'humilité et du compromis. Le rôle d'épouse diffère de celui d'une femme célibataire. Dans le mariage, les décisions se prennent à deux, les responsabilités se partagent et les fardeaux se portent ensemble.

Cela ne diminue pas sa dignité ; il l'invite à adopter un nouveau rythme de partenariat. « *C'est pourquoi l'homme quittera son père et sa mère, et s'attachera à sa femme, et ils deviendront une seule chair* » (Genèse 2:24). Atteindre cette unité requiert ajustement, patience et sacrifice.

La femme qui se marie après des années d'indépendance doit apprendre à faire confiance et à relâcher une partie du contrôle qu'elle tenait fermement. « Femmes, soyez soumises à vos maris, comme au Seigneur » (Éphésiens 5:22). La soumission, dans ce contexte, n'est pas une faiblesse, mais un choix volontaire pour respecter l'ordre de Dieu dans la maison. De même, son mari est appelé à l'aimer d'un amour sacrificiel (Éphésiens 5:25). Le mariage n'est jamais à sens unique ; c'est une alliance qui requiert, de la part de chacun des deux partenaires, une fidélité égale.

L'ajustement peut sembler difficile au début. Celle qui agissait seule doit désormais rechercher un consensus. Celle qui protège son espace doit apprendre à le partager. Celle qui portait ses fardeaux seule doit s'habituer à les partager. Mais c'est là toute la beauté de l'alliance : « ***Deux valent mieux qu'un, parce qu'ils reçoivent un bon salaire pour leur travail. Car, s'ils tombent, l'un relève son compagnon*** » (Ecclésiaste 4:9-10).

HEAVENLY CITIZEN

Chapitre neuf

Jésus a dit : « Je suis la Vie »
*« Qui de vous, par ses inquiétudes, peut ajouter une coudée
à la durée de sa vie ? » (Matthieu 6:27)*

Lorsque Jésus déclare : « Je suis le chemin, la vérité et la vie. Nul ne vient au Père que par moi » (Jean 14:6).

Le dessein de Dieu : humilité et famille

Le propriétaire de toute la création a parlé clairement pour que nous sachions qui est véritablement aux commandes. « *À l'Éternel est la terre et ce qu'elle renferme, le monde et ceux qui l'habitent* » (Psaume 24:1). L'orgueil humain, l'intelligence ou les réussites ne peuvent se comparer à la sagesse et à la souveraineté de Dieu. Comme l'Écriture nous le rappelle :

« ***Vous ne savez pas ce qui arrivera demain ! Car qu'est-ce que votre vie*** ? Vous êtes une vapeur qui paraît pour un peu de temps, et qui ensuite disparaît » (Jacques 4:14). Notre force est limitée, mais Sa puissance demeure éternelle.

Tout au long de Sa Parole, Dieu établit des lois et des repères pour orienter nos vies sous Sa bénédiction. Le mariage, la famille et la communauté sont reconnus comme des institutions sacrées qui soutiennent le bien-être de l'homme, non seulement dans la Bible, mais aussi dans de nombreuses traditions. « Il n'est pas bon que l'homme soit seul ; je lui ferai une aide semblable à lui » (Genèse 2:18). Dans ce plan divin, les hommes sont appelés à être pourvoyeurs et protecteurs, servant leurs femmes, leurs enfants et leurs communautés avec fidélité et humilité.

L'orgueil et l'arrogance sont dangereux, car Dieu lui-même résiste aux orgueilleux mais fait grâce aux humbles (Jacques 4:6). Ainsi, l'homme est appelé à accepter son rôle avec humilité, non comme un maître, mais comme un serviteur de Dieu, bâtissant sa famille sur le fondement de sa Parole. Un véritable homme comprend que sa responsabilité ne consiste pas seulement à travailler et à pourvoir, mais aussi à aimer et à enseigner ses enfants dans les voies du Seigneur : « ***Et ces commandements, que je te donne aujourd'hui, seront dans ton cœur. Tu les inculqueras à tes enfants…*** » (Deutéronome 6:6-7).

Le mariage et la famille ne sont pas des fardeaux, mais des bénédictions. Dans de nombreuses cultures, les enfants et la vie familiale sont considérés comme des sources de force et de fierté. La Bible confirme cette vérité : « ***Voici, des fils sont un héritage de l'Éternel, le fruit des entrailles est une*** *récompense* » (Psaume 127:3). Mépriser ces dons, c'est ignorer la joie et la responsabilité de participer au dessein de Dieu pour l'humanité.

Les défis de la société moderne mettent souvent ces valeurs à l'épreuve. Lorsque la richesse matérielle et l'indépendance prennent le dessus sur la foi et l'humilité, les familles se brisent. Les foyers divisés et les enfants négligés en paient un lourd tribut. À l'inverse, là où les valeurs familiales et l'entraide communautaire demeurent centrales, les enfants grandissent dans un climat de stabilité, de responsabilité partagée et d'honneur.

Même les systèmes judiciaires du monde reflètent les conséquences des familles brisées. Par exemple, une étude du Bureau of Justice Statistics aux États-Unis a révélé que 14,6 % des détenus d'État incarcérés pour crimes violents avaient commis leurs actes contre un membre de leur propre famille, la grande majorité étant des hommes. Ces réalités soulignent l'importance de familles solides et saines guidées par les principes de Dieu, où l'amour et le respect préviennent la violence et favorisent la paix.

Le message est clair : lorsque les hommes et les femmes embrassent l'humilité, honorent le mariage et élèvent leurs enfants dans la crainte de l'Éternel, leurs foyers et leurs communautés prospèrent. « ***Si l'Éternel ne bâtit la maison, ceux qui la bâtissent travaillent en vain*** » (Psaume 127:1). La véritable sagesse consiste à reconnaître l'autorité de Dieu, à se soumettre à Son dessein et à marcher dans Ses voies, car c'est en Lui que nous trouvons la bénédiction, la stabilité et la vie.

Le Christ : Vie éternelle et espérance

Quand le Créateur parla, son message fut simple et direct, pour tous, indépendamment de leurs croyances ou de leur appartenance : il révéla le cœur de l'Évangile. Il n'offrit pas plusieurs options, mais se déclara l'unique chemin vers la communion éternelle avec le Père. En Christ se trouvent le Chemin, la Vérité et la Vie, non de simples directions ou enseignements, mais l'essence même de la vie. Rejeter Christ, c'est rejeter la vie. Ces lois ne sont pas des suggestions : soit l'on est avec Lui, soit l'on s'en sépare.

L'apôtre Jean ouvre son évangile par cette vérité : « Au commencement était la Parole, et la Parole était avec Dieu, et la Parole était Dieu. Elle était au commencement avec Dieu. Toutes choses ont été faites par elle, et rien de ce qui a été fait n'a été fait sans elle » (Jean 1:1-3).

La Parole, Christ Lui-même, n'a pas été créée ; Il est le Dieu éternel. Paul fait écho à cette affirmation : « Car en lui ont été créées toutes les choses qui sont dans les cieux et sur la terre, les visibles et les invisibles... tout a été créé par lui et pour lui » (Colossiens 1:16). Le Christ n'est pas seulement un maître ou un prophète ; Il est le Créateur, Dieu fait chair, demeurant parmi nous.

Parce que Dieu lui-même a marché parmi nous en Christ, il a insufflé à l'humanité tout ce qui est nécessaire pour la vie et la piété jusqu'à notre retour à lui (2 Pierre 1:3). En lui, nous ne manquons de rien.

Considérons ceci : si des parents inscrivent leur enfant dans la meilleure école privée, où ils paient les meilleurs enseignants et fournissent les meilleures ressources, l'enfant a néanmoins la responsabilité d'apprendre. S'il se contente de demander sans cesse les réponses à ses parents au lieu d'appliquer ce qui lui a été donné, il manque le but de cette provision.

Ainsi en est-il de la foi en Christ. Trop de croyants prient uniquement pour demander des choses, au lieu d'adorer et de faire confiance à Lui. Mais le Seigneur nous a déjà donné la sagesse, les ressources et la communauté pour nous soutenir dans notre vie quotidienne. La vertu première est de le connaître personnellement :

« *Car mon peuple est insensé ; il ne me connaît pas* » (Jérémie 4:22).

Cela ne diminue pas la prière, mais l'élève. Nous sommes appelés à prier, mais la prière est d'abord une révérence et une adoration, et non une simple liste de requêtes. Trop souvent, les chrétiens prient pour des choses que Dieu a déjà rendues possibles par la diligence, la sagesse ou l'aide des autres : un époux, un emploi, une stabilité financière. Ces domaines requièrent de la responsabilité, non des miracles.

Mais lorsqu'il s'agit de l'impossible, guérir l'incurable, délivrer de la mort, briser des chaînes spirituelles, ce sont là les combats où la prière invoque la puissance du ciel : « *Et invoque-moi au jour de la détresse ; je te délivrerai, et tu me glorifieras* » (Psaume 50:15).

Chaque acte du Christ sur terre témoignait de Sa divinité. Seul Dieu pouvait ressusciter Lazare après quatre jours dans le tombeau, ordonner aux morts de se lever comme s'ils dormaient, ou chasser les démons d'un mot d'autorité. Seul Dieu pouvait accomplir ce que David avait prophétisé mille ans auparavant.

David avait entrevu la mort et la résurrection du Messie, un Roi éternel dont le corps ne connaîtra pas la corruption. « *Lorsqu'il disposa les cieux, j'étais là ; lorsqu'il traça un cercle à la surface de l'abîme* » (Proverbes 8:27).

Le Christ, la Sagesse éternelle de Dieu, est entré dans l'histoire humaine pour sauver les âmes qu'Il avait créées à Son image. David comprenait que la vie sur terre n'était pas une fin, mais un temps d'attente de la promesse divine. Il exprimait sa confiance en ce que, même dans la mort, son âme ne serait pas abandonnée et que son corps ne verrait pas la corruption : « *Car tu n'abandonneras pas mon âme au séjour des morts, tu ne permettras pas que ton bien-aimé voie la corruption* » (Psaume 16:10).

Même si ces paroles prédisaient le Christ, elles reflétaient aussi la confiance de David dans la puissance de Dieu sur la vie et la mort.

David n'avait pas peur de mourir, car il confiait son âme à l'Éternel. Son espérance ne reposait ni sur la royauté, ni sur la richesse, ni sur la force humaine, mais sur le Dieu éternel qui rachète et restaure. La mort, pour David, n'était pas une défaite finale mais une porte vers la présence du Seigneur : « *Quand je marche dans la vallée de l'ombre de la mort, je ne crains aucun mal, car tu es avec moi* » (Psaume 23:4).

Cette même assurance s'accomplit en Jésus-Christ, qui déclara : « Je suis le premier et le dernier, et le Vivant. J'étais mort, et voici, je suis vivant aux siècles des siècles. Je tiens les clés de la mort et du séjour des morts » (Apocalypse 1:18).

L'espérance de David reposait sur la promesse selon laquelle Dieu briserait un jour les chaînes de la mort et libérerait les captifs. En s'appuyant sur cette promesse, il attendait le jour où son âme se réjouirait dans la présence de son Rédempteur : « *Mais Dieu sauvera mon âme du séjour des morts, car il me prendra* » (Psaume 49:15).

Pour les hommes d'aujourd'hui : la foi de David comme rappel

La foi de David rappelle aux hommes d'aujourd'hui de faire confiance au processus de Dieu au sein de leurs âmes. La vie est fragile, la mort est inévitable, mais l'espérance demeure sûre en Celui qui a vaincu le tombeau. Lorsque nous ancrons notre confiance en Christ, la mort perd son aiguillon et l'éternité devient notre certitude : « Ô mort, où est ton aiguillon ? Ô sépulcre, où est ta victoire ? ... ***Mais grâces soient rendues à Dieu, qui nous donne la victoire par notre Seigneur Jésus-Christ*** » (1 Corinthiens 15:55, 57).

La prière : adoration avant tout

Crois-je en la prière ? Absolument. Mais la prière doit être centrée sur l'adoration et la communion avec Dieu, et non réduite à une succession de demandes sans fin. Elle est destinée à aligner nos cœurs sur Sa volonté, à nous rapprocher de Lui dans la révérence et à L'exalter comme source de vie.

Lorsque nous détournons la prière pour justifier la paresse ou pour éviter nos responsabilités, nous déshonorons Celui qui nous a déjà dotés de la sagesse et de la force nécessaires. « ***La foi sans les œuvres est morte*** » (Jacques 2:26). Nous sommes appelés à agir avec diligence dans les affaires quotidiennes tout en faisant confiance à Dieu pour accomplir ce qui dépasse nos capacités.

Le Dieu éternel, devenu homme, est venu non seulement pour pardonner, mais aussi pour restaurer. Il est entré dans notre monde, brisé, afin de réparer ce que le péché a détruit et d'offrir la vie éternelle à tous ceux qui croient. Aucune situation n'échappe à Son regard. Même lorsque nous trébuchons, sombrons dans les dettes ou sommes plongés dans le chaos, il demeure présent.

Il est le Dieu qui rétablit l'ordre, renouvelle la force et répare ce qui est brisé. Si tu lui fais confiance, il t'élèvera. Il n'est pas seulement le chemin à suivre et la vérité à croire, mais aussi la vie qui te soutient aujourd'hui et te portera jusque dans l'éternité.

L'Alpha et l'Oméga

Jésus déclare : « ***Je suis l'Alpha et l'Oméga***, le commencement et la fin, le premier et le dernier » (Apocalypse 22:13). Ces paroles ne sont pas de la poésie, mais de l'autorité. **Alpha et Oméga** sont la première et la dernière lettre de l'alphabet grec, ce qui signifie que le Christ englobe tout, du début à la fin. Rien n'existe en dehors de Sa puissance, rien ne commence sans Sa volonté, et rien ne s'achève sans Son commandement.

De l'éternité passée à l'éternité future, il demeure immuable : « *Je suis l'Alpha et l'Oméga, le commencement et la fin, dit le Seigneur, qui est, qui était, et qui vient, le Tout-Puissant* » (Apocalypse 1:8). À ceux qui tremblent, il murmure : « Ne crains point ; je suis le premier et le dernier » (Apocalypse 1:17).

À l'Église persécutée, il assure : « *Voici ce que disent le premier et le dernier, celui qui était mort, et qui est revenu à la vie* » (Apocalypse 2:8).

Pour les hommes, maris et pères, cette vérité apporte une sécurité inébranlable. La vie peut sembler incertaine, les finances instables et les relations fragiles, mais Christ détient le premier et le dernier mot de ton histoire. Il était là avant ta naissance, il te soutient aujourd'hui, et il te portera jusque dans l'éternité. Rien n'échappe à Son regard, et rien ne peut annuler Son autorité finale.

Ainsi, nous ne plions pas devant les pouvoirs terrestres, mais devant le Roi éternel. Les présidents s'élèvent et tombent, les rois vivent et meurent, *mais l'Alpha et l'Oméga demeurent à jamais. Pour l'homme qui lui fait confiance, il n'y a aucune crainte du lendemain, car celui qui a tout commencé a déjà scellé la fin.*

La gloire qui appartient à Dieu seul

Un attribut unique du Dieu d'Israël est Sa revendication exclusive à la gloire : « Je suis l'Éternel, c'est là mon nom ; et je ne donnerai pas ma gloire à un autre, ni mon honneur aux idoles » (Ésaïe 42:8). Contrairement aux faux dieux des nations, Il s'est révélé personnellement, donnant Son nom et manifestant Sa présence parmi nous. Sa gloire n'est ni partagée avec des idoles, ni transférée à des images façonnées par la main de l'homme, ni accordée à quiconque avant ou après Lui. L'Éternel seul est éternel, auto-existant et souverain ; à Lui seul appartiennent l'adoration, l'honneur et la louange.

Jésus confirme cette vérité de Sa propre voix lorsqu'Il déclare : « Je suis le premier et le dernier, et le vivant. J'étais mort ; et voici, je suis vivant aux siècles des siècles. Je tiens les clefs de la mort et du séjour des morts » (Apocalypse 1:18). Ici, Christ s'identifie non seulement comme le Dieu éternel, mais aussi comme le Sauveur ressuscité qui a triomphé du tombeau.

Aucun prophète, roi ou ange n'aurait pu faire une telle déclaration. Lui seul détient l'autorité sur la vie et sur la mort, et Sa résurrection prouve, sans l'ombre d'un doute, Sa divinité. En possédant les clefs de la mort et du séjour des morts, Jésus montre que le destin de chaque âme est entre Ses mains. Voilà pourquoi toute gloire doit Lui revenir, car Il est le seul à avoir vaincu la mort et à avoir assuré la vie éternelle à Son peuple.

Vivre selon la loi du Seigneur

« Tu aimeras l'Éternel, ton Dieu, de tout ton cœur, de toute ton âme et de toute ta force. Et ces commandements que je te donne aujourd'hui seront dans ton cœur. Tu les inculqueras à tes enfants, et tu en parleras quand tu seras dans ta maison, quand tu iras en voyage, quand tu te coucheras et quand tu te lèveras. Tu les lieras comme un signe sur tes mains, et ils seront comme des frontaux entre tes yeux. Tu les écriras sur les poteaux de ta maison et sur tes portes » (Deutéronome 6:5-9).

Tout homme qui choisit de vivre selon ces lois de l'Éternel verra des changements profonds dans sa vie, son foyer et son environnement. Le fondement de la virilité chrétienne n'est ni l'orgueil, ni le statut, ni la richesse, mais l'humilité devant Dieu et l'obéissance à Sa Parole.

L'Écriture est claire : « *Dieu résiste aux orgueilleux, mais il fait grâce aux humbles* » (Jacques 4:6). L'homme orgueilleux tombera sous le poids de son arrogance, mais l'homme humble sera élevé par le Seigneur et fortifié pour diriger son foyer avec intégrité.

Cette vérité s'applique aussi aux femmes. Dans notre génération, beaucoup proclament leur indépendance avec fierté, disant : « ***Je n'ai pas besoin d'un homme***. Pourtant, cet orgueil masque souvent une douleur. Derrière le bruit des fêtes, des anniversaires et des voyages, beaucoup affrontent le désert de la solitude, un silence amer qu'aucune distraction passagère ne peut guérir.

Les saisons d'égoïsme finissent toujours par présenter leur facture, laissant derrière elles des regrets et du vide. L'orgueil promet la liberté, mais conduit finalement au chagrin : « ***L'orgueil précède la ruine, et l'esprit hautain précède la chute*** » (Proverbes 16:18).

Mais le dessein de Dieu pour l'homme est tout autre. Tout homme est appelé à se marier, à bâtir un foyer et à élever des enfants dans la crainte de l'Éternel. Dès le commencement, Dieu déclara : « ***Il n'est pas bon que l'homme soit seul*** » (Genèse 2:18). Le mariage et la paternité ne sont pas des options facultatives ; ils font partie de l'appel divin de l'homme.

Les rejeter à la légère, c'est négliger le but même pour lequel l'homme a été créé : refléter l'image de Dieu à travers l'alliance et transmettre son héritage aux générations futures.

Le commandement du Deutéronome 6 est clair

Les hommes doivent aimer l'Éternel de tout leur cœur, de toute leur âme et de toute leur force, et transmettre cet amour à leurs enfants. La foi ne doit pas rester enfermée dans des pensées privées ni être réservée au dimanche ; elle doit être intégrée à la vie quotidienne. Les pères sont appelés à enseigner avec diligence et à parler des commandements de Dieu dans la maison, sur le chemin, le matin et le soir. La famille devient une salle de classe vivante de la foi, où les enfants apprennent à travers ce qu'ils entendent et ce qu'ils voient.

Cette responsabilité est immense. Un homme qui prend au sérieux la tâche d'instruire ses enfants dans la Parole de Dieu influence non seulement leur avenir, mais aussi l'atmosphère de tout le foyer. Son leadership établit un foyer caractérisé par la prière, l'obéissance et la bénédiction. Lorsque la Parole de Dieu est inscrite sur les poteaux de la maison, au sens littéral comme au sens spirituel, la famille se trouve sous la protection de la faveur divine : « ***Heureux tout homme qui craint l'Éternel, qui marche dans ses voies !*** » (Psaume 128:1).

Ainsi, l'homme qui accepte humblement son rôle d'époux, de père et de guide spirituel reçoit la bénédiction de Dieu sur sa vie. Il reconnaît que la force ne vient pas de l'orgueil, mais de la soumission ; non pas de l'indépendance, mais de l'alliance ; non pas de l'égoïsme, mais de l'amour. Un tel homme laisse derrière lui non seulement des biens matériels, mais surtout un héritage spirituel qui perdure des générations : « Le juste marche dans son intégrité ; heureux ses enfants après lui ! » (Proverbes 20:7).

Faire confiance au processus de Dieu

Si quelque chose vient réellement de Dieu et qu'il est destiné à toi, tu n'as pas besoin de le mendier en prière. Guidé par le Saint-Esprit, tu n'as qu'à faire confiance à Son processus et attendre Son temps. « *Car mille ans sont, à tes yeux, comme le jour d'hier, quand il n'est plus, et comme une veille de la nuit* » (Psaume 90:4). Ce qui nous paraît retardé est déjà accompli dans Son plan éternel. Faire confiance à Dieu, c'est se reposer dans la certitude que ce qu'Il a ordonné s'accomplira sans agitation ni peur.

Le mariage est l'une de ces bénédictions. L'Écriture dit : « Le cœur de son mari a confiance en elle, et les produits ne lui feront pas défaut » (Proverbes 31:11). Lorsque Dieu unit un homme et une femme, ce n'est pas seulement pour la romance ou un bonheur passager, mais aussi pour l'alliance, la stabilité et l'éducation des enfants.

Le mariage n'est pas une échappatoire à la solitude, mais un appel à la responsabilité : « Mais ceux qui se confient en l'Éternel renouvellent leur force. Ils prennent le vol comme les aigles ; ils courent, et ne se lassent point, ils marchent, et ne se fatiguent point » (Ésaïe 40:31). Le couple qui place son espérance en Dieu trouvera la force de traverser toutes les saisons du mariage.

L'apôtre Paul rappelle l'ordre de Dieu dans la création : « L'homme ne doit pas se couvrir la tête, puisqu'il est l'image et la gloire de Dieu, tandis que la femme est la gloire de l'homme. En effet, l'homme n'a pas été tiré de la femme, mais la femme a été tirée de l'homme » (1 Corinthiens 11:7-8). Cet ordre divin n'est pas une question de supériorité, mais de dessein. Le mari reflète l'image et la gloire de Dieu en guidant sa famille, et l'épouse manifeste la gloire de son mari en soutenant et en nourrissant le foyer. Ensemble, ils forment un seul corps d'alliance, conçu pour glorifier Dieu dans l'unité.

Le mariage : une alliance, pas une poursuite de bonheur

Dans notre génération, le mariage est trop souvent perçu comme une quête de bonheur plutôt que comme une alliance de foi. Beaucoup s'en vont dès qu'ils ne se sentent plus comblés. Mais le mariage n'a jamais été conçu pour un bonheur éphémère ; il a été institué pour la persévérance, la fidélité et la croissance dans la sainteté. Le bonheur va et vient, mais l'alliance demeure. Dieu fait confiance aux époux pour rester fidèles, non pas parce que chaque moment est facile, mais parce que le vœu a été prononcé devant Lui : « *Que l'homme donc ne sépare pas ce que Dieu a uni* » (Marc 10:9).

Imagine un père seul, regardant le dos de son épouse qui s'éloigne avec les enfants parce qu'elle n'est *"plus heureuse"*. Cette image n'est pas seulement déchirante ; elle constitue une violation de l'alliance. Le mariage n'est ni jetable ni soumis aux caprices de l'humeur. Il est sacré, contraignant et conçu pour durer à travers les épreuves. L'homme qui abandonne sa famille trahit son appel, et la femme qui s'en va par égoïsme tourne le dos à l'ordre de Dieu.

C'est pourquoi *le Livre des Hommes* enseigne cette vérité : fais confiance au processus de Dieu dans ton mariage comme dans toutes choses. Ne prie pas pour fuir, mais pour persévérer ; non pas pour des réponses faciles, mais pour la force de rester fidèle. « *Le juste vivra par la foi* » (Romains 1:17). Avoir la foi, c'est croire que le Dieu qui vous a unis vous soutiendra également.

Un homme de Dieu, un mari et un père doivent marcher avec cette conviction :

Le mariage n'est pas une quête de bonheur, mais le reflet de l'alliance du Christ avec Son Église. Le monde dit : « *Pas quand tu es fatigué*. Christ dit : « Reste, car je suis avec toi. Ceux qui espèrent en l'Éternel découvriront que même dans les saisons de lassitude, Il renouvelle leur force, leur apprenant à s'élever, à courir et à marcher sans faiblir.

Dieu révèle Son caractère

Dieu révèle Son caractère à travers l'image de l'aigle et du lion, deux symboles de puissance, d'autorité et de domination sous le soleil qu'Il a créés : « Comme l'aigle éveille sa couvée, voltige sur ses petits, déploie ses ailes, les prend, les porte sur ses plumes, l'Éternel seul l'a conduit » (Deutéronome 32:11-12).

De même : « *Le lion a rugi : qui ne craindrait ? Le Seigneur, l'Éternel, a parlé : qui ne prophétiserait ?* » (Amos 3:8). Ces comparaisons rappellent que les hommes, créés à l'image de Dieu (Genèse 1:27), portent en eux des traits de force, d'autorité et de responsabilité.

Lorsque tu entends le rugissement dans la voix d'un homme, tu es rappelé à la puissance que Dieu lui a donnée pour diriger, protéger et soutenir sa famille. C'est pourquoi le poids de gouverner une maison ou d'élever les enfants ne peut pas reposer uniquement sur la mère. Les hommes sont appelés à respecter l'alliance et l'engagement, et non à courir après un bonheur passager.

Si le mariage n'était qu'une question de bonheur personnel, la plupart des hommes resteraient seuls. Mais nous nous inclinons devant les lois de l'Éternel, qui a déclaré : « Il n'est pas bon que l'homme soit seul » (Genèse 2:18), et nous accomplissons Sa promesse en bâtissant des familles enracinées dans Son autorité et guidées par sa Parole.

« Il te couvrira de ses plumes, et tu trouveras un refuge sous ses ailes ; sa fidélité est un bouclier et une cuirasse » (Psaume 91:4).

HEAVENLY CITIZEN

CHAPITRE DIX

Quand Dieu dit :
« Va », obéir dans les ténèbres,
partir sans direction comme Abraham.

« C'est par la foi qu'Abraham, lors de sa vocation, obéit et partit pour un lieu qu'il devait recevoir en héritage, et qu'il partit sans savoir où il allait. » (Hébreux 11:8)

Tout homme de foi sait quand il est temps de partir. Dieu parle de bien des manières : par l'Écriture, par des étrangers ou par une conviction silencieuse dans l'âme. Quand tu es un homme de prière, tu dois apprendre à écouter non seulement dans la paix, mais aussi dans le silence de ta souffrance. Dieu n'est pas absent de ta douleur ; il y est attentif. Et lorsque ton cœur est meurtri et tes forces épuisées, Son Esprit murmure à ton âme :

« ***Le moment est venu.*** »

Tout homme qui croit à la Bible et marche avec l'Éternel sait qu'il existe un instant où Dieu demande d'agir, et où l'obéissance devient le chemin vers la guérison. Il ne s'agit pas de gagner, car Dieu sera avec toi dans la vie vers laquelle tu avances, même si elle est inconnue.

Aujourd'hui, des hommes vivent dans un tourment silencieux. Bien que physiquement forts, ils sont devenus spirituellement affaiblis à cause de la violence émotionnelle, verbale ou même physique exercée par leurs épouses. La société ne reconnaît pas toujours les blessures des hommes, car on attend d'eux qu'ils endurent en silence. Certaines femmes, elles aussi brisées, peuvent causer de graves dommages ; certaines savent manipuler, se blesser elles-mêmes et rejeter la faute sur autrui afin de s'envoyer en prison plus facilement. Mais Dieu voit tout. Les tribunaux des hommes peuvent l'ignorer, mais le Juge du Ciel observe chaque chose. Quand Dieu te révèle, par le Saint-Esprit, des signes ou de Ses interventions, que le moment est venu de partir, tu dois Lui faire confiance, prendre ton sac et partir.

Abraham a été obligé de partir. L'Éternel lui a dit : « Quitte ton pays, ta patrie et la maison de ton père, et va dans le pays que je te montrerai » (Genèse 12:1). Abraham n'avait aucune carte pour l'inconnu, qu'une promesse. Frère, pourquoi rester humilié, privé d'amour et financièrement épuisé dans une maison qui ne souhaite plus ta paix ? Fais ta valise, prends ton sac. Tu ne quittes pas ta foi ; tu réponds à l'appel de Dieu pour la préserver.

Dieu dit à Moïse : « ***Maintenant, va, je t'enverrai vers Pharaon, et tu feras sortir d'Égypte mon peuple, les enfants d'Israël*** » (Exode 3:10). Il ne faisait pas que partir ; il était envoyé. Lorsque tu quittes un lieu d'abus, tu ne fais pas seulement fuir la douleur ; tu avances vers la liberté divine. Comme dit Hébreux 11:8 : « Par la foi, Abraham obéit et il partit, sans savoir où il allait. Tu ne vois peut-être pas ton avenir aujourd'hui, mais la foi n'est pas une certitude humaine ; c'est la confiance que Dieu t'attendra au bout du chemin. Si tu dois dormir dans une voiture, voyager jusqu'à la ville voisine, frapper à la porte d'un ami ou d'un parent, ou simplement partir comme je l'ai fait, laissant tout derrière moi pour recommencer dans un autre pays…

Frère, n'attends pas que le désastre frappe et que les choses s'aggravent ! Quand le Saint-Esprit donne le signal, toute hésitation ne fait qu'approfondir les ténèbres. Les menaces deviennent réelles : interventions de police, conflits judiciaires, accusations mensongères. Une femme qui n'a plus de respect ni d'amour ne peut pas être reconquise uniquement par ton endurance. « Laisse-la partir. Tu n'es pas son sauveur ; Jésus l'est. « Ton obéissance à Dieu aujourd'hui peut être ce qui assure ton avenir, le bien-être de tes enfants et le salut de ton âme. Mets ta confiance en Dieu, et tu vivras plus longtemps et plus pleinement.

Certains me demandent : « Pourquoi es-tu resté si longtemps ? Pourquoi avoir passé vingt ans dans une maison sans paix, avec une femme qui ne se souciait que de l'argent et jamais de la famille ? Ma réponse est simple : mes fils et le système. Je savais que mes garçons avaient besoin de temps pour grandir. Je savais que les gouvernements occidentaux favorisent rarement les pères, surtout les hommes de foi, et cherchent à protéger leurs enfants de la souffrance émotionnelle. Alors j'ai prié : «

Seigneur, donne-moi la force d'être patient. »

Tandis que leur mère optait pour une vie de fêtes en boîte, d'alcool et d'« indépendance » bruyante, je restais à la maison pour les élever tout en tenant deux emplois. J'ai fait tous les sacrifices en silence. Chaque dimanche, nous allions ensemble à l'église, qu'il pleuve ou qu'il fasse soleil. Nous prions et adorons. Je les ai inscrits à l'Académie de Taekwondo de Boston pour leur apprendre à se défendre et à développer la discipline et le respect de soi. Je les emmenais aussi au YMCA de Hyde Park où je leur enseignais personnellement à nager. Ils adoraient plonger et nager.

Je ne passais pas simplement le temps : je semais des graines. Des graines de discipline, de courage et de caractère pieux dans le cœur de mes fils. Notre foyer était brisé, mais je savais que je pouvais au moins protéger leur innocence. Je pouvais les mettre à l'abri de certaines réalités, leur offrant de meilleures chances d'avoir une vie stable et réussie. J'étais leur père, et cela reste ma responsabilité sacrée : protéger leur esprit, nourrir leur corps et guider leur âme.

Ce qui me manquait en biens matériels, je le compensais par ma présence. Un père présent dans le chaos, priant, guidant, marchant avec Dieu, pas parfaitement, mais fidèlement. Un homme qu'ils pouvaient observer, écouter et imiter. Voilà un héritage bien plus grand que toutes les richesses du monde :

*« **L'homme de bien laisse un héritage aux enfants de ses enfants** »* (Proverbes 13:22).

Pendant ce combat intérieur, je m'accrochais à la promesse de Dieu : « Invoque-moi, et je te répondrai ; je t'annoncerai de grandes choses, des choses cachées, que tu ne connais pas » (Jérémie 33:3). J'ai répondu : « Oui, Seigneur, je suis prêt à avancer. « Alors, je suis parti, dormir un temps dans ma voiture, avant de revoir mes fils pour leur dire au revoir et de quitter le pays pour toujours.

Frères, écoutez **le Livre des Hommes** : nous avons été créés les premiers, non par hasard, pas comme une pensée secondaire. Nous sommes la fondation. « Le premier homme, Adam, devint une âme vivante » (1 Corinthiens 15:45). Depuis le commencement, Dieu a confié à l'homme dessein, autorité et responsabilité. Nous nous tenons devant Lui, les mains levées, non pas parce que nous sommes parfaits, mais parce que nous avons essayé. Nous sommes tombés, nous avons échoué, mais Il nous appelle encore.

De l'autre côté de cette obéissance, il m'attendait pour ouvrir des portes que je n'aurais jamais pu forcer. Il m'a donné un nouveau but, un nouveau mariage, d'autres enfants et un foyer rempli de paix, d'ordre et de respect mutuel, une épouse qui marche dans la crainte de l'Éternel. « ***Celui qui*** *trouve une femme a trouvé le bonheur ; c'est une grâce qu'il obtient de l'Éternel* » (Proverbes 18:22).

Homme de Dieu, tu n'es pas oublié. Tu as été choisi avant même de tomber : « En lui, Dieu nous a élus avant la fondation du monde, pour que nous soyons saints et irréprochables devant lui » (Éphésiens 1:4). Le Dieu de feu, le même qui parla à Moïse dans le buisson ardent, appelle encore les hommes aujourd'hui. Il t'appelle à revenir dans Sa maison, dans Sa présence, dans Son dessein.

Soyons honnêtes : sans l'Éternel, le chaos de ce monde moderne nous aurait déjà engloutis. Dans une génération où tant de femmes sont égarées par la culture, poussées par l'égoïsme ou par la soif de contrôle, seul l'Éternel protège Ses fils de la ruine. « Sans l'Éternel qui m'a secouru, mon âme eût bientôt habité le séjour du silence » (Psaume 94:17).

Alors lève-toi. Reviens. Cours vers lui. Le Père t'attend les bras ouverts, non avec la honte, mais avec la rédemption. Car il reste fidèle à ceux qui l'invoquent.

Le Dieu des hommes demeure fidèle, comme il est écrit : « ***Si nous sommes infidèles, il demeure fidèle, car il ne peut se renier lui-même*** » (2 Timothée 2:13).

J'ai longtemps cru que ma loyauté suffisait à assurer leur avenir. Mais la paternité ne consiste pas seulement à rester ; elle consiste aussi à écouter la voix de Dieu et à obéir à Son appel. Quand mes fils avaient dix et douze ans, à l'église, j'ai senti le Saint-Esprit me parler clairement. C'était l'hiver ; la neige recouvrait le sol. Un profond silence m'envahissait tandis que je les regardais sourire, mais je savais que je devais obéir au message : « Il est temps de partir. »

Je suis parti avec le strict nécessaire, sans éclat ni conflit, simplement par obéissance. Le monde est devenu mon sanctuaire, puis la porte d'une nouvelle vie. L'Éternel m'a couvert de Ses ailes ; j'étais en sécurité, aimé. Élohim était ma force, et l'ombre de Sa présence m'aida à gravir la montagne. Il est Jéhovah, Celui qui ne délaisse pas Son peuple. Il est trop saint pour nous abandonner. Prions en tout temps et adorons-Le de tout notre être.

Aujourd'hui, je suis remarié. Cela fait cinq ans. Je vis dans un autre pays, élevant un nouveau fils dans un foyer guéri et sanctifié. Pendant qu'elle poursuit son « indépendance », je ne regarde plus en arrière. Je ne le dis pas pour me vanter, mais avec une espérance paisible : que Dieu la bénisse, que ses yeux s'ouvrent, et que son cœur trouve la paix que le mien connaît aujourd'hui.

Quand Dieu dit « **Va** », nous ne discutons pas ; nous obéissons. Et quand nous obéissons, nous ne faisons pas qu'échapper… nous vivons.

Je réalise à quel point il est difficile de supporter une longue attente, année après année, dans l'espoir d'un changement qui semble toujours repoussé. Tu as prié, enduré, pardonné et tenté encore. Pourtant, au fond de toi, la voix de Dieu se fait entendre : le Saint-Esprit te parle. Ce moment n'est pas dicté par l'émotion ou la peur ; c'est le Seigneur lui-même qui confirme ce que tu devinais depuis longtemps : « Il est temps pour toi de partir. » Comme il est écrit : « L'Éternel dit à Jacob : ***Retourne au pays de tes pères et dans ton lieu de naissance, et je serai avec toi.*** » (Genèse 31:3). Dieu ne s'envoie jamais quelqu'un sans l'accompagner de Sa présence.

Le Livre des Hommes voit juste à chaque fois : quand il est temps de quitter une maison difficile, un mariage abusif ou un environnement toxique, Dieu ne te libère pas seulement de ton devoir d'homme ; il te conduit. Le Seigneur connaît tes investissements financiers, émotionnels et spirituels. Tu as versé ta vie pour ta famille. Mais voici que ton nom, ta dignité, ta paix, voire ton identité sont attaqués. Tu n'es plus respecté, pas même par ceux en qui tu avais confiance : ton épouse, tes enfants, tes voisins. Tu te dis peut-être qu'il est trop tard pour recommencer. Ce n'est pas le cas. Avec Dieu, il n'est jamais trop tard. Qu'elle te demande de partir, ou que l'État t'y contraigne, ce n'est pas la fin. Souviens-toi de cette promesse : « *Ne crains rien, car je suis avec toi; ne promène pas des regards inquiets, car je suis ton Dieu; je te fortifie, je viens à ton secours, je te soutiens de ma droite triomphante.* » (Ésaïe 41:10).

Bien des hommes avant toi ont affronté la même croisée des chemins. Ceux qui ont trouvé la paix sont ceux qui ont osé faire un pas de foi et laisser derrière eux ce qui les détruisait. Dieu a frayé un chemin pour eux ; il fera de même pour toi. Même si la route te paraît sombre, Dieu promet de l'éclairer dans la vallée : « ***Quand je marche dans la vallée de l'ombre de la mort, je ne crains aucun mal, car tu es avec moi.*** » (Psaume 23:4). Il marche à tes côtés avec force et miséricorde. Quand tout s'écroule, Sa paix te tient debout. Sa présence est ta paix.

Frère en Christ, soyons clairs : il ne t'est pas permis d'en finir avec la vie. Ce n'est pas ton choix. Tu as été racheté par le sang de Jésus-Christ ; ta vie Lui appartient.

Même quand tout paraît noir, tu n'as pas le droit de prendre ce qui appartient au Seigneur. Et tout aussi important : il ne t'est pas permis d'abandonner tes enfants. Quelle que soit l'injustice que le système t'inspire, si défaillantes que paraissent les juridictions familiales, ta responsabilité de père demeure inchangée. Tu rendras compte pour eux : ni le juge ni les avocats ni l'État ne le feront à ta place. Tu es père devant le tribunal du ciel.

Alors, prends courage, homme de Dieu. La route qui t'attend sera peut-être rude, mais elle est sacrée. Tu ne t'éloignes pas par rébellion ; tu avances par obéissance. Fais confiance à Dieu : il sera ta force, ton bouclier, ton protecteur. Avance lentement, avec sagesse, dans la prière. Et n'oublie jamais : « *Ne crains rien, car je suis avec toi… je te soutiens de ma droite triomphante.* » (Ésaïe 41:10). Tu n'es pas seul. Tu ne l'as jamais été.

Quand le Saint-Esprit devient l'unique voix

Message aux maris chrétiens *Le Livre des Hommes* comme seule loi pour avancer

Le mariage est une alliance sacrée instituée par Dieu pour refléter son amour, son ordre et son unité. Quand le mariage s'éteint, non physiquement, mais spirituellement et émotionnellement, l'homme de Dieu se sent confus, rejeté, réduit au silence. Hélas, beaucoup d'hommes chrétiens tardent à reconnaître ou à admettre cette vérité. Ils demeurent devant l'autel d'un mariage que leurs épouses ont abandonné depuis longtemps, s'accrochant à la loyauté dans l'espoir de ranimer ce qui n'est plus en vie.

Dieu appela Adam à conduire et à protéger. Il reçut le mandat de cultiver le jardin, d'exercer l'autorité sur la création et d'obéir aux commandements du Seigneur. La vie d'Adam marque non seulement le commencement de l'humanité, mais aussi le compte à rebours de la mortalité pour toutes les générations : « ***Car tu es poussière, et tu retourneras dans la poussière.*** » (Genèse 3:19).

Ève fut sa seule compagne, son aide, sa confidente, celle qui partageait avec lui la gérance du jardin d'Éden. Ensemble, ils devaient réfléchir, prévoir et veiller l'un sur l'autre. Mais en son cœur se leva une curiosité dangereuse, semblable à celle que connaissent aujourd'hui bien des femmes plus âgées. Elle désira ce que Dieu ne leur avait pas donné, goûter à l'interdit. Cette convoitise ouvrit la porte à la séduction : « ***La femme vit que l'arbre était bon à manger et agréable à la vue, et qu'il était précieux pour ouvrir l'intelligence; elle prit de son fruit et en mangea.*** » (Genèse 3:6).

À cet instant décisif, Adam faillit à sa responsabilité confiée par Dieu. Il ne conduisit pas dans l'obéissance, ne résista pas à la tentation, mais suivit le choix d'Ève, plaçant sa voix au-dessus de l'ordre divin. Pourtant, Dieu ne les abandonna pas. Il appela l'homme, non qu'Il ignorât où il se trouvait, mais pour confronter sa défaillance : « ***Mais l'Éternel Dieu appela l'homme, et lui dit: Où es-tu?*** » (Genèse 3:9).

La désobéissance et ses conséquences furent déclenchées. À la femme : « Je rendrai tes grossesses très pénibles ; c'est avec douleur que tu enfanteras des enfants.

Tes désirs seront tournés vers ton mari, mais il aura du pouvoir sur toi. (Genèse 3:16). Pour Adam, le temps deviendra un rappel de la brièveté de la vie : « Tous les jours qu'Adam vécut furent de neuf cent trente ans ; puis il mourut. (Genèse 5:5).

La Bible ne précise ni quand ni comment Ève mourut, ni ne l'inscrit dans les généalogies de Genèse 5, où l'accent est mis sur la lignée masculine d'Adam à Noé. Ce silence demeure un avertissement : quand nous brisons l'alliance du Seigneur et rejetons Ses lois, nous risquons d'être écartés du témoignage de la foi. Dieu t'aime toujours ; son amour demeure ; mais il peut choisir de ne pas se servir de toi pour sauver, délivrer ou porter son message. « J'honorerai celui qui m'honore, mais ceux qui me méprisent seront méprisés. » (1 Samuel 2:30).

Comment cela a-t-il pu arriver ? Comment Ève, qui marchait avec Adam et Dieu au paradis, a-t-elle pu tomber si loin de la grâce ? Pourquoi une conséquence si sévère pour mettre en marche l'horloge de la mort ? La réponse vaut encore aujourd'hui : tandis que des hommes abandonnent leur devoir, certaines épouses se laissent influencer par des voix qui rejettent l'ordre de Dieu, des voix chuchotant une indépendance contre Son dessein.

Elles reprennent la rengaine du monde : « Je n'ai pas besoin d'un homme. « Mais une indépendance sans Dieu n'est qu'un fragile échafaudage : quand la voiture tombe en panne, que les factures s'accumulent, que les crédits débordent ou qu'une crise survient, la force de l'autosuffisance s'effondre. Et l'absence d'un homme pieux se fait alors cruellement sentir, même si cela n'est jamais avoué.

Apprenons donc de l'histoire d'Adam. Tiens-toi ferme. Conduis avec courage. Garde ton cœur et ta maison. Et attache-toi à la Parole de Dieu, car « Il est un bouclier pour tous ceux qui se réfugient en lui. » (Proverbes 30:5).

Considérez les choses de la manière suivante : lorsque des femmes manifestent leur curiosité et leur indépendance, en souhaitant « découvrir » de nouvelles choses, cela constitue une occasion d'explorer avec leur conjoint.

Cependant, quitter son domicile sans maîtriser cette curiosité équivaut à consommer de l'ackee immature, ce qui peut entraîner des convulsions, un coma ou même la mort en quelques heures.

Le mancenillier, surnommé « **_pomme de la mort_** », peut causer des brûlures, des cloques, la cécité et parfois la mort, ou ne provoquer aucune réaction au simple contact. Le fruit à strychnine est tout aussi dangereux : il provoque des contractions violentes et peut entraîner une mort rapide par arrêt respiratoire.

Ces fruits sont trompeurs. À l'extérieur, ils paraissent inoffensifs, voire attrayants.

Mais sous la peau se cache la destruction.

De même, hors du foyer, se tiennent des hommes, des « **_petits amis_** » à l'esprit brisé et aux agendas secrets, qui guettent l'instant où une femme est faible, curieuse ou vulnérable. Ils savent ce qu'elle veut entendre et reflètent sa douleur par de fausses promesses. Mais dès qu'elle quitte sa maison d'alliance, emportant son fardeau émotionnel et physique, ils prennent leurs distances. Soudain, les mots d'amour et de sollicitude s'évanouissent.

Ce qui suit n'est que désillusion et chagrin

Je n'arrive pas à croire qu'il m'ait fait cela... Il m'avait promis de m'aimer et de prendre soin de moi. »

Mais à la place de l'affection, voici désormais les paroles que tu entends :

*« **Tu es dans l'illusion. Tu es folle. Tu es vieille. Tu n'es plus attirante.*** »

C'est là le piège de la séduction. L'ennemi est un serpent qui déguise l'esclavage en indépendance et la captivité en liberté. Ce qui commence comme une quête de bonheur se termine bien souvent dans la solitude et le regret. Protège ton cœur. Le lieu le plus sûr pour ta guérison et ta croissance reste sous la couverture que Dieu fournit, et non dans les bras d'un consolateur contrefait.

De la même manière, certaines femmes, bénies par Dieu d'un mari fidèle et travailleur ainsi que d'enfants, en viennent soudain à désirer quelque chose de « ***nouveau*** », de plus jeune ou de plus excitant. Elles poursuivent l'illusion de l'indépendance et de l'accomplissement personnel, croyant qu'elle leur apportera un bonheur durable. Pourtant, bien souvent, ce qui paraît doux de loin se révèle amer en réalité.

Beaucoup de femmes fidèles à Dieu ne choisissent pas ce chemin. Elles demandent plutôt avec bienveillance à leurs maris de prendre soin de leur santé, les encouragent à consulter le médecin, à faire de l'exercice et à mieux s'alimenter. Elles cuisinent, soignent et insufflent la vie dans leur foyer. Elles réclament parfois un changement de cadre ou d'habitudes, non par rébellion, mais pour bâtir ensemble un avenir meilleur. Elles reconnaissent la valeur de ce qu'elles possèdent et cherchent à le renforcer, non à le détruire.

Lorsque la tentation murmure : « *Il y a plus ailleurs* », la sagesse rappelle que tout ce qui paraît bon ne l'est pas. Comme le fruit défendu, cela peut coûter plus que tu ne peux te permettre de perdre.

Tous les hommes sont appelés à quitter leur père et leur mère pour s'attacher à leur femme. Mais que se passe-t-il quand la femme ne veut plus être tenue ? Quand elle dérive émotionnellement vers un autre monde, laissant dans la maison seulement son ombre ? C'est alors que le Saint-Esprit commence à murmurer ce que personne n'ose dire ni entendre aux maris chrétiens : « ***Tu n'as plus ta place ici. Elle a quitté l'alliance.*** »

Des hommes comme Jacob quittèrent leur maison sur ordre divin, fuyant Ésaü tout en répondant à un appel céleste (Genèse 28:10-15). Élie reçut l'ordre de partir et de se cacher pour sa protection (1 Rois 17:2-3). Même Jésus quitta le ciel par obéissance (Philippiens 2:6-8).

Partout dans les Écritures, Dieu appela des hommes à partir, surtout lorsque rester signifiait destruction, désobéissance ou trahison d'un dessein plus élevé. Il en va de même dans le mariage. Parfois, Dieu conduit ses fils à partir, non parce qu'ils ont cessé d'aimer, mais parce qu'Il a déjà vu la fin. Lorsque l'Esprit de l'espérance a parlé à ton cœur, tu ne peux pas croire que tu pourras changer le cœur d'une femme qui ne veut plus de toi ; il faut recalculer ta vie et partir.

De nombreux maris chrétiens, qui ont tout sacrifié pour bâtir un foyer, se retrouvent à élever seuls leurs enfants au sein d'un mariage froid et vide. Elle est là physiquement, mais son âme, son esprit et son affection se sont déjà tournés vers d'autres hommes, d'autres fantasmes ou d'autres désirs. Elle ne lutte plus pour le mariage. Et toi, homme de Dieu, tu te retrouves dans un désert spirituel.

Prière pour les maris dans le désert spirituel

Éternel, Père fidèle,

Nous venons à Toi dans nos déserts intérieurs, là où nos âmes sont assoiffées et nos cœurs blessés.

Tu es le Dieu qui voit, le Dieu qui entend, le Dieu qui console.

Même quand nos maisons sont froides et que l'amour semble s'être éteint, Toi, Seigneur, Tu demeures une flamme qui ne s'éteint jamais.

Seigneur, regarde les maris qui portent seuls le poids du foyer. Ils se tiennent debout dans le silence, souvent incompris, mais Toi, Tu connais leurs larmes cachées et leurs prières secrètes.

Fortifie-les dans leurs épreuves, relève-les lorsqu'ils sont fatigués, et rappelle-leur que leur valeur ne dépend pas de l'amour d'une femme qui s'éloigne, mais de Ton amour éternel qui ne faillira jamais.

Seigneur Jésus, Toi qui as marché dans le désert, apprends-leur à transformer leur solitude en sanctuaire, leurs blessures en témoignages et leurs larmes en semences de gloire.

Que leur fidélité soit une offrande, que leur silence soit une prière, et que leur persévérance devienne une couronne que Toi seul décerneras.

Saint-Esprit, Souffle de vie, Remplis les cœurs de ces hommes de courage et de paix. Aide-les à ne pas sombrer dans l'amertume, mais à marcher dans la lumière. Montre-leur que même dans le désert, il y a une manne quotidienne, une source qui jaillit du rocher, une colonne de feu pour éclairer la nuit.

Père, bénis leurs enfants, garde leur descendance, et fais que malgré les manquements humains, ils découvrent en Toi le Père parfait, toujours présent, toujours fidèle.

Qu'aucun de tes fils ne croie être oublié, car Tu as gravé leur nom sur la paume de tes mains. Nous prions avec assurance, sachant que Tu entends et que Tu exauces, au Nom de Jésus-Christ, notre Seigneur, l'époux fidèle et le Roi éternel. **Amen.**

HEAVENLY CITIZEN

CHAPITRE ONZE

Quand la femme quitte le cœur :
le silence des maris chrétien

Combien d'hommes chrétiens pleurent en silence lors de mariages spirituellement morts depuis longtemps ?

Le poids du monde, et parfois même celui de l'Église, leur répète qu'il faut continuer à se battre. Mais le Saint-Esprit sait quand tout est terminé. Il ne laisse pas ses fils dans l'obscurité. Il confirme par des songes, par des signes répétés et par un profond témoignage intérieur : « Elle n'appartient plus à cette alliance. »

La détresse invisible, restaurer le lien du cœur

Les recherches sur le détachement émotionnel dans le mariage révèlent une réalité troublante : bien souvent, les femmes se détachent émotionnellement longtemps avant de quitter physiquement la relation. Selon le Gottman Institute, 69 % des divorces dans les couples hétérosexuels sont initiés par des femmes. Le professeur Michael Rosenfeld, de l'Université Stanford, confirme ce constat dans son étude « *How Couples Meet and Stay Together* ».

Les femmes recherchent plus intensément l'intimité émotionnelle et, lorsque ces besoins profonds ne sont pas comblés, la lassitude et le détachement s'installent, jusqu'à la rupture.

Le mariage n'est pas seulement une union des corps, mais aussi une alliance des âmes. Quand le dialogue cesse et que le cœur se ferme, le silence devient une arme, et la distance s'installe comme une muraille invisible. Mais Dieu peut reconstruire ce que le cœur humain a laissé s'effondrer. L'Écriture dit : "Je vous donnerai un cœur nouveau, et je mettrai en vous un esprit nouveau." (Ézéchiel 36:26) L'amour véritable ne se nourrit pas seulement de passion, mais aussi de communication, de prière et de service mutuel. Un homme qui prie pour sa femme devient le gardien de son cœur. Une femme qui intercède pour son mari devient une lumière dans sa maison. Là où le monde parle de rupture, Dieu parle de restauration. Car ce qui a été semé dans les larmes peut, par la grâce, être récolté dans la joie.

Ce détachement n'arrive pas du jour au lendemain. Pendant des mois, voire des années, certaines femmes s'éloignent intérieurement, tandis que leur mari, sans s'en rendre compte, continue à prier, à travailler, à pourvoir fidèlement, persuadé de tout faire correctement. Puis un jour, la femme affirme qu'elle « mérite mieux », même à cinquante ou soixante ans, oubliant qu'elle a vécu la fidélité et le revenu de son mari.

Derrière les statistiques se cache la douleur muette de milliers de maris : des hommes toujours engagés, priant, persévérants, mais aimés en retour par une épouse dont le cœur s'est déjà détaché.

Le piège spirituel

Pour l'homme de foi, le fardeau est encore plus lourd. *Le Livre des Hommes* révèle un danger : beaucoup perdent non seulement leur mariage, mais aussi leur âme, à force de s'accrocher à ce qui est déjà mort. Ils s'épuisent au travail, étouffent leurs besoins, souffrent en silence, croyant que leur persévérance suffira à restaurer le lien. Mais se battre pour son mariage ne signifie pas s'enterrer vivant dans une tombe dite « mariage ».

Les conséquences sont graves : infarctus, hypertension, insomnies chroniques, dépression, addictions, maladies auto-immunes, crises de panique, voire des pensées suicidaires. L'homme qui porte seul le poids d'une femme détachée risque d'y laisser sa santé, son esprit et parfois sa vie.

La perte du respect

Le respect est le fondement de toute alliance. Quand il disparaît, le lien est déjà rompu. Pourquoi une femme ose-t-elle mentir à son mari alors qu'elle n'oserait jamais mentir à son patron ? Parce qu'elle respecte la hiérarchie de son emploi, mais surtout celle de son foyer. Le jour où elle cesse de craindre les conséquences, son esprit s'éloigne. Et dès lors, même la bonté de l'homme est perçue comme une faiblesse.

La Bible est claire : « S'il arrive qu'elle ne trouve pas grâce à ses yeux, parce qu'il a découvert en elle quelque chose de honteux, il écrira pour elle une lettre de divorce… » (Deutéronome 24:1).

« Mais moi, je vous dis que quiconque répudie sa femme, sauf pour cause d'infidélité, l'expose à devenir adultère » (Matthieu 5:32).

Dieu ne demande pas à Ses fils de rester liés à une alliance déjà brisée. Ne laisse pas la culpabilité ni la manipulation émotionnelle te piéger. La vraie repentance se voit dans les actes, pas dans les promesses répétées.

« Éloigne-toi du chemin qui conduit chez elle… de peur que tu ne livres ta vigueur à d'autres, et tes années à un homme cruel » (Proverbes 5:8-9).

« Les lèvres de l'étrangère distillent le miel, mais à la fin elle est amère comme l'absinthe » (Proverbes 5:3-4).

Revenir vers une épouse infidèle ou méprisante n'apporte pas la guérison, mais l'amertume. « Un espoir différé rend le cœur malade » (Proverbes 13:12).

La décision difficile : l'homme qui continue de prier pour une réconciliation, mais ne rencontre que la froideur et la distance, traverse un désert spirituel. La réponse divine, dans ces cas-là, est souvent simple.

Frère, tu n'es pas seul. Aimer profondément ne fait pas de toi un insensé. Mais Dieu t'appelle à marcher dans la vérité, pas dans l'illusion. Si elle a choisi les ténèbres, n'entraîne pas ton âme avec elle. Le jour viendra où chacun rendra compte devant le Seigneur. Toi, tu dois protéger ton intégrité et marcher dans la lumière.

Le mariage selon Dieu n'est pas un sacrifice unilatéral, mais une alliance sacrée bâtie sur l'unité, le respect et l'amour mutuel. Quand ce fondement est délibérément détruit, rester n'est plus un signe de piété, mais de mort lente. Il y a une différence entre porter la croix du Christ et être crucifié par une épouse rebelle : l'un mène à la vie, l'autre à la destruction.

Quand l'Esprit dit : « Il est temps de partir »

Les hommes chrétiens doivent dépendre de la direction du Saint-Esprit pour savoir quand lutter pour la restauration et quand se rendre à Dieu et partir en paix. La guérison ne commence pas en feignant que le mariage va bien, mais en acceptant la vérité et en croyant que Dieu peut encore transformer les cendres en beauté (Ésaïe 61:3) :

« Pour accorder aux affligés de Sion, pour leur donner un diadème au lieu de cendre :

- Une huile de joie au lieu de deuil,
- Un vêtement de louange au lieu d'un esprit abattu,
- Afin qu'on les appelle des térébinthes de la justice,
- Une plantation de l'Éternel, pour servir à sa gloire. »

Le *Livre des Hommes* déclare : « ***Il est temps de partir.*** »

Le Saint-Esprit n'a jamais abandonné personne. Ses yeux sondent les profondeurs invisibles, bien au-delà de ce que peut percevoir un mari occupé à pourvoir, à protéger et à administrer son foyer. Pour tout homme qui marche étroitement avec Dieu, l'Esprit devient ses yeux, révélant ce qui est caché et dévoilant ce qui échappe au regard humain. Aucune ruse ne lui échappe. Ce que l'homme ignore, Dieu le voit, et Il avertit toujours Ses fils innocents, les guidant et les protégeant.

« Car l'Éternel parcourt toute la terre du regard, pour soutenir ceux dont le cœur est tout entier à lui. » (2 Chroniques 16:9)

Si une femme commence à humilier son mari en public, à manipuler les enfants, ou à se servir de la police et des institutions contre lui, la maison n'est plus un refuge, mais une prison. Ce n'est plus un mariage, mais un esclavage. Et Dieu n'a jamais appelé un homme à vivre asservi dans une alliance brisée. **Frère, il est temps de partir.**

Les recherches de Rosenfeld confirment que, bien souvent, les femmes entament le divorce non par manque matériel ou financier, mais en raison d'une insatisfaction émotionnelle. Beaucoup déclarent se sentir ignorées ou négligées, même lorsqu'elles ont un mari fidèle qui subvient à tous leurs besoins matériels. L'attente d'un investissement émotionnel infini, combinée au poids financier, écrase l'homme jusqu'à le rendre invisible. **Si elle s'élève contre toi, frère, il est temps de partir.**

Il ne s'agit pas ici de chercher des coupables, mais de reconnaître la vérité. Lorsque ta femme cesse d'investir émotionnellement, spirituellement et dans le respect, l'alliance devient déséquilibrée. L'Esprit de Dieu t'appelle à discerner si tu vis encore un amour fidèle ou si tu es enseveli vivant sous une illusion d'espérance.

Car le plan de Dieu n'a jamais prévu un sacrifice à sens unique. Le respect mutuel, l'amour réciproque et la soumission partagée sont exigés de tous les partenaires (Éphésiens 5:21-33). Quand ces fondations sont détruites et qu'une épouse choisit l'indépendance plutôt que l'alliance, l'homme doit chercher la sagesse du Saint-Esprit pour savoir quand obéir à l'appel du départ.

Le *Livre des Hommes* répète : « Il est temps de partir. Vous avez séjourné assez longtemps sur cette montagne. Levez le camp et partez » (Deutéronome 1:6-7).

Les signes sont clairs : elle flirte ouvertement, justifie ses messages nocturnes, retient son affection pour te punir ou brandit la menace du divorce comme arme de contrôle. Ces comportements ne sont pas des « problèmes conjugaux » ordinaires : ce sont des violations de l'alliance.

Si ta femme fréquente des lieux qui trahissent la confiance, des clubs, des voyages avec des collègues masculins, des visites nocturnes chez des amis, elle proclame par ses actes qu'elle ne considère plus le mariage comme sacré. « ***La femme sage bâtit sa maison, et la femme insensée la renverse de ses propres mains*** » (Proverbes 14:1).

Un frère m'a confié être rentré chez lui à minuit et avoir trouvé sa femme installée devant un film avec des hommes amis, sans explication, sans honte. Lorsqu'il protesta, elle appela la police. À cet instant, le Saint-Esprit lui révéla : **« Tu n'es plus son protecteur. Elle s'est détournée de toi. Il est temps de partir. »** La Parole déclare :

« Femmes, soyez soumises à vos maris, comme au Seigneur… et que la femme respecte son mari » (Éphésiens 5:22, 33).

Une femme qui se dénude pour Internet mais refuse son mari n'est pas confuse :

Elle est perdue. Une femme qui se montre au monde tout en rejetant sa famille n'est pas fidèle à son mari : elle est rebelle. Frère, il est temps de partir.

Beaucoup d'hommes endurent ces blessures « **pour les enfants** ». Mais comprends ceci : Jacob est parti. Abraham est parti. Paul est parti quand l'Esprit le lui a dit. Tes enfants ont besoin de voir un père qui obéit à Dieu, pas un père qui s'éteint en silence sous le poids du mépris.

Le Saint-Esprit ne console pas seulement : il avertit. Il envoie des rêves, des signes, des témoignages d'autres hommes pour ouvrir les yeux de Ses fils. Lorsque Dieu dit : « Elle s'est détournée de Mon plan », il faut écouter. Car ton âme est trop précieuse pour sombrer dans un navire qui coule.

« ***Et que servirait-il à un homme de gagner tout le monde s'il perdait son âme ?*** »

(Matthieu 16:26)

Dans **Le Livre des Hommes**, le Saint-Esprit appelle Ses fils à la dignité, à la guérison et à la restauration après un divorce. À la plénitude et à un nouveau but.

« *Je vous remplacerai les années qu'ont dévorées la sauterelle…* » (Joël 2:25).

Dieu promet de restaurer ce qui a été perdu ou brisé, même après des saisons dévastatrices comme le divorce.

Selon une étude récente du **Pew Research Center**, complétée par des recherches académiques sur le vieillissement et le remariage, les hommes âgés de 55 à

Les hommes de 90 ans sont beaucoup plus susceptibles que les femmes de se remarier après un divorce. Une étude du **National Center for Family & Marriage Research** (Bowling Green State University) démontre que les hommes sont deux fois plus enclins à se remarier tard dans la vie, évoquant comme principales motivations : la guérison émotionnelle, la compagnie et le renouveau spirituel.

Après un divorce, l'homme ressemble à un ancien prisonnier libéré après de longues années, appelé à embrasser à nouveau la vie. Beaucoup choisissent des épouses plus jeunes, pleines d'énergie et de beauté, pour se sentir rajeunis et prolonger leurs jours, tandis que leurs ex-épouses vivent parfois seules ou avec un chien pour seule compagnie.

Ces données dépassent la simple analyse sociologique : elles confirment une vérité spirituelle profonde. Les hommes qui acceptent la guérison et la restauration trouvent souvent un nouveau but, même dans leurs dernières années.

Rappelons que l'homme a été créé le premier, non par hasard, mais par un dessein divin. Il a reçu le commandement et la vision de Dieu : cultiver, garder et diriger.

« L'Éternel Dieu prit l'homme et le plaça dans le jardin d'Éden pour le cultiver et le garder. L'Éternel Dieu donna cet ordre à l'homme… » (Genèse 2:15-17).

Ainsi, l'homme devra, en premier lieu, rendre compte devant Dieu de ce qui lui a été confié. Pour cette raison, il ne peut se permettre de comparaître devant le trône avec un cœur brisé, refusant la guérison.

Nul ne peut se présenter devant un Dieu saint en morceaux, traînant des blessures qu'il refuse d'abandonner. Ne laisse personne, pas même ton passé ni ta douleur, briser ton cœur au point de t'empêcher d'approcher Dieu. Quand le Saint-Esprit te parle et dit :

« **Aller** », quand il commence doucement à te tirer hors de l'espace mort où tu es resté trop longtemps, prends ton sac et obéis.

Dieu ne t'appelle pas à la honte, mais à la restauration. Il veut que tu lui confies tes faiblesses pour qu'Il puisse t'aider à les guérir par la prière, l'adoration et le jeûne. N'oublie pas que tu n'as pas été conçu pour paraître devant Lui en état de fragmentation ou sans foi. Approche la salle du Roi avec foi et sincérité, car c'est en toute humilité que tu peux recevoir Sa grâce et Sa miséricorde.

Dieu offre la guérison, mais Il ne la force jamais. La guérison commence par l'abandon.

De nombreuses femmes divorcées âgées de plus de 65 ans déclarent vivre seules, souvent avec un animal de compagnie principal. Ce style de vie peut sembler paisible, mais les recherches révèlent qu'il conduit fréquemment à la dépression, à l'isolement social et même à une mort prématurée. Être seul peut devenir une prison, car l'Éternel Dieu a dit :

« Il n'est pas bon que l'homme soit seul » (Genèse 2:18).

Les féministes indépendantes pensent en savoir plus que le Créateur ! Mais ces statistiques révèlent une réalité plus profonde : les hommes qui choisissent la guérison plutôt que l'amertume, le courage plutôt que la stagnation pour une vie renouvelée, même à un âge avancé.

Écoute attentivement le Saint-Esprit. Avant de commencer quelque chose de nouveau, retourne à la voix de Dieu. **Le *Livre des Hommes*** appelle chaque chrétien à revenir, à l'homme qu'il était avant de dire « **oui** », à celui qui marchait seul avec Dieu, qui entendait clairement Sa voix, avant que la vie n'apporte ses compromis, ses confusions émotionnelles et son mépris des caractères. Cet homme existe encore, et Dieu continue de l'appeler. Il se tient à ta porte, prêt à restaurer ton intégrité.

Le Saint-Esprit parle encore aujourd'hui, comme il l'a fait pour Moïse dans le désert, pour Joseph dans ses rêves, pour Pierre après sa chute, et pour Paul dans ses épreuves. Et parfois, comme autrefois, il dit simplement : « **Va.** »

Moi aussi, j'y suis passé. J'ai attendu deux décennies, mais j'ai obéi alors que j'étais encore dans la quarantaine. J'ai quitté mon ancienne vie pour en commencer une nouvelle, dans un autre pays. La première année, j'ai rencontré ma femme, et depuis, le Seigneur m'a accordé une bénédiction double : d'autres enfants et une épouse extraordinaire, servante de Dieu qui chérit son rôle de femme.

Alors, écoute le Saint-Esprit : s'Il te dit que ton épouse ne marche plus avec Lui ni avec toi, qu'Il a préparé une autre place pour toi, demande-toi cette question : « **Qu'est-ce que je fais encore ici ?** »

Si ta réponse est l'argent, souviens-toi que tu as passé ta vie à en gagner, et que Dieu est le Dieu de la double portion. Job 42:10 dit qu'Il restaure au-delà de ce qui a été perdu.

Qu'il s'agisse de la maison, des biens matériels ou même des enfants, retiens ceci : Dieu ne peut te restaurer pleinement tant que tu n'obéis pas. C'est pourquoi, au commencement, Dieu a créé l'homme seul (Genèse 2:7) : avant la femme, il y avait une responsabilité, un but et Dieu lui-même. Cette solitude n'était pas un châtiment, mais une préparation.

Tu traverseras cette épreuve sans elle. Tous les hommes de 50 à 85 ans qui ont obéi à la voix du Saint-Esprit en quittant un mariage spirituellement mort témoignent d'une vie plus saine, plus forte et plus recentrée sur Dieu. Et toi aussi, tu connaîtras cette grâce.

« Bien-aimé, je souhaite que tu prospères à tous égards et sois en bonne santé, comme prospère l'état de ton âme » (3 Jean 1:2).

Cela ne justifie pas la facilité. Dieu hait la répudiation (Malachie 2:16), mais Il hait aussi l'hypocrisie, la trahison et le mépris de Ses alliances. Le même Dieu qui nous appelle à pardonner nous exhorte aussi à discerner (Matthieu 10:16). Tu n'as pas à rester dans une maison où le Christ a quitté la table.

Si elle est déjà liée à un autre homme, si elle te refuse son intimité, si elle s'oppose ouvertement à l'Esprit de Dieu, alors l'alliance est rompue. Tes prières ne peuvent pas restaurer ce que sa rébellion a détruit. À ce stade, seul Dieu peut t'ouvrir une issue, et la sauver n'est plus de ton ressort.

Quitter peut-être une douleur immense, mais rester enchaîné est pire encore. Beaucoup d'hommes chrétiens ont perdu leur raison, leurs enfants, leurs finances et parfois leur vie, parce qu'ils sont restés alors que l'Esprit leur disait de partir. Ta vraie paix est en Dieu, non en elle. Ton identité ne se définit pas par ton rôle d'époux, mais par ta filiation au Roi et à Son Royaume éternel.

Alors, frère, si ces signes résonnent en toi, prends un moment. Prie. Jeûne. Demande au Saint-Esprit si tu es encore sur une terre sacrée ou sur la tombe d'une alliance que Dieu a déclarée morte. Quand l'Esprit confirme, n'attends pas. Ta guérison commence au moment où tu pars. Le Seigneur t'attend de l'autre côté.

Souviens-toi : tu n'es pas seul. Tu n'es pas irréparable. Tu n'es pas moins homme parce qu'elle est partie. Tu restes le fils bien-aimé de Dieu. Tu es encore appelé à protéger ta vie et à être un père, même si ton épouse a renié son rôle d'alliée de l'alliance. Le Saint-Esprit ne t'abandonnera pas dans ton désert. Il t'élèvera.

(1 Pierre 1:18-19).

« *Ce n'est pas par des choses périssables, par de l'argent ou de l'or, que vous avez été rachetés... mais par le sang précieux du Christ.* « Dieu a payé le prix le plus élevé pour ton âme : la vie de Son Fils.

HEAVENLY CITIZEN

Chapitre Douze

La Loi du Livre des Hommes
*Une étude sur l'homme, une recherche spirituelle d'Adam
à travers tout homme chrétien choisi par Dieu.*

Le Très-Haut « El Élyon » est la source de toute existence, celui qui transcende la création elle-même. Il n'est pas seulement un être supérieur parmi d'autres, mais le fondement éternel de toute réalité.

« *Je suis l'Alpha et l'Oméga, le Premier et le Dernier, le Commencement et la Fin* » (Apocalypse 22:13). Cette étude révèle un Dieu qui existe en dehors du temps, affranchi des limites du passé, du présent et du futur. Il est éternel, souverain et immuable.

Dieu est Esprit, et il faut que ceux qui l'adorent le fassent en esprit et en vérité » (Jean 4:24). Tout genou fléchira, et toute langue confessera que Jésus-Christ est Seigneur, dans l'adoration, dans la crainte révérencieuse et dans une obéissance totale. Un jour, chaque âme sur la terre se tiendra devant le trône des cieux en présence du Juge juste.

Si tu es un homme chrétien, tu seras appelé en premier. Tu rendras compte non seulement de toi-même, mais aussi de ta maison. Ton épouse et tes enfants feront partie de ta responsabilité spirituelle. Leur bien-être, leur orientation et leur protection t'ont été confiés. Tu es appelé à diriger, protéger, enseigner et marcher dans l'intégrité devant le Seigneur.

Si ton épouse s'écarte de son alliance, le Seigneur se tournera vers elle et lui demandera pourquoi elle a abandonné le rôle qu'Il lui avait confié, pourquoi elle s'est éloignée de l'homme auprès duquel elle s'était tenue, qu'elle avait promis d'honorer, d'aimer et de suivre jusqu'à ce que la mort les sépare. Elle répondra de ses choix, mais toi, comme chef, tu répondras de ta conduite.

Le trône de Dieu n'est pas un lieu d'excuses, mais un lieu de vérité. Dans ce tribunal, Dieu jugera selon sa Parole, et non selon les tendances culturelles ni les sentiments personnels.

Cela nous rappelle que Dieu n'est pas limité par une forme physique ni par des dimensions matérielles. Il est Esprit, omniprésent, infini et profondément impliqué dans les affaires humaines.

En comprenant la nature de l'homme, **Le Livre des Hommes** revient au fondement :

« ***Car Adam a été formé le premier…*** » (1 Timothée 2:13) ; « C'est par un seul homme que le péché est entré dans le monde… » (Romains 5:12).

Adam ne fut pas seulement le premier être humain ; il fut aussi établi comme le premier dirigeant, responsable de la chute de l'humanité. Ce n'était pas un hasard : cela reflète le dessein intentionnel de Dieu que l'homme prenne la tête, assume la responsabilité et soit le gardien de la dimension spirituelle.

À travers l'histoire, jusqu'à nos jours, là où existent l'autorité, la structure et le leadership, nous voyons souvent les hommes occuper des postes de responsabilité. Il ne s'agit pas de supériorité, mais d'ordre divin : un reflet de l'homme créé à l'image de Dieu pour établir, protéger et construire.

Réfléchis : si nous imaginions un monde gouverné uniquement par des femmes ou par des hommes, lequel saurait mieux gérer le progrès, l'ordre et les résultats à long terme ? La question ne porte pas sur la valeur, mais sur la fonction et la mission. L'homme et la femme furent créés égaux en dignité, mais avec des rôles différents. Lorsque l'un ou l'autre s'éloigne complètement de cet ordre divin, l'équilibre se rompt et le chaos s'installe.

Le dessein de Dieu n'a jamais été accidentel. Dès le commencement, Il s'est révélé comme le Très-Haut et Il a créé l'homme pour diriger, non par la domination, mais par la responsabilité divine. Quand ce rôle est honoré, les familles prospèrent, les sociétés fleurissent et l'image de Dieu se reflète fidèlement sur la terre. Mais lorsque la désobéissance s'installe, l'Esprit de Dieu se retire de la table, et alors l'homme sait qu'il est en péril.

L'Être auto-existant, Celui qui est, Yahvé, créa d'abord l'homme à Son image et lui donna les lois de direction, de protection et de provision. Dans Éphésiens 5:23, il est écrit : « ***Car le mari est le chef de la femme***, comme le Christ est le chef de l'Église. Cet ordre divin établit le fondement d'une maison reposant sur l'amour, le respect et une autorité juste. Un mari chrétien est appelé non seulement à diriger, mais aussi à le faire avec amour, sagesse et une foi inébranlable.

Le respect dû au mari est sacré. Un mari doit être respecté comme le chef de sa famille : telle est la première loi de la famille humaine. Tout homme chrétien quittera un jour son père et sa mère pour s'attacher à une femme et mettre en pratique la loi établie par le Seigneur Dieu. Ce décret, qui exige de toute femme qu'elle respecte son mari (Éphésiens 5:33), ne vient pas des lois humaines, ni du gouvernement, ni d'un tribunal, ni d'un pasteur ni d'un président. Ce commandement a été institué par le Créateur Lui-même, par le décret de Son gouvernement, et il demeure dans Son Royaume, depuis le palais du trône céleste.

La raison pour laquelle un homme qui obéit à cette loi prospère en force et en confiance, c'est que Dieu a placé un homme dans chaque foyer comme Son représentant, protecteur et gardien de la famille. Le respect dû à un mari inclut l'écoute de ses conseils : « Femmes, soyez soumises à vos maris » (Colossiens 3:18). C'est aussi faire confiance à ses décisions : « ***Ainsi se paraient autrefois les saintes femmes qui espéraient en Dieu, étant soumises à leurs maris ; telle Sara, qui obéissait à Abraham et l'appelait son seigneur*** » (1 Pierre 3:5-6). C'est parler de lui avec bienveillance en public comme en privé, l'encourager lorsqu'il est faible et le soutenir dans les moments difficiles. Une femme qui respecte son mari bâtit sa maison ; celle qui le déshonore la renverse de ses propres mains (Proverbes 14:1).

Une bonne épouse porte sa bonté comme une couronne venue du ciel. Les femmes sont encouragées à manifester de la douceur envers leurs maris, non pas parce qu'elles seraient faibles, mais parce que la bonté est une force accordée par le Saint-Esprit. Les paroles douces d'une épouse, sa patience et son soutien compatissant à l'égard des rêves de son mari l'inspirent à réaliser de grandes réussites.

Ses soins lorsqu'il est malade, ses prières pour sa direction sont comme des ornements posés sur sa tête. Elle honore son travail, célèbre ses victoires, pardonne ses faiblesses et l'encourage chaque jour.

L'intention du Seigneur lorsqu'Il créa le premier mari fut l'amour : « ***Dieu est amour*** » (1 Jean 4:8).

L'essence même de Dieu est l'amour. Son projet, en créant l'homme, ne naquit pas d'un manque ni d'une solitude, mais du désir de partager Son amour et Sa bonté. Tel est le principe du Livre des Hommes : « Maris, aimez vos femmes et traitez-les comme des reines, comme moi, j'aime mon Église. »

Le Livre des Hommes :

Décrit le désir de Dieu d'une relation, tel qu'exprimé en Genèse 3:8 :

Dieu se promenait dans le jardin et parlait avec Adam. Cela démontre que l'homme est la voix de Dieu sur la terre, chargé de mettre de l'ordre, de nommer la création et d'incarner la sagesse divine. C'est pourquoi les hommes devront rendre compte devant les tribunaux célestes. Nous avons été créés pour assumer la responsabilité, refléter l'image de Dieu et conduire la création avec une intégrité spirituelle et morale.

La loi du Livre des Hommes a pour but de t'aider à comprendre la règle du Royaume de Dieu, afin que tu puisses le représenter fidèlement sur la terre et respecter ton serment envers lui, le Créateur de toutes choses, visibles et invisibles (Genèse 1:28).

Dieu les bénit et leur dit : « Soyez féconds, multipliez, remplissez la terre et soumettez-la ; dominez sur tout être vivant » (Genèse 1:28). L'un de ces êtres vivants n'est-il pas la femme ? Le Seigneur nous demande de les aimer et de prendre soin d'elles comme il le fait pour son Église.

Dieu donna à l'humanité la domination et l'intendance sur la planète, afin de prendre soin de la terre et de gouverner toutes choses en Son nom. Le roi David demanda à Dieu : « *Qu'est-ce que l'homme, pour que tu te souviennes de lui ? Et le fils de l'homme, pour que tu prennes garde à lui ? Tu l'as fait de peu inférieur aux anges, et tu l'as couronné de gloire et d'honneur* » (Psaume 8:4-5).

Tu lui as donné la domination sur les œuvres de tes mains ; tu as mis tout sous ses pieds. Cela souligne la position honorable de l'homme et l'autorité que Dieu lui a déléguée (1 Corinthiens 11:3). Mais je veux que vous sachiez que le chef de tout homme, c'est le Christ ; que le chef de la femme, c'est l'homme ; et que le chef du Christ, c'est Dieu. C'est un ordre établi dans le Royaume de Dieu : l'homme est sous l'autorité du Christ, mais il a reçu l'autorité au sein de la famille. « Dieu nous a ressuscités ensemble et nous a fait asseoir ensemble dans les lieux célestes en Jésus-Christ » (Éphésiens 2:6).

Vous, au contraire, vous êtes une race élue, un sacerdoce royal, une nation sainte, un peuple acquis, afin d'annoncer les vertus de Celui qui vous a appelés des ténèbres à son admirable lumière » (1 Pierre 2:9). Rappelez à chaque croyant son rôle royal et céleste dans le Royaume de Dieu. Notre mission ne s'arrête pas ici-bas. Bien que nous soyons Ses représentants, Ses ambassadeurs et Ses héritiers prédestinés, nous sommes appelés à servir dans

Son conseil divin, assis dans la salle du trône exécutif de Son Royaume céleste éternel. Quand tu vois un mari responsable, tu comprends alors qui est Dieu.

Dieu a donné à l'humanité l'autorité d'être intendante de l'univers, de prendre soin de la planète et de régner en Son nom. Comme le dit encore le Psaume 8:4-6 : « ***Qu'est-ce que l'homme, pour que tu te souviennes de lui ? Le fils de l'homme, pour que tu prennes garde à lui ?*** Tu l'as fait de peu inférieur aux anges, et tu l'as couronné de gloire et d'honneur. Tu lui as donné la domination sur les œuvres de tes mains ; tu as tout mis sous ses pieds. Cela met en lumière la position honorable de l'homme et l'autorité que Dieu lui a confiée.

La Loi du Livre des Hommes

Lorsqu'une femme chrétienne respecte son mari, elle ne perd pas sa voix ; elle magnifie leur victoire commune. Ensemble, ils reflètent l'ordre divin et marchent dans la puissance de Dieu.

Tu l'as fait de peu inférieur aux êtres célestes, et tu l'as couronné de gloire et d'honneur. Tu lui as donné la domination sur les œuvres de tes mains, tu as tout mis sous ses pieds » (Psaume 8:5-7). Ce passage souligne la noble position de l'homme et l'autorité que Dieu lui a confiée.

Une femme intelligente doit étudier ces lois et prendre le temps de comprendre pourquoi Dieu place son mari en premier, et pourquoi le Tout-Puissant veille lui-même sur tout ce qu'il entreprend !

Les recherches académiques en psychologie et en leadership confirment qu'un caractère masculin fort et vertueux englobe la responsabilité, le courage, le leadership sacrificiel et un sens clair de la mission, des qualités qui correspondent à ce mandat biblique. La force d'un homme n'est destinée ni à dominer ni à se glorifier lui-même, mais à protéger, à pourvoir et à bâtir sous la direction de Dieu.

Dans 1 Corinthiens 11:3, Paul enseigne : « ***Le chef de tout homme, c'est le Christ ; le chef de la femme, c'est l'homme.*** Cette parole définit l'ordre divin dans le Royaume de Dieu. Les maris sont sous l'autorité du Christ et appelés à diriger leur famille avec amour et humilité. Éphésiens 2:6 rappelle aussi que « *Dieu nous a ressuscités ensemble et nous a fait asseoir ensemble dans* *les lieux célestes en Jésus-Christ* », ce qui souligne que notre identité est enracinée dans l'autorité céleste et dans la grâce.

La raison pour laquelle les femmes chrétiennes qui se marient au sein d'une communauté de croyants sont souvent plus heureuses et plus épanouies est profondément spirituelle. Ces femmes ont appris à obéir à la loi du Seigneur, qui leur demande de respecter et de se soumettre à leurs maris comme un acte d'adoration envers Dieu (Éphésiens 5:22-24). En acceptant ce mandat divin, elles honorent non seulement leurs époux, mais consolident également les fondements de leur mariage.

Une étude de **Tyler VanderWeele**, professeur à Harvard (**T.H. Chan School of Public Health**), révèle que les couples qui assistent régulièrement aux offices religieux ont 47 % de chances de divorcer moins que ceux qui n'y participent pas. Cet effet protecteur souligne l'influence des valeurs spirituelles et de l'engagement, notamment sous la conduite masculine, sur la stabilité conjugale.

De plus, une recherche menée par l'Université de Virginie montre que les couples qui prient ensemble présentent le risque de divorce le plus faible, surtout lorsque le mari assume pleinement son rôle de chef spirituel du foyer. Cela correspond à la loi et au dessein divins décrits dans 1 Corinthiens 11:3 : « Christ est le chef de tout homme, et le mari est le chef de sa femme.

En Amérique du Nord, lorsque le mari conduit dans la prière, l'enseignement spirituel et l'amour sacrificiel, et que l'épouse respecte et soutient cette direction, le mariage devient un témoignage vivant de Christ et de Son Église (Éphésiens 5:25-33).

Les mariages enracinés dans la foi bâtissent une confiance réciproque, approfondissent l'intimité et établissent un but partagé qui dépasse les désirs individuels. Les femmes chrétiennes qui embrassent ces vérités bibliques apprennent à voir le mariage comme une alliance sacrée, et non comme un simple contrat civil destiné à partager des biens. Il s'agit d'un partenariat divin appelé à refléter l'amour et l'ordre de Dieu dans le monde. Leur obéissance à la loi divine du respect transforme les défis quotidiens en occasions de grâce et de croissance, préparant un terrain solide pour la joie et l'épanouissement durables.

De plus, 1 Pierre 2:9 proclame : « Vous, au contraire, vous êtes une race élue, un sacerdoce royal, une nation sainte, un peuple acquis, afin d'annoncer les vertus de celui qui vous a appelés des ténèbres à son admirable lumière. Cela souligne que chaque croyant, y compris les hommes, tels que les chefs de famille, a un appel royal et divin à refléter la gloire de Dieu.

Notre ministère ne s'achève pas sur la terre ; nous sommes appelés à être les représentants de Dieu, ses ambassadeurs et ses serviteurs dans le royaume céleste.

Quand tu vois un mari responsable et fidèle, tu es un reflet vivant de la nature et du leadership de Dieu. En lui se révèlent la force, la sagesse et la bonté du roi des rois.

L'Esprit des Maris de Grande Valeur

Un mari chrétien de grande valeur pense avec l'éternité en vue. Le Royaume de Dieu n'est pas pour lui une simple idée, mais la force qui gouverne sa vie. Il bâtit sa maison sur le roc, comme Jésus l'a enseigné dans Matthieu 7:24, en enracinant son existence dans l'obéissance à la Parole de Dieu. Les principes inébranlables de vérité, d'intégrité, de courage, de maîtrise de soi et d'amour sacrificiel gouvernent son esprit.

Les Lois du Livre des Hommes deviennent ses vertus ; elles sont la clef de voûte de sa virilité et de son leadership. Il choisit la paix plutôt que l'orgueil, la discipline plutôt que l'excès, la sagesse plutôt que l'impulsivité, la prière plutôt que la distraction, le silence plutôt que le vacarme.

Il conduit sa famille à l'adoration, donnant l'exemple de la révérence envers Dieu, tant dans sa dévotion privée que dans son comportement public. Il enseigne à ses enfants la crainte du Seigneur, selon Deutéronome 6:6-7 : « Et ces commandements, que je te donne aujourd'hui, seront dans ton cœur. Tu les inculqueras à tes enfants, et tu en parleras quand tu seras dans ta maison, quand tu iras en voyage, quand tu te coucheras et quand tu te lèveras. « Non par crainte du châtiment, mais par respect pour la sainteté et par amour de Dieu. »

Son autorité n'est pas autoritaire mais servante, à l'image de Christ qui lava les pieds de ses disciples. Il subvient non seulement aux besoins financiers de sa famille, mais aussi à leur bien-être émotionnel, spirituel et moral. Il sait que ses enfants sont des flèches dans un héritage saint (Psaume 127:4-5) et il les guide avec soin vers leur destin divin.

La sagesse est l'un de ses traits essentiels. Un homme de Dieu recherche l'intelligence plutôt que l'émotion ou l'impulsion. « ***La sagesse est la chose principale ; acquiers la sagesse, et avec tout ce que tu possèdes, acquiers l'intelligence*** » (Proverbes 4:7). Ses décisions ne sont ni réactives ni orgueilleuses, mais enracinées dans le discernement de la Parole de Dieu. La sagesse lui permet de diriger avec clairvoyance, humilité et lucidité, en naviguant au milieu des complexités de la vie familiale moderne.

La fidélité et la discipline marquent chacun de ses pas. Il demeure constant au fil du temps, fidèle à Dieu, à son épouse et à ses enfants. Jésus a dit : « ***Celui qui est fidèle dans les petites choses l'est aussi dans les grandes*** » (Luc 16:10). Un homme fidèle honore ses engagements, même quand cela lui coûte. Même lorsqu'il n'est pas heureux, son devoir est de persévérer, de travailler davantage et de chercher à s'améliorer.

Alors que beaucoup de femmes, face à l'incertitude, pourraient instinctivement envisager un plan de secours, l'homme, en tant que chef institué par Dieu, est appelé à rester fidèle au Plan A. Pourquoi ? Parce que le leadership divin requiert une foi inébranlable, non des alternatives improvisées. Le Plan A reflète l'instruction originelle de Dieu, fondée sur la foi, et l'homme doit y demeurer fidèle tant que le Seigneur ne l'a pas changé.

Son rôle n'est pas d'être indécis, mais d'incarner la stabilité, démontrant que l'obéissance ouvre des portes même lorsque la logique suggère le contraire. Cette fidélité au Plan A instaure la stabilité, inspire la foi au sein de la famille et reflète le caractère constant du Christ, « qui, en vue de la joie qui lui était réservée, a souffert la croix » (Hébreux 12:2).

Le Livre des Hommes met en lumière une loi destinée à éveiller les chrétiens face aux changements culturels modernes et à l'évolution de la mentalité féminine. Le contraste est net entre le nombre de femmes d'aujourd'hui, influencées par les idéaux du XXIe siècle d'indépendance radicale et d'égocentrisme, et celles des générations passées, notamment au XIXe siècle, qui respectaient les valeurs divines.

À cette époque, alors que le tumulte culturel et les influences mondaines étaient moins envahissants, beaucoup de femmes respectaient les lois de Dieu dans leur mariage. Les recherches historiques et académiques confirment que les mariages étaient souvent plus harmonieux et que la majorité des hommes régnaient sur leur foyer dans la plénitude et la paix. Il ne s'agit pas de rabaisser les femmes, mais de montrer à quel point la culture moderne s'est éloignée des lois bibliques, et combien il est urgent que les hommes se lèvent pour diriger avec sagesse, ou même envisagent de se retirer si nécessaire.

Aucun mari ne doit se laisser guider par les émotions ou les circonstances, mais par son alliance. Qu'il s'agisse de temps d'abondance ou de difficultés, nous restons enracinés et stables, reflétant les lois immuables du Christ.

La responsabilité façonne l'attitude d'un homme. Les chrétiens apprennent à ne pas accuser les autres. De même qu'Adam fut interpellé dans le jardin d'Éden, chaque homme entendra un jour : « **Où es-tu ?** » (Genèse 3:9). Un homme de Dieu embrasse le leadership avec humilité et courage. Il assume ses erreurs, se repent rapidement et donne un bon exemple. La responsabilité n'est pas un fardeau, mais le fondement du leadership biblique et la voie vers la bénédiction pour les générations à venir.

L'humilité renforce son influence et le véritable leadership commence par s'incliner devant le Seigneur. « Dieu résiste aux orgueilleux, mais il fait grâce aux humbles » (Jacques 4:6). Un véritable homme ne réclame pas le respect ; il le mérite en marchant dans l'humilité, en reconnaissant ses fautes et en dépendant chaque jour de la force de Dieu. Son humilité invite la paix dans son foyer et ouvre la porte à la faveur divine.

La justice est sa force motrice. Un homme juste défend ce qui est droit et équitable, même si cela est impopulaire. « On t'a fait connaître, ô homme, ce qui est bien ; et ce que l'Éternel demande de toi, c'est que tu pratiques la justice, que tu aimes la miséricorde et que tu marches humblement avec ton Dieu » (Michée 6:8). Il traite sa famille, ses employés et ses voisins avec honneur et équité. Sa direction est marquée par la justice plutôt que par le favoritisme. Même si la justice lui coûte sa réputation ou une récompense, il demeure ferme, sachant qu'il est plus important de plaire à Dieu qu'aux hommes.

Élever des enfants du royaume : fils et filles **pour Christ**

Les pères sont appelés à discipliner leurs enfants dans l'amour et la vérité. « Pères, n'irritez pas vos enfants; mais élevez-les en les corrigeant et en les instruisant selon le Seigneur » (Éphésiens 6:4). Un père enseigne la responsabilité et le sens du devoir, construit la résilience et la confiance, et inculque la crainte de Dieu ainsi que Ses lois. Il montre à ses fils ce que signifie être un homme avec dignité et à ses filles ce qu'est un véritable homme.

Les enfants élevés avec une forte présence paternelle sont généralement plus stables, grandissent avec davantage de grâce, présentent un caractère plus fidèle et se sentent plus assurés. Une mère console, nourrit et incarne la douceur ; mais le père est là pour reprendre, corriger et poser des limites.

Lorsque le père est absent du foyer, les enfants s'éloignent plus facilement des repères moraux et sociaux, y compris des enseignements du Seigneur, et courent davantage le risque de dérives, voire d'incarcération. À l'inverse, les enfants qui grandissent auprès de leur père réussissent statistiquement mieux à l'école, maintiennent un meilleur équilibre psychique et évitent davantage les comportements délinquants.

Des travaux de l'U.**S. Department of Justice** indiquent qu'environ 85 % des jeunes incarcérés proviennent de foyers sans père. De plus, les recherches de la

Fragile Families Study (Université de Princeton) et la **National Fatherhood Initiative** montrent que les enfants vivant sans père ont quatre fois plus de risques de connaître la pauvreté, deux fois plus de risques de décrocher scolairement et davantage de troubles du comportement. À l'inverse, ceux qui grandissent avec leurs deux parents, surtout lorsque le père est engagé, obtiennent en moyenne de meilleurs résultats académiques et présentent un développement moral plus solide.

Un mari chrétien mérite le respect comme reflet du dessein de Dieu, non en dictateur, mais en berger. Il écoute et comprend le cœur de son épouse et de ses enfants, mais son autorité demeure un service et ses décisions sont prises dans la prière. Le soutien de son épouse l'aide à porter ce fardeau sacré : elle affermit son mari par sa foi et ses prières, par sa loyauté, par sa volonté de suivre son exemple et par sa franchise, exprimée avec amour.

Les fondations d'un foyer pieux. Une famille forte commence par un mari qui obéit à Dieu. Il se lève tôt pour prier, garde ses yeux et son cœur, travaille avec diligence, aime son épouse comme le Christ a aimé l'Église, et reste fidèle en toutes choses. Il protège spirituellement sa maison, apprend à ses enfants à honorer leur mère et instaure une atmosphère de gratitude. Il accepte la correction de Dieu, cherche conseil quand c'est nécessaire et demeure humble. Il prépare l'avenir de sa famille, enseigne la bonne intendance et donne l'exemple de la générosité.

Un père apprend à ses fils à devenir des pourvoyeurs, des protecteurs et des guides dans la foi. Il modélise une force tempérée par la tendresse. Il enseigne à ses filles le respect de soi, le discernement et la capacité à reconnaître un homme selon Dieu. Il établit des traditions familiales qui favorisent l'unité, célèbrent les étapes de la vie et guident les temps de dévotion au sein du foyer.

Le mari chrétien conduit par l'exemple : il reconnaît ses torts, demande pardon et répare rapidement. Il montre à ses enfants l'amour inconditionnel, la résolution pacifique des conflits et la valeur du travail. Il rit avec les siens, se réjouit des petites choses et mène une vie contente.

La bénédiction des prières d'une épouse devient comme un fleuve de vie qui abreuve l'âme de son mari. Lorsqu'un homme est respecté, il se tient plus droit, parle avec plus de douceur, écoute avec plus d'attention et aime plus profondément. Un mari respecté devient plus protecteur, plus généreux, plus réfléchi et plus assidu dans la prière.

L'autorité d'un homme découle de la loi de Dieu, qu'il est chargé de garder, et non d'un pouvoir arbitraire. Son leadership porte une responsabilité sacrée : son respect se gagne par le sacrifice, se maintient par la constance et se couronne de la bénédiction du ciel. Les enfants élevés sous une telle direction voient en lui un pilier de stabilité et une source de force durable. Une épouse aux côtés d'un tel homme rayonne de joie, de dignité et d'une résolution inébranlable.

Dans ce dessein divin, **l'amour et le respect** ne sont pas deux voies opposées, mais les deux faces d'une même pièce. Le mari se sacrifie par amour ; l'épouse l'élève par son respect. Ensemble, ils élèvent des enfants qui deviennent des flèches, orientées avec intention vers le cœur de la destinée de Dieu pour leur vie.

Les Lois de la Chefferie et de l'Ordre Divin, extraites **du *Livre des Hommes***

Dieu n'a pas **suggéré** que l'homme dirige le foyer ; il l'a **ordonné**. Dès la création, Dieu confia à Adam une autorité, non en tyran, mais en intendant d'une responsabilité sacrée. Genèse 2:15 nous apprend que Dieu plaça Adam dans le jardin « pour le cultiver et pour le garder ». Ève n'était pas encore créée, non pas parce qu'elle aurait moins de valeur, mais parce que le fardeau de la direction et de la responsabilité devait d'abord reposer sur l'homme. La création d'Ève fut un acte de grâce : une aide qui lui correspond, non une subalterne, mais une partenaire au sein de la structure ordonnée par Dieu.

Chaque homme se tiendra un jour devant le trône de Dieu, non seulement pour ses propres choix, mais aussi pour l'état de sa maison. Cette responsabilité est liée au rôle masculin dans le dessein divin. *Le Livre des Hommes* enseigne que Dieu ne juge pas l'homme seulement comme individu, mais aussi comme intendant de son foyer. La question sera posée : **as-tu porté ta famille en justice ? Les as-tu couverts par la prière, la provision et l'exemple** ? Comme Dieu appela d'abord Adam après la chute, alors même qu'Ève avait saisi le fruit, Dieu appelle encore l'homme en premier.

Quand la tempête frappe le foyer, la maladie, la perte d'emploi, l'échec d'entreprise, les difficultés financières, beaucoup de femmes modernes, se voulant indépendantes, au lieu de rester fidèles à la loyauté et à la foi, choisissent parfois d'abandonner leur mari. Certaines vont jusqu'à l'assigner en justice, exigeant davantage de soutien, alors même qu'il a pourvu fidèlement pendant des années et protégé leur foyer contre bien des fléaux. À cet instant de vulnérabilité, la personne de confiance devient l'adversaire.

Jésus (par Jérémie) nous met en garde sur la nature humaine : « *Le cœur est tortueux par-dessus tout, et il est incurable ; qui peut le connaître ?* » (Jérémie 17:9). C'est pourquoi les hommes doivent être préparés, spirituellement, émotionnellement et concrètement, à préserver leur cœur et leurs finances.

HEAVENLY CITIZEN

CHAPITRE TREIZE

Les Lois du Livre des Hommes
Les vrais millionnaires sont ceux qui obéissent au Seigneur

Le Livre des Hommes enseigne qu'un homme doit gérer ses finances de manière autonome et discrète. Un mari ne doit jamais confier l'intégralité de sa vie financière à son épouse. Il doit veiller en silence sur ses responsabilités, car Dieu lui a confié le rôle de pourvoyeur et de protecteur. « **Soyez donc prudents comme les serpents, et simples comme les colombes.** » (Matthieu 10 :16). Lorsqu'un homme protège sagement ses ressources, il assure non seulement l'avenir de sa famille, mais il accomplit aussi la responsabilité que le Seigneur lui a confiée : gérer et diriger.

En Amérique du Nord, la législation rend étonnamment facile pour une femme d'obtenir le divorce, souvent en invoquant des raisons vagues telles que « nous avons évolué différemment », « *manque d'épanouissement* », « rupture émotionnelle » ou encore « *perte d'étincelle et de bonheur* ».

Les études montrent constamment qu'environ 70 à 80 % des divorces sont initiés par les femmes. L'Association Américaine de Sociologie rapportait déjà en 2015 que 69 % des séparations étaient demandées par elles, tandis qu'une étude de Rosenfeld à Stanford (2017) plaçait ce chiffre encore plus haut, à 75 %.

Que se passe-t-il lorsqu'une femme quitte son mari, pensant pouvoir « monter en gamme » ou trouver davantage d'excitation ?

Beaucoup d'hommes, en particulier les chrétiens autodidactes ou ceux que *le Livre des Hommes* appelle « millionnaires humbles », ne se vantent pas de leurs richesses. Ils mènent une vie modeste, bâtissant dans la discrétion, concentrés sur la responsabilité et l'héritage plutôt que sur l'apparence. Ces hommes détiennent souvent des actifs cachés ou non divulgués, des projets d'affaires à venir, des actions ou des investissements silencieux, voire des coffres bancaires inconnus.

Lorsqu'une épouse part en espérant mieux, il arrive qu'elle découvre plus tard que la valeur réelle de son mari, financière, morale et spirituelle, était bien plus grande qu'elle ne l'avait jamais imaginée. Il n'est pas rare que cet homme reprenne alors ses affaires aux côtés d'une femme d'affaires plus jeune et plus belle.

Le regret s'installe alors profondément lorsque la vérité éclate. Une étude menée par Avvo, une plateforme de conseils juridiques, a révélé que 27 % des divorcés regrettent leur séparation et auraient voulu tenter davantage pour sauver leur mariage. Cette réalité confirme l'avertissement de Jésus : « La femme insensée renverse de ses propres mains sa maison. » (Proverbes 14:1). Et encore : « La grâce est trompeuse, et la beauté est vaine ; la femme qui craint l'Éternel est celle qui sera louée. » (Proverbes 31:30).

Quand un contrat commercial échoue, la société a tendance à blâmer l'homme impliqué. Pourtant, nous devons apprendre à discerner où réside réellement la faute, en suivant les lois **du *Livre des Hommes*.** Protégez vos richesses comme vous protégeriez votre âme, avec la vigilance d'unités d'élite telles que ***les Navy SEALs, le Delta Force ou le*** 75ᵉ Régiment des Rangers, afin que ni gouvernement ni tribunal ne puissent aisément s'emparer de ce que vous avez construit. Imaginez un homme si bien préparé qu'il s'assoit au tribunal avec assurance, intouchable, car le juge ne trouve rien à confisquer. Sa voiture de luxe appartient à son entreprise, et ses actifs sont protégés par plusieurs couches de stratégies juridiques conformes aux lois du pays. Ce n'est pas de la cupidité, mais de la sagesse, de la gestion fidèle, de la connaissance et de l'intelligence reçues du Roi des rois.

Rien sur terre ne devrait pouvoir atteindre votre patrimoine durement acquis, que vous avez accumulé lentement, avec discipline et sacrifices. Dieu Lui-même vous en a donné l'exemple : « ***Les biens mal acquis diminuent, mais celui qui amasse peu à peu les augmente.*** » (Proverbes 13 :11). Le Seigneur vous a créé le premier, a passé du temps avec vous dans Sa présence, vous a insufflé l'intelligence, la connaissance et la compréhension, avant d'introduire quiconque d'autre dans votre vie. Vous avez été façonné pour diriger, gérer par vous-même, n'avoir de comptes à rendre qu'à Dieu, et accumuler des richesses afin d'assurer la sécurité de votre famille et l'héritage de votre lignée.

Frère, le temps est venu. Que les enseignements divins que Dieu vous a confiés prennent vie. Devenez l'homme de grande valeur que vous êtes appelé à être : un homme respecté, digne et investi d'une autorité spirituelle. Élevez votre esprit au-dessus des émotions passagères, cessez de pleurer une femme qui n'est plus la vôtre, et laissez vos actes refléter la sagesse divine confiée à vos mains. Protégez votre héritage, pourvoyez aux besoins de vos enfants et demeurez le pilier de votre foyer, comme Dieu l'a voulu.

Les hommes dépensent souvent plus que les femmes pour les charges domestiques, non par luxe, mais par la plus grande responsabilité que Dieu leur impose. « *Si quelqu'un n'a pas soin des siens, et principalement de ceux de sa famille, il a renié la foi, et il est pire qu'un infidèle.* » (1 Timothée 5 :8). Ce sens divin du devoir exige une planification rigoureuse et le courage de faire des choix parfois impopulaires aux yeux du monde, mais justes aux yeux de Dieu.

Ainsi, tout homme chrétien de grande valeur devrait envisager des mesures légales, telles que des contrats prénuptiaux ou postnuptiaux, afin de protéger les ressources que Dieu lui a confiées. Ce n'est pas un signe de méfiance, mais un acte de fidélité envers la gestion. « *L'homme prudent voit le mal et se cache ; les simples avancent et en sont punis.* » (Proverbes 27 :12).

Ces lois des hommes visent à garantir que lorsqu'une épouse choisit de quitter le mariage, elle le fasse sans emporter injustement ce qu'elle n'a pas contribué à bâtir. En même temps, le mari reste tenu de subvenir fidèlement aux besoins de ses enfants.

Si ce principe vous met mal à l'aise, recherchez une personne digne de confiance : un membre loyal de la famille ou un frère spirituel qui vous aidera à gérer et à protéger vos biens, afin d'honorer Dieu et de préserver votre héritage. Souvenez-vous : Dieu vous a créé pour diriger et administrer. Vous êtes l'unique gestionnaire, PDG et directeur de vos richesses durement acquises.

L'Éternel Dieu prit l'homme et le plaça dans le jardin d'Éden pour le cultiver et le garder. (Genèse 2 :15). Votre intelligence et votre sagesse sont des dons de Dieu ; elles ne doivent ni être négligées ni remises sans discernement. Dieu vous fait confiance pour réussir vos épreuves et pourvoir à la famille. Cependant, si votre épouse n'a plus besoin de votre protection, elle doit chercher d'autres moyens de subsistance, sans recourir à vos dépens. Car bibliquement, elle n'est plus liée à vous.

Enfin, songez au drame d'une épouse chrétienne qui, jadis fervente dans la prière et l'adoration, découvre soudain qu'elle peut s'enrichir en quittant son mari, en réclamant la moitié de ses biens, une pension à vie et la garde financière des enfants. Que fera le gouvernement ? Il défendra ce système séculier destiné à ruiner votre vie.

Supposons que vous suiviez les Lois du Livre des Hommes : si elle décide de partir, elle partira sans rien emporter, préservant ainsi vos ressources pour les enfants que Dieu vous a confiés. « Prenez donc garde à vous conduire avec circonspection, non comme des insensés, mais comme des sages ; rachetez le temps, car les jours sont mauvais. » (Éphésiens 5 :15-16).

Les enseignements du Livre des Hommes sont divins. Vous êtes appelés à protéger, à pourvoir et à diriger avec sagesse et courage, car telle est la charge sacrée confiée par le gouvernement suprême de Dieu.

En tant qu'enseignant à l'école du dimanche pendant de nombreuses années, j'ai vu venir à moi de nombreux hommes chrétiens, maris, célibataires et jeunes hommes, avec des questions sérieuses. Ils demandent pourquoi la Bible adresse tant d'avertissements aux hommes au sujet des temps que nous vivons, en particulier dans les domaines des relations et du mariage. Pourquoi les Écritures, des paroles mêmes du Seigneur aux lettres des prophètes et des apôtres, exhortent-elles sans cesse les hommes à veiller ? Pourquoi tant de mises en garde contre les femmes aux intentions impures et contre les lois susceptibles de dépouiller un homme de ses biens ?

Ils demandent : « Pourquoi nous dit-on d'être prudents, même dans le mariage ? »

« Comment gérer mes finances pour me protéger si une femme tente de tout prendre »

C'est une préoccupation grave, surtout pour les hommes plus âgés qui ne peuvent plus travailler ni acquérir de nouvelles richesses. Que se passe-t-il lorsqu'une femme part et vous entraîne au tribunal, vous laissant sans rien, voire vous obligeant à la soutenir jusqu'à la fin de vos jours ?

Être un homme chrétien ne signifie pas être naïf ou vulnérable. Dieu nous appelle à être « ***prudents comme des serpents et simples comme des colombes*** » (Matthieu 10 :16). Nous devons marcher dans l'amour, mais non dans l'ignorance.

Ce livre est un appel à la sagesse. Lisez-le et partagez-le avec d'autres hommes. Aidez-les à comprendre comment vivre selon les principes bibliques qui préservent leur foyer et leur paix.

Adam, notre premier père, a accordé trop de confiance sans protéger ce qui lui avait été confié. Un seul instant de confiance mal placée a conduit à la mort. Nous devons apprendre de son erreur. Si une femme abandonne émotionnellement son alliance et s'attache à un autre homme, physiquement ou émotionnellement, elle n'est plus liée à vous. Elle n'est plus votre responsabilité.

Les lois modernes et les pièges culturels cherchent peut-être à affaiblir les hommes, mais l'Écriture nous donne les outils pour rester fermes. Protégez votre appel, votre famille et votre héritage. Ne laissez pas le train vous percuter alors que vous agitez encore le drapeau de bienvenue. Gardez ce que Dieu vous a confié. Soyez généreux, mais non insensé. Aimez profondément, mais dirigez avec sagesse.

Cette chaîne divine des Lois du Livre des Hommes découle directement de Dieu, passe par le Christ, puis par l'homme, et enfin touche chaque foyer. « Je veux cependant que vous sachiez que Christ est le chef de tout homme, que l'homme est le chef de la femme » (1 Corinthiens 11 :3). Ce n'est pas de l'oppression, mais de l'ordre. La structure d'autorité divine constitue un bouclier pour la famille. L'homme est appelé à être le protecteur, le guerrier spirituel et le gardien qui veille sur l'âme de son épouse et de ses enfants.

Les théologiens reconnaissent que le rôle de l'épouse est tout aussi important, bien que différent. Sa responsabilité et sa valeur divines résident dans l'éducation des enfants, l'entretien du foyer et le respect envers le leadership de son mari. Titte 2 :4-5 exhorte les femmes âgées à enseigner aux plus jeunes « *à aimer leurs maris et leurs enfants, à être retenues, chastes, occupées aux soins domestiques, bonnes et soumises à leurs maris* ».

Ce modèle divin ne reflète pas une préférence culturelle mais un principe spirituel. Au XXe siècle, c'était la norme dans nos communautés et nos églises. Les jeunes hommes et femmes avaient un profond respect, voire une certaine crainte, envers leurs parents et leurs responsables. Lorsque nous n'étions pas prêts pour le mariage, nous n'osions pas exprimer notre amour. Était-ce ainsi pour vous quand vous grandissiez ? Nous aimerions entendre votre témoignage. Partagez-le avec nous.

Les lois de Dieu concernant les maris diffèrent de celles qui concernent les épouses. Le mari doit porter un fardeau spirituel plus lourd. Il est appelé à diriger par le sacrifice, le courage et le renoncement à soi-même. De même que Christ a aimé l'Église et s'est donné lui-même pour elle, les maris doivent donner leur vie chaque jour pour leur femme et leurs enfants (Éphésiens 5 :25).

Imaginez un avion en détresse disposant d'un seul parachute. Qui aurait la sagesse de le prendre ?

Ce serait le père, incarnant l'amour sacrificiel, prêt à donner sa vie si nécessaire. Les lois d'autorité soulignent ce type de sacrifice : il est le premier à se lever quand le danger menace sa famille, le premier à agir quand tout s'effondre, et le premier à prier quand les ténèbres descendent. Son leadership apporte sécurité et une vocation profonde.

Le Livre des Hommes présente cette métaphore : si l'humanité voulait éprouver l'égalité de puissance entre hommes et femmes, qu'elle bâtisse deux nations nouvelles, l'une par des hommes, l'autre par des femmes, avec les mêmes ressources et cinq ans pour accomplir leur mission. L'histoire fournit déjà la réponse. Bien que les femmes aient largement contribué aux progrès modernes, le travail physique et les risques mortels de l'édification des nations ont surtout reposé sur les hommes.

Imaginez des ouvriers suspendus dans le vide, construisant le gratte-ciel américain : ces acrobates d'acier, appelés « Skywalkers », avancent sur des poutres étroites, suspendus au-dessus du vide, sans presque aucune sécurité. L'Empire State Building et d'autres œuvres d'ingénierie ont été érigés dans des conditions mettant leur vie en danger. Ces métiers n'étaient pas interdits aux femmes, mais étaient simplement trop risqués. Les hommes ont marché sur ces poutres parce que quelqu'un devait le faire. Quelqu'un devait prendre des risques pour construire une civilisation, que ce soit sur terre ou sous la mer.

Les tunnels de Ců Chi au Vietnam, les tranchées de la Première Guerre mondiale, les ponts du Golden Gate et de Brooklyn ont tous exigé une endurance physique et mentale, coûtant la vie à de nombreux hommes. Éboulements, fuites de gaz, pieds trempés, tirs de snipers : ces environnements étaient faits pour les courageux, pas pour les craintifs. Les hommes passaient les premiers. Les hommes mouraient les premiers. Les hommes restaient jusqu'à l'achèvement de l'œuvre.

Il ne s'agit pas de supériorité masculine, mais de dessein divin. Les plateformes pétrolières offshore, les centrales nucléaires, les tunnels de montagne et les métros ont été bâtis par des hommes prêts à tout risquer. Aujourd'hui, grâce aux progrès en matière de sécurité et de technologie, les femmes entrent dans ces domaines. Mais le poids historique du danger et de la responsabilité portera toujours la marque du sacrifice masculin.

De même que Noé construisit l'arche au-dessus des eaux du jugement (Genèse 6:14-22), les hommes sont appelés à bâtir au-dessus de la culture. Ils doivent s'élever dans la foi et préparer leur famille à ce qui vient. Noé a construit sans applaudissements, sans compréhension, sans soutien, mais son obéissance a sauvé des générations. Tel est le fardeau de l'homme : créer, même quand personne ne voit, préparer, même quand personne ne croit.

Il rend mes pieds semblables à ceux des biches et me place sur mes lieux élevés. (Psaume 18 :33). Dieu équipe l'homme pour atteindre les hauteurs du leadership spirituel. Les hauteurs sont dangereuses, mais c'est là que la vision est la plus claire. L'homme doit apprendre à vivre au-dessus du tumulte, à voir au-delà des turbulences passagères et à rechercher ce qui est éternel.

Souvent, les hommes sont appelés à travailler en secret. Comme Néhémie reconstruisant la muraille, une main posant une brique et l'autre tenant une épée (Néhémie 4 :17), les hommes d'aujourd'hui doivent bâtir tout en restant vigilants. Ils doivent édifier des murs de sécurité émotionnelle, de stabilité financière et de défense spirituelle, tout en veillant contre l'ennemi qui rôde. Leur œuvre est cachée, mais vitale.

L'amitié de l'Éternel est pour ceux qui le craignent. (Psaume 25 :14). Un homme qui craint Dieu ne traite pas sa famille à la légère. Il ne dirige pas seulement par instinct, mais aussi par sagesse divine. Il prie quand personne ne le voit et agit quand d'autres restent paralysés.

Une femme sage ne conteste pas l'autorité de son mari ; elle l'honore.

Éphésiens 5 :33 :

Du reste, que chacun de vous aime sa femme comme lui-même, et que la femme respecte son mari. Non, parce qu'il est parfait, mais parce que Dieu l'ordonne. Lorsqu'une femme respecte les lois divines qui la concernent, elle ne perd pas sa puissance : elle mobilise la protection divine au sein de son foyer.

Ésaïe 45 :2 contient une promesse pour les hommes qui marchent dans l'ordre divin : « J'irai devant toi, j'aplanirai les chemins montueux, je romprai les portes d'airain. Dieu ouvre la voie à l'homme qui assume le fardeau du leadership avec droiture. Lorsqu'un homme se soumet à Christ, rien ne peut empêcher sa famille de marcher dans la bénédiction.

Luc 12:48 rappelle :

On exigera beaucoup de celui à qui l'on a beaucoup donné. Le mari a reçu une famille, la confiance de son épouse, les regards de ses enfants et la faveur de Dieu. Ce ne sont pas des trophées, mais des épreuves. Tout père et tout mari doivent comprendre que leur leadership n'est pas facultatif, mais une loi ordonnée et transmise par la loi céleste.

Ézéchiel 22 :30 déclare : « Je cherchai parmi eux un homme qui élevât une muraille, qui se tînt à la brèche devant moi en faveur du pays. « Dieu cherche encore des hommes de brèche, prêts à se tenir entre l'enfer et leur foyer. Il ne recherche pas d'hommes parfaits, mais des hommes disponibles, qui disent : « J'assumerai la responsabilité, même si cela me coûte tout. »

Ta parole est une lampe à mes pieds et une lumière sur mon sentier. (Psaume 119 :105). Un vrai leader ne suit pas l'opinion publique, mais s'appuie sur la révélation.

Le chef de famille doit guider en prenant la Parole de Dieu comme lampe pour ses pas. Ce n'est pas une chose aisée : cela demande de l'étude, de la prière et de la croissance spirituelle. Mais c'est la seule voie par laquelle la famille atteindra son but.

Néhémie, chef de la reconstruction de la muraille de Jérusalem et gouverneur de Juda, appela les hommes de Dieu à se lever et à combattre afin de protéger leurs familles.

Néhémie 4 :14 résume notre mandat : « Ne les craignez pas ! Souvenez-vous du Seigneur, grand et redoutable, et combattez pour vos frères, vos fils et vos filles, vos femmes et vos maisons ! « Le combat est réel. L'appel est urgent. Hommes, levez-vous et prenez la tête. La loi de Dieu n'est pas un fardeau, mais une bénédiction. Quand l'homme se tient à la place qui est la sienne, tout le ciel se tient avec lui.

Les Lois du Livre des Hommes et une étude sur l'argent et la famille

La vraie richesse ne se mesure pas à l'argent, mais à l'obéissance et à la discipline. Celui qui obéit aux commandements du Seigneur possède un trésor plus précieux que l'or. « Mieux vaut peu avec la justice que de grands revenus avec l'injustice. » (Proverbes 16 :8).

Pour les chrétiens, l'argent n'est pas mauvais en soi ; il devient une bénédiction lorsqu'il est bien employé. L'Écriture est claire : « Car l'amour de l'argent est la racine de tous les maux. » (1 Timothée 6 :10). L'argent n'est qu'un outil et un serviteur, non un maître. Le vrai danger commence quand il règne dans le cœur, obscurcit le jugement ou conduit au péché.

Il est normal, et même louable, d'accumuler des biens pour soi, sa famille et les générations à venir. « L'homme de bien laisse un héritage aux enfants de ses enfants. » (Proverbes 13 :22). Pourvoir et prévoir sont des marques d'une bonne intendance devant Dieu. Pourtant, votre priorité doit rester la Parole du Seigneur sur les richesses. Le but de l'argent n'est ni le statut ni l'orgueil ni la comparaison ; il est de pourvoir, d'être généreux et de servir le Royaume de Dieu.

Dans la culture actuelle, l'argent devient souvent un instrument de compétition. Beaucoup le poursuivent non pas pour survivre ou bâtir un héritage, mais pour se comparer aux autres, jusque-là inconnus. Cette rivalité engendre de l'amertume dans les mariages, lorsque des femmes et des hommes évaluent leur valeur au prisme des revenus ou des biens. Il arrive que des conjoints quittent leur union simplement parce que l'autre ne « gagne pas assez ».

Cette mentalité méconnaît la finalité du mariage et s'oppose à son fondement biblique.

La Parole de Dieu nous avertit contre ces dérives : « Ne vous livrez pas à l'amour de l'argent ; contentez-vous de ce que vous avez, car Dieu lui-même a dit : Je ne te délaisserai point, et je ne t'abandonnerai point. » (Hébreux 13 :5). L'argent n'achète ni la confiance ni la loyauté ni l'amour. Un mariage solide repose sur la foi, le respect et l'unité, non sur un relevé bancaire. Lorsqu'un homme construit sa maison sur l'obéissance au Seigneur, la discipline dans ses responsabilités et la fidélité dans son alliance, il est riche, quelle que soit la taille de sa paie.

Psaume 112:1–3

Heureux l'homme qui craint l'Éternel, qui trouve un grand plaisir à ses commandements ! Sa postérité sera puissante sur la terre, et la génération des hommes droits sera bénie. Des biens et des richesses sont dans sa maison, et sa justice subsiste toujours. « L'obéissance à Dieu est l'héritage des vrais millionnaires : ils vivent dans l'abondance de Sa faveur.

La Loi de l'Unité

Dans le mariage, mari et femme ne forment plus deux vies séparées, mais « *une seule chair* », unis de corps, d'esprit et de dessein. « C'est pourquoi l'homme quittera son père et sa mère, et s'attachera à sa femme, et ils deviendront une seule chair. » (Genèse 2 :24). L'unité ne se réduit pas à l'intimité physique ; elle est une alliance qui unit les cœurs, les rêves et les vocations. Là où règne l'unité, Dieu commande la bénédiction (Psaume 133 :1–3). Une maison divisée ne peut pas subsister, mais une maison unie prospère selon le dessein de Dieu.

La loi de l'Amour. Le fondement du mariage est l'amour. Le mari est appelé à aimer son épouse « *comme Christ a aimé l'Église* », d'un amour sacrificiel, fidèle et inconditionnel (Éphésiens 5 :25). En retour, l'épouse est encouragée à respecter son mari, en honorant son leadership et leur partenariat. L'amour conjugal n'est pas une émotion passagère, mais un engagement dévoué, manifesté chaque jour par des paroles, des attitudes et des actes qui édifient plutôt que de détruire.

La Loi de la Fidélité

Le mariage requiert une loyauté exclusive, physique, émotionnelle et spirituelle. Hébreux 13 :4 : « *Que le mariage soit honoré de tous, et le lit conjugal exempt de souillure ; car Dieu jugera les impudiques et les adultères.* »

La fidélité dépasse l'absence de trahison : elle se vit dans la vérité, la douceur du langage et la transparence. Un mariage fidèle protège le cœur des attachements secrets et construit la confiance par l'ouverture et la constance.

La loi du pardon. Aucun mariage ne survit sans grâce. Pardonner n'est pas faiblesse, mais force, car cela reflète l'amour de Dieu envers nous. « *Soyez bons les uns envers les autres, compatissants, vous pardonnant réciproquement, comme Dieu vous a pardonné en Christ.* » (Éphésiens 4 :32). Le pardon guérit les blessures, restaure l'intimité et brise le cycle de l'amertume. Tout mari et toute épouse échouent parfois ; l'alliance s'épanouit lorsque la grâce est plus forte que l'offense.

La loi de la confidentialité. Le mariage est une alliance sacrée entre trois personnes : le mari, l'épouse et le Seigneur. Ce qui relève de ce cercle doit rester protégé. Les défis et les secrets du couple ne se publient pas en ligne, ne se colportent pas auprès des amis, ni ne se livrent à la famille.

Proverbes 11:13 :
« *Celui qui répand la calomnie dévoile les secrets, mais celui qui a l'esprit fidèle les garde.* »

Respecter la discrétion est une marque d'honneur et une compétence précieuse. Le fondement d'un mariage solide est la confiance, et cette confiance se maintient lorsque l'intimité du couple demeure à l'abri, sous la protection de Dieu.

Dieu a créé l'homme en premier pour un dessein. Il est le Créateur, le Maître bâtisseur, fort, sage et souverain sur le visible et l'invisible. Quand Dieu forma l'homme de la poussière, il lui conféra l'autorité, la vision et la responsabilité de bâtir, de protéger et de diriger. Ces lois divines sont intentionnelles, non fortuites.

Lorsqu'une femme quitte son mariage, elle ne se sépare pas seulement de son mari ; elle abandonne aussi la présence et la protection que Dieu avait prévues pour elle. Il n'existe aucune voie éthique permettant de passer d'un homme à l'autre sans entraîner de conséquences spirituelles et émotionnelles profondes. La vie n'est pas une partie d'échecs ; chaque mouvement imprudent met l'âme en péril.

Beaucoup d'hommes en prennent conscience. **Le Livre des Hommes** sonne l'alarme haut et fort pour la communauté chrétienne. Ils lisent ces lois et les schémas se dévoilent avec netteté. Si vous avez quitté votre foyer conjugal et que vous venez frapper à notre porte, nous ne sommes pas dupes : nous reconnaissons le cycle. Vous ne cherchez pas à vous reconstruire ; vous poursuivez la prochaine poussée d'adrénaline, le prochain pourvoyeur, la prochaine illusion de contrôle. Mais les hommes pieux, des hommes de véritable valeur spirituelle, ont appris à ne pas jouer à ce jeu. Nous ne suivons pas cette voie.

Trop de femmes aujourd'hui échangent la sécurité durable de leur foyer contre des mirages : elles courent après la richesse, le statut social et les fantasmes promus par les réseaux, en quête d'hommes qui n'existent pas. Certains deviennent amers, manipulateurs, voire autodestructeurs lorsque la réalité ne correspond pas à leurs attentes. Pendant ce temps, une file de faux prétendants attend, disant ce qu'on veut entendre, jouant la comédie, puis disparaissant sitôt le but atteint. Ils couperont les ponts.

Après cent cycles, l'âme s'épuise, le cœur s'endurcit et le moteur de la vie manque d'huile. Le véhicule s'arrête, en panne, dans un désert de solitude. Souvenez-vous : les fils de Dieu ne prennent pas ce chemin.

Ils lisent le Livre des Hommes et acquièrent de l'intelligence ; ils ne courent pas après des promesses brisées et de faux espoirs. Au contraire, ils rebâtissent les fondations et restent fermes.

Proverbes 24:3-4

« C'est par la sagesse qu'une maison s'élève, et par l'intelligence qu'elle s'affermit ; c'est par la science que les chambres se remplissent de tous les biens précieux et agréables. »

Une fois que vous quittez votre mariage, comprenez-le : la porte se fermera derrière vous et ne se rouvrira jamais. Cette alliance n'est plus valide. Nous avancerons, bâtissant une vie nouvelle avec quelqu'un de plus jeune, plus sage, plus fidèle et plus beau de cœur et de vérité, plus vite qu'un F-15 *Eagle* de l'US Air Force.

Votre rébellion ne sera pas récompensée. Nous ne vous souhaiterons même pas bonne chance, car ce que vous avez choisi ne vient pas de Dieu. Quand vous rejetez l'ordre divin, vous coupez le flux de la prière, la voix qui vous guide et la protection de la grâce d'un mari. Le ciel ne répond ni à la manipulation ni à la désobéissance.

Les conséquences sont claires : sans repentance et abandon à Dieu, une femme divorcée peut se retrouver perdue dans un désert intérieur, errant, cherchant, luttant, sans jamais trouver la paix ni le sens. Les recherches en psychologie des relations et en restauration conjugale montrent qu'un pourcentage significatif de maris qui reprennent leur épouse après une infidélité ou une trahison émotionnelle subissent des abandonnements répétés et des blessures plus profondes.

Dans bien des cas, l'époux(se) revenu(e) continue de manifester des schémas d'irrespect ou de détachement affectif, sapant la dignité du mari et renforçant un cycle destructeur. Ces constats confirment ce que l'Écriture et la littérature sapientiale avertissent souvent : une réconciliation sans transformation conduit à de nouvelles fractures.

Le *Livre des Proverbes*, par extension, les « **lois du Livre des Hommes** », exhorte les hommes à exercer le discernement plutôt que l'émotion. Pardonner est un devoir chrétien ; mais la restauration doit reposer sur la repentance, la vérité et la volonté de rebâtir, non sur la passivité ni sur la peur de perdre.

Lorsqu'une femme rompt l'alliance du mariage, la porte doit être fermée de manière totale et automatique. Il ne lui appartient pas de solliciter la réconciliation par le seul remords de ses actes. Dans de tels cas, il peut être nécessaire de la libérer pleinement de ce rôle : elle ne porte plus ni le titre ni les responsabilités d'épouse. Autrement, le mari risque de sacrifier son dessein, sa paix, sa dignité et son héritage à une illusion.

HEAVENLY CITIZEN

Chapitre quatorze

Le Livre des Hommes encourage les chrétiens à exercer une intendance fidèle au sein de leur foyer.

Le grand jour et après : embrasser le véritable poids du mariage en tant qu'époux.

Le grand jour est enfin arrivé. Que vous ayez déjà prononcé vos « *oui* », que vous vous prépariez à marcher vers l'autel ou que vous fréquentiez sérieusement le mariage en perspective, ce moment tant attendu est venu. Mais après ? Passées l'excitation, les belles photos et les réjouissances, il est temps d'affronter la réalité. Un mariage n'est pas seulement une fête, même si nous venons de le célébrer : c'est une alliance sacrée et un engagement pour la vie. Vous venez de proclamer au monde entier que vous choisissez une seule personne pour partager votre vie, pour toujours.

En tant qu'hommes, nous devons reconnaître la lourde responsabilité qui accompagne cette union joyeuse. Devenir mari, c'est prendre un engagement à vie, non seulement envers son épouse, mais aussi envers la gestion du foyer. Désormais, vous, votre épouse et « **Monsieur Facture** » êtes partenaires pour la vie dans la gestion des responsabilités financières. Votre femme est comme votre nouveau foyer, votre nouvelle voiture et peut-être la source d'enfants, autant de bénédictions inestimables qui apportent de nouvelles opportunités et responsabilités.

C'est pourquoi, par obéissance à Dieu, nous devons mettre de côté une partie de nos ressources pour les temps d'urgence et d'imprévu. Beaucoup de couples vivent comme si chaque année était facile, abondante et prévisible. Pourtant, en tant qu'époux et futur père, vous êtes appelés à anticiper avec sagesse. Vous devez préparer la tempête avant qu'elle n'arrive, car l'Écriture dit :

L'homme prudent voit le mal et se cache, mais les simples avancent et en sont punis. » (Proverbes 22:3). Comme mari et femme, nous ne sommes plus deux, mais un. Finis les décisions personnelles. Le Livre des Hommes nous enseigne : « ***Deux valent mieux qu'un.*** ». Notre entreprise compte deux directeurs, deux gestionnaires et la loi du Seigneur en tête, planifiant ensemble.

Vous n'êtes pas seulement celui qui pourvoit aux besoins quotidiens. Vous êtes l'architecte de la sécurité à long terme de votre famille. Votre rôle dépasse largement le simple fait de veiller à ce que votre épouse ait suffisamment pour aujourd'hui : il consiste à bâtir des fondations solides qui soutiendront votre épouse, vos enfants et même vos petits-enfants dans les générations à venir. Cette lourde responsabilité repose sur vos épaules, et un jour, vous vous tiendrez devant le Seigneur pour rendre compte de la manière dont vous avez protégé ce qu'Il vous a confié. « ***Ainsi chacun de nous rendra compte à Dieu pour lui-même.*** » (Romains 14 :12).

En tant que père, vous ne devez pas aborder la Parole de Dieu avec désinvolture, comme tant d'autres le font. Vous êtes appelés à interpréter chaque mot comme une instruction divine ; ce sont des lois venant directement de la salle du trône céleste, façonnant l'homme, le mari et le père que Dieu vous a destinés à être. Rien de ce que Dieu dit ne doit pas être pris à la légère. « L'homme ne vivra pas seulement de pain, mais de toute parole qui sort de la bouche de Dieu. » (Matthieu 4 : 4).

Le Livre des Hommes nous enseigne que « les paroles de Dieu ne sont pas de simples conseils occasionnels, mais des lois divines et des commandements sacrés, émanant du conseil même de Son trône céleste, approuvés par les anges et confirmés par le Saint-Esprit ». » Qui êtes-vous donc pour traiter la Parole du Seigneur avec légèreté, ou la lire comme si un ami ordinaire l'avait écrite ? C'est un rappel à l'aborder avec respect et révérence.

Dieu méprise l'ignorance et la paresse. « Paresseux, jusqu'à quand seras-tu couché ? Quand te lèveras-tu de ton sommeil ? » (Proverbes 6 :9). Si vous êtes paresseux, irresponsables et indisciplinés, vous commencerez par négliger de lire et de suivre les lois de Dieu, puis vous échouerez à travailler avec sagesse et à préparer la sécurité de votre maison. Celui qui refuse de croître en intelligence et en diligence ne peut espérer protéger ce que Dieu lui a confié.

Ainsi, pour nous, hommes chrétiens responsables et de grande valeur, qui obéissons aux lois de Dieu et étudions attentivement le Livre des Hommes afin de nous protéger et de protéger notre famille, nous marchons sur la bonne voie. Le Seigneur veille sur chacun de nos pas, prêt à exaucer nos prières et à fortifier nos mains pour protéger les biens et les bénédictions qu'Il nous a donnés. « Les yeux de l'Éternel sont sur les justes, et ses oreilles sont attentives à leurs cris. » (Psaume 34 :15).

Personne ne devrait travailler dur pour bâtir et protéger sa famille, seulement pour laisser la porte ouverte à quelqu'un qui entrerait et emporterait tout, laissant derrière lui un foyer vide. Si un membre du foyer choisit de partir, il doit emporter ce dont il a personnellement contribué, rien de plus. Selon les lois du Livre des Hommes, il n'est pas acceptable que quelqu'un abandonne sa famille et emporte avec lui la vie et le labeur de son époux.

Considérez l'histoire de Monsieur Gabriel. Après vingt ans de mariage et l'éducation de deux fils, son épouse décida qu'elle voulait de « meilleures opportunités ». Influencée par son groupe d'amies divorcées qui se proclamaient indépendantes, elle fut persuadée de son potentiel d'amélioration. Malgré son âge avancé et ses faibles perspectives de reprendre une nouvelle vie, elle força Gabriel à quitter leur domicile, le laissant responsable de la pension alimentaire, de la garde des enfants et de ses propres dépenses.

Pendant de nombreuses années, Gabriel porta ces fardeaux, jusqu'à ce qu'il comprenne enfin la Parole de Dieu correctement : non comme de simples récits spirituels, mais comme des statuts divins régissant la conduite humaine. Il comprit que Dieu créa l'homme dès l'origine pour servir d'intermédiaire et de protecteur à l'humanité.

Car l'homme n'a pas été tiré de la femme, mais la femme de l'homme ; et l'homme n'a pas été créé à cause de la femme, mais la femme à cause de l'homme. (1 Corinthiens 11 :8-9). Lorsqu'un homme traite son épouse avec amour, pourvoit à ses enfants et s'acquitte fidèlement de ses responsabilités, il n'a aucun reproche à craindre devant Dieu.

Fort de cette révélation, Gabriel comprit qu'il était temps d'agir. Il prit les mesures nécessaires pour protéger le reste de ses biens et se prépara à s'éloigner vers un lieu où ni son ex-épouse ni le gouvernement ni ses avocats ne pourraient saisir ce que Dieu lui avait donné. Tout cela fut possible parce que, durant son mariage, il avait déjà mis en place les stratégies et les mesures de sécurité enseignées par les principes ***du Livre des Hommes***, protégeant ainsi l'avenir de sa famille et préparant le terrain pour aller là où son ex-épouse ne pourrait pas suivre les bénédictions de Dieu dans sa vie.

Époux, souvenez-vous : votre devoir le plus élevé est envers Dieu. En marchant dans l'obéissance à ses lois, en dirigeant avec sagesse et en préparant diligemment votre maison, vous accomplissez votre rôle d'homme. Et, au terme, vous recevrez ces paroles précieuses : « ***C'est bien, bon et fidèle serviteur.*** » (Matthieu 25 :23).

Dieu n'a pas créé l'homme pour être un observateur passif du mariage. Dès le commencement, il confia à Adam la responsabilité de cultiver et de garder le jardin (Genèse 2 :15). De la même manière, il vous appelle à diriger, protéger et nourrir l'environnement de votre foyer. Vous êtes l'intendant de chaque bénédiction que Dieu vous confie. Un homme sage comprend que donner un accès illimité à toutes les ressources peut engendrer des problèmes.

Si votre épouse gère mal les finances et épuise les ressources familiales, il vous revient de reconstruire et de rétablir la stabilité. Si elle persiste à mal gérer ou à exiger toujours plus pour satisfaire ses désirs, vous risquez de vous retrouver dans un effort sans fin pour répondre à des demandes croissantes.

C'est pourquoi maintenir l'ordre divin et les limites dans l'intendance financière est crucial. « ***Du reste, ce qu'on demande des dispensateurs, c'est que chacun soit trouvé fidèle.*** » (1 Corinthiens 4 :2). La fidélité n'implique pas une générosité insouciante sans responsabilité ; elle consiste à protéger ce que Dieu nous a confié, même vis-à-vis de ceux que nous aimons, si cela assure la sécurité et le bien-être de toute la famille.

Un mari doit diriger sa maison avec sagesse en épargnant pour les urgences, en investissant pour l'avenir et en se préparant aux temps difficiles. Il ne s'agit pas seulement du confort présent, mais aussi de garantir la survie à long terme. Comme le conseille Proverbes 6 :6-8 : « ***Va vers la fourmi, paresseux ; considère ses voies et deviens sage. Elle n'a ni chef ni inspecteur ni maître ; elle prépare en été sa nourriture, et elle amasse, pendant la moisson, de quoi manger.*** »

Votre but premier n'est pas d'accumuler des richesses et des connaissances, mais d'être un pourvoyeur fidèle et un protecteur vigilant. Par la maîtrise de soi et une attention avisée, vous vous assurez que votre épouse et vos enfants ne seront pas laissés vulnérables lorsqu'ils surviendront. Le mariage est un don joyeux, mais c'est aussi un appel divin. Il exige que l'homme pense à long terme et agisse de manière désintéressée. Lorsque vous embrassez cet appel, Dieu se réjouit et votre famille prospère.

Souvenez-vous : vous êtes plus qu'un homme à côté de votre femme. Vous êtes le berger de votre foyer, le gardien de ses ressources et le bâtisseur de son héritage.

Marchez fidèlement, dirigez courageusement et administrez avec diligence, car à la fin, vous entendrez : « ***C'est bien, bon et fidèle serviteur.*** »

Le *Livre des Hommes* explique pourquoi le mariage est difficile. Le mariage n'est pas un conte de fées. Ce n'est ni un scénario de cinéma ni une fin romantique idéalisée ; il est réel, brut et souvent exigeant. Plutôt que de parler des « qualités d'un conjoint digne de confiance », nous préférons insister sur les qualités nécessaires à un partenaire de vie.

Le Livre des Hommes l'exprime sans détour : le mariage est un champ de bataille où l'amour, la croissance, le sacrifice et la sanctification se rencontrent. Les maris fidèles comprennent cette réalité. Les hommes qui prennent au sérieux leur rôle sacré d'époux ne se bercent pas d'illusions : ils savent que le mariage demande une discipline quotidienne, un amour intentionnel et un cœur enraciné dans la Parole de Dieu.

Les vrais maris savent que le mariage n'est pas plus facile pour leurs épouses. Ils reconnaissent les nombreux sacrifices qu'elles consentent, mentalement, émotionnellement, physiquement et spirituellement. Elle n'est pas seulement une aide ; elle est une guerrière qui veille sur le foyer et gère la pression avec grâce. En tant qu'époux, nous devons voir le lourd fardeau qu'elle porte et l'accompagner avec force et compassion.

Il existe un récit dangereux et trompeur selon lequel les hommes auraient la vie facile dans le mariage : ils se contenteraient d'aller travailler et de rentrer à la maison, tandis que leurs épouses souffriraient en silence, insatisfaites et invisibles. ***Mais le Livre des Hommes*** brise cette illusion.

Les vrais hommes ne sont pas aveugles aux charges que portent leurs femmes. Nous les voyons, nous les comprenons et nous tentons de les alléger par de petites attentions : fleurs, soirées romantiques, paroles de bonté, cadeaux réfléchis et une écoute attentive lorsqu'elles ont besoin de parler.

Le rôle d'un mari pieux ne se limite pas à payer les factures ou à offrir un toit. Il vise à apporter la paix intérieure, la joie, la stabilité et le leadership spirituel. Nous voulons que nos épouses et nos enfants se sentent en sécurité et aimés, pas seulement nourris et vêtus. Nous faisons de notre mieux pour être présents, non seulement physiquement, mais aussi émotionnellement et spirituellement.

Être une bonne épouse n'est pas une tâche facile. Nous reconnaissons que gérer une maison, élever des enfants et rester disponibles sur le plan émotionnel est incroyablement exigeant. Protéger la maison ne se limite pas à fermer les portes à clé ; cela implique de maintenir la paix spirituelle, l'équilibre émotionnel et le sentiment d'appartenance. Un mari sage la comprend et s'allie à elle, non pas pour simplement survivre au mariage, mais pour s'y épanouir.

Dans le mariage, les plus petites choses peuvent déclencher des désaccords, comme un orage d'été soudain troublant un ciel paisible. Mon épouse et moi avons eu notre part de ces moments où une étincelle mène à une discussion vive. Mais lorsque la tension monte, j'ai appris à m'arrêter, à la regarder et à dire : « ***Tu as raison, je ferai mieux***. Non, parce que j'ai perdu une bataille, mais parce que j'ai choisi de gagner par l'amour.

Dès les débuts de notre mariage, nous avons adopté une règle silencieuse : ne jamais nous coucher fâchés (Éphésiens 4 :26). Cette règle est devenue notre guide. Quelles que soient les disputes, nous veillons à les résoudre avant la nuit, afin de terminer chaque journée dans l'unité. À la maison, s'il y a un « vainqueur » dans une dispute, c'est souvent elle, non pas parce qu'elle est plus obstinée, mais parce que son cœur reste pur et qu'elle n'a jamais l'intention de blesser. Moi, je reste concentré, passant d'un sujet à l'autre, et ensemble nous sortons gagnants.

En tant que mari, j'ai appris que diriger ne signifie pas toujours avoir le dernier mot. Parfois, diriger veut dire écouter avec davantage d'attention, répondre avec plus de douceur ou garder le silence en choisissant la paix plutôt que l'orgueil. J'exprime mes points de vue avec subtilité et amour, non pour dominer, mais pour contribuer, tout en veillant à ce qu'elle se sente entendue, vue et valorisée. Car nous ne sommes pas dans deux camps opposés ; nous formons une même équipe, orientée vers un même but.

Aimer véritablement, grandir ensemble et réussir notre vie comme une seule chair.

La famille restera paisible et solidement enracinée jusqu'à ce que le culte de l'indépendance moderne et de l'idolâtrie de soi, chez certaines femmes, s'infiltre comme un voleur silencieux, balayant tout par son idéologie séduisante et chaotique : « ***Je n'ai pas besoin d'homme.*** »

Quand le mari et la femme partagent les mêmes objectifs spirituels, émotionnels et aspirants, le mariage devient une force puissante pour le bien. Cela ne veut pas dire que tout sera toujours fluide, mais l'unité spirituelle permet d'affronter les défis sans sombrer comme le Titanic.

Quand il n'y a pas de motifs égoïstes et que chacun sert l'autre dans l'amour et la vérité, la famille devient inébranlable. « L'amour est patient, il est plein de bonté ; l'amour n'est point envieux ; l'amour ne se vante point, il ne s'enfle point d'orgueil, il ne fait rien de malhonnête, il ne cherche point son intérêt, il ne s'irrite point, il ne soupçonne point le mal, il ne se réjouit point de l'injustice, mais il se réjouit de la vérité ; il excuse tout, il croit tout, il espère tout, il supporte tout. La communication est la colle qui maintient un mariage. Elle n'est pas seulement pour parler, mais aussi pour écouter, comprendre et répondre avec patience et grâce. Nous avons appris que planifier ensemble, rêver ensemble et résoudre les problèmes avant qu'ils ne s'aggravent font toute la différence. Le Livre des Hommes nous rappelle :

« ***N'attendez pas que la maison soit en feu pour chercher le tuyau ; communiquez avant que la situation ne devienne incontrôlable.*** »

Le mariage n'est pas un contrat ; c'est une alliance. Jésus l'a décrit comme sacré : « ***Ce que Dieu a uni, que l'homme ne le sépare pas.*** » (Marc 10 :9). La vérité est que beaucoup de choses chercheront à nous diviser : tentation, offenses, pressions financières, problèmes de santé et voix extérieures. Jésus nous a avertis car Il savait que le mariage affronterait sans cesse des défis.

Le Livre des Hommes décrit le mariage comme un lien étroit et engagé entre deux personnes qui choisissent chaque jour de s'aimer, de se servir, de se pardonner et de grandir ensemble. Ce n'est pas un vœu unique, mais un choix quotidien. Ce n'est pas une affaire de trois personnes, de famille ou d'amis : c'est entre deux, sans relations parallèles ni intentions cachées. Dans les bons comme dans les mauvais jours, sur le plan émotionnel, financier ou spirituel, nous nous choisissons encore et encore.

La maladie dans le mariage n'est pas seulement physique ; elle peut aussi être émotionnelle et spirituelle, et se manifeste souvent lors de moments de profonde fatigue. Mais ce sont précisément ces instants qui mettent à l'épreuve la force d'une union : quand nous restons, quand nous choisissons de guérir plutôt que de fuir. Un mariage solide déclare : « ***Même ici, je ne t'abandonnerai pas et je garderai nos secrets à l'abri de tous.*** »

Pendant ce temps, le monde a redéfini le concept de mariage. Le gouvernement a bâti une industrie qui détruit les familles par le biais des tribunaux de divorce. Il a remplacé le plan originel de Dieu par des termes juridiques et des formalités, traitant les familles comme des entreprises qu'on peut dissoudre à volonté. Il a même écarté les pères de leur foyer par des aides financières, sapant l'autorité paternelle, supprimant les responsabilités et entraînant des générations dans la souffrance.

Mais la Parole de Dieu demeure la loi immuable pour ceux qui choisissent ce long voyage qu'est la vie. **Le Livre des Hommes** exhorte chaque homme à comprendre ce qu'est réellement le mariage avant de s'y engager. Il ne s'agit ni de contrôle ni de convenance, mais de Christ. Il s'agit de diriger comme Jésus l'a fait : par l'amour, le service et le sacrifice. « Maris, aimez vos femmes, comme Christ a aimé l'Église, et s'est livré lui-même pour elle. » (Éphésiens 5 :25). Ce n'est pas une tâche facile. C'est un appel sacré.

Le mariage est plus qu'une histoire d'amour ; c'est une mission. C'est un partenariat divin créé pour accomplir le plan de Dieu. Nous sommes appelés à bâtir ensemble, à élever des enfants pieux et à transmettre un héritage de foi. Genèse 1:28 ne parle pas seulement de multiplier, mais aussi de porter du fruit, d'avoir un impact spirituel et de régner dans son foyer.

Un mariage centré sur le Christ constitue une forme d'évangile. Deux personnes sont modelées ensemble à l'image du Christ, s'affinant mutuellement à travers les épreuves et le pardon. Chacun devient le fer qui affine l'autre, se soutenant et se renforçant mutuellement. « Deux valent mieux qu'un… Car, s'ils tombent, l'un relève son compagnon. » (Ecclésiaste 4 :9-10). Vous n'êtes pas ennemis, mais partenaires spirituels.

En fin de compte, le mariage est exigeant, mais il en vaut la peine. **Le Livre des Hommes** affirme que les hommes pieux doivent cesser de prétendre qu'il est facile ou qu'il a un sens unique. Nous sommes appelés à aimer profondément, à diriger humblement et à combattre honorablement pour nos foyers. Avec Dieu au centre, la prière pour le fondement et l'amour mutuel comme méthode, le mariage devient non seulement supportable mais magnifique. Nous ne faisons pas que survivre : nous glorifions ensemble.

Beaucoup d'hommes aujourd'hui ont oublié leur rôle divin de leaders et d'intendants du foyer. Ils entrent dans le mariage à la légère, souvent complété par des émotions ou une passion, sans comprendre la responsabilité sacrée que Dieu leur a confiée.

Le *Livre des Hommes* enseigne que le mot « **AMOUR** » est à la fois spirituel et émotionnel, mais qu'il doit aussi être compris comme une alliance sérieuse, surtout dans un monde moderne où les sentiments sont souvent confondus avec la loyauté et l'engagement à long terme. Le mot anglais *love* vient de l'ancien anglais *lufu*, lui-même issu de langues anciennes, signifiant « **prendre soin** », « **désirer** », « **chérir** ». Mais ces sens ont été manipulés et déformés au fil du temps.

Avec l'essor de l'amour romantique, les femmes ont fini par dominer la manière dont on concevait le mariage. Historiquement, le mariage ne reposait pas sur la passion ou l'émotion, mais sur le devoir, la responsabilité, l'intérêt mutuel et le libre choix de s'engager. C'était une alliance de responsabilité entre deux familles, un arrangement social et économique protégé par les clans et la communauté. Voilà pourquoi, autrefois, beaucoup d'hommes ne « *tombaient* » *pas simplement amoureux, mais se préparaient à l'amour en se préparant à diriger, à pourvoir et à protéger.*

Le *Livre des Hommes* établit que chaque homme doit aborder l'amour avec sagesse, stratégie et limites. L'amour n'est pas un conte de fées ; c'est un investissement mental et émotionnel impliquant de réels risques et de véritables récompenses. Dans un monde où la manipulation émotionnelle est fréquente et où les idéaux romantiques occultent souvent la sagesse divine, un homme doit apprendre à protéger son cœur sans devenir insensible.

Cela signifie reconnaître les différentes formes d'amour: l'*Agapè*, l'amour divin et sacrificiel qui ne cherche rien en retour; la *Philia*, l'amour fidèle de l'amitié qui bâtit la fraternité entre hommes chrétiens de valeurs solides ; l'*Éros*, le désir physique qui doit être gouverné par la pureté et le dessein, amour passionné, romantique ou sexuel; et enfin l'amour nourricier de la famille, le lien entre parents et enfants ou entre frères et sœurs.

Un homme pieux ne doit jamais compter uniquement sur l'amour pour maintenir un foyer. Il doit discerner les différences et bâtir sa maison sur l'amour durable et contractuel décrit dans 1 Corinthiens 13 : un amour patient, plein de bonté, qui ne cherche pas son intérêt.

Pour se prémunir de la souffrance, un homme doit considérer l'amour comme une alliance aux rôles clairs, un contrat sérieux, un devoir spirituel et une valeur éprouvée. Il lui faut cesser de traiter les relations comme des aventures émotionnelles impulsives et y voir plutôt une mission ordonnée par Dieu. Cela implique d'établir des normes, de rechercher les fruits de l'Esprit dans la vie d'une femme et de consulter des conseillers sages avant de s'engager.

Le monde moderne a transformé l'amour en pari ; mais **le Livre des Hommes** l'affirme comme une loi divine où la discipline, la bonne gestion et l'honneur bâtissent une maison. Si l'amour est une « affaire », l'homme en est le gestionnaire, non pour l'exploiter, mais pour en sauvegarder la valeur sacrée. Lorsqu'un homme adopte cet état d'esprit, il minimise les dégâts émotionnels, évite les liaisons insensées et devient une forteresse de force, capable d'aimer profondément sans se perdre.

L'amour ne suffit pas, à lui seul, à tenir un foyer. Il en est le fondement, certes, mais sans les piliers structurels du leadership, de la responsabilité et de l'orientation spirituelle, la maison ne peut pas rester stable. Un homme ne doit pas seulement aimer son épouse : il doit aussi la conduire avec sagesse, la protéger avec force et guider sa famille dans la vérité et la justice. Il ne s'agit ni d'orgueil ni de domination, mais de lois et de desseins divins.

Dans les générations passées, surtout au XIXe siècle, le mariage était traité avec respect et préparation. Il reposait sur la communauté, la tradition et l'honneur familial, et non sur des sentiments passagers ni sur des glissements de doigt sur un écran. Un jeune homme ne pouvait pas poursuivre une femme seule : il devait d'abord faire connaître son intention de se marier à ses parents et, par leur entremise, s'adresser officiellement à la famille de la jeune femme.

Ce processus nourrissait le respect, le sérieux et la responsabilité. Les deux familles se rencontraient non seulement pour organiser les noces, mais aussi pour bâtir une base solide d'engagement et de soutien mutuel au jeune couple. Autrefois, on se mariait dans des cercles familiers, ayant souvent grandi ensemble ou liés par de vieux liens entre familles.

Le divorce était rare, non pas parce que les problèmes fussent absents, mais parce que la communauté, les amis, les proches, le voisinage et les anciens s'investissaient profondément pour préserver le caractère sacré du mariage. Une famille n'était pas laissée seule face à ses difficultés. Tous les membres du village, du quartier ou de l'église se sentaient responsables du bien-être du couple et des enfants.

La correction n'incombait pas uniquement aux parents : les anciens pouvaient intervenir pour discipliner, guider ou soutenir les enfants égarés. Les enseignants imposaient des normes morales strictes et la discipline communautaire était perçue comme une expression d'amour. C'était un effort collectif pour maintenir la justice, l'ordre et la stabilité.

Aujourd'hui, ce système divin a été démantelé. Les gouvernements et les idéologies modernes ont redéfini la famille, la discipline et l'autorité. Ce qui était autrefois considéré comme une correction aimante est désormais traité comme de la maltraitance ; ce qui relevait des lois de Dieu est désormais étiqueté « **oppression** ». L'État tire profit des foyers brisés par les tribunaux de divorce, des services à l'enfance et de la dépendance croissante aux programmes de famille.

En revanche, les lois sacrées du ciel relatives à la structure familiale sont exclues. Les enfants grandissent sans correction, les mariages s'effondrent sous la pression et des hommes abandonnent leur rôle de leaders spirituels. À moins de revenir au plan originel de Dieu pour la virilité et la famille, la société dérivera toujours davantage vers le désordre et la lumière des foyers pieux et solides déclinera.

Car le mari est le chef de la femme, comme le Christ est le chef de l'Église, son corps, et dont il est le Sauveur. (Éphésiens 5 :23). Cet appel est à un leadership sacrificiel et à un service humble. Lorsque l'homme néglige son rôle, le chaos s'ensuit : le foyer devient un champ de bataille plutôt qu'un sanctuaire. Beaucoup pensent, à tort, que suffit de se financer. Or, le leadership ne se réduit pas au soutien matériel : il inclut la protection spirituelle, l'appui émotionnel et l'exemplarité morale.

En tant qu'homme chrétien divorcé, j'ai appris cette leçon à mes dépens. J'ai cru un temps qu'en donnant tout matériellement, j'assurais l'amour pour toujours. Je pensais que la loyauté s'achetait par le confort. Mais un confort sans fondement spirituel, c'est une maison bâtie sur le sable. « **Garde ton cœur plus que toute autre chose, car de lui viennent les sources de la vie** » (Proverbes 4 : 23). Frères, si nous ne gardons pas notre cœur, nous laissons notre maison vulnérable à l'ennemi. Nous ne pouvons conduire les autres si nous sommes perdus et brisés.

Dans le mariage, le leadership d'un homme doit être ferme mais tendre, sage mais accessible, protecteur mais nourrissant. Ce n'est pas ce que le monde enseigne, mais ce qu'exigent les lois de Dieu. Beaucoup d'hommes contemporains tombent dans le piège de la passivité, laissant leur épouse décider de tout, des finances, de la direction spirituelle, etc. À la longue, cet esprit passif fait perdre à l'homme sa place aux yeux de sa femme.

Une femme peut, au début, apprécier le contrôle ; mais, au fond, elle aspire à un homme qui tient fermement à ses convictions, qui sait dire « **non** » quand il est fautif, et qui la conduit plus près de Dieu.

Lorsqu'elle ne vous voit plus comme son chef, le manque de respect s'installe. Quand le respect diminue, l'intimité baisse. À mesure que l'intimité s'étiole, le cœur se met à errer, à chercher ailleurs. Frère, comprends que l'amour et le respect vont de pair : « **Du reste, que chacun de vous aime sa femme comme lui-même, et que la femme respecte son mari.** » (Éphésiens 5 :33). Si elle commence à vous percevoir comme un homme faible, elle mettra vos limites à l'épreuve ; elle questionnera chaque cadeau, chaque décision, chaque dépense. Bientôt, vous vous surprendrez à vous justifier pour la moindre chose, vous demandant ce qu'est devenue la femme douce que vous avez épousée.

C'est pourquoi le Livre des Hommes enseigne que vous devez toujours garder le cap et la maîtrise de votre esprit. Vous êtes le capitaine du navire :

elle peut conseiller et suggérer, mais la décision finale vous revient, sous l'autorité de Dieu.

Un homme sage, à l'image de Salomon, sait quand écouter et quand agir résolument : « ***L'homme simple croit tout ce qu'on dit, mais l'homme prudent est attentif à ses pas.*** » (Proverbes 14 :15).

Si vous conduisez comme Dieu le commande, vous n'êtes pas oppressif mais fort ; non tyrannique, mais protecteur. Il y a une différence entre diriger par la peur et diriger par l'amour et la conviction. Vous devez aussi protéger votre situation financière. Le père de Gabriel enseignait ainsi ces lois à ses fils : de même que vous payez vos impôts sans discuter, vous devez mettre de côté des ressources pour votre sécurité future, à l'abri des regards et hors de portée des tempêtes passagères.

Telle est la loi des hommes : ce n'est pas de la cupidité, mais de la sagesse. Il s'agit de faire en sorte que, lorsque l'épreuve viendra, et elle viendra, vous restiez debout. Votre mission d'homme n'est pas de devenir l'esclave des circonstances, mais de demeurer inébranlable en toute saison. En tant que chrétien, votre force réside dans votre témoignage. Quand d'autres échouent, vous tenez ferme. Quand d'autres paniquent, vous priez. Quand d'autres renoncent, vous persévérez. Tiens bon, mon frère :

1 Corinthiens 16:13 :

« Veillez, demeurez fermes dans la foi, soyez des hommes, fortifiez-vous.

« C'est la première loi ***du Livre des Hommes*** : conduis comme Dieu te conduit. Veillez, demeurez fermes dans la foi, soyez des hommes, fortifiez-vous

HEAVENLY CITIZEN

Chapitre Quinze

Le prix de l'amour aveugle, avant de dire « Oui »
La Loi de la Force et du Leadership pour les
Hommes Chrétiens

J'ai un jour cru avoir trouvé mon partenaire pour la vie. Je pensais sincèrement que l'amour suffisait. Je croyais que l'amour, avec toute son émotion et sa beauté, pouvait surmonter n'importe quelle épreuve ou trahison. Mais j'ai appris que c'était plus difficile, qu'un amour sans sagesse est vulnérable : il peut être manipulé, mal compris et, finalement, perdu.

J'ai été paresseux ; je n'ai pas étudié les principes des lois du Seigneur. J'ai échoué et j'ai assumé mes responsabilités, mais il était trop tard. Je m'étais convaincu que donner tout ce que j'avais : mon temps, mon confort, ma protection et mon argent, ce qui, à mon avis, garantirait la loyauté.

Je pensais que le sacrifice seul suffirait à préserver l'alliance. Mais la vérité, c'est que je n'avais pas reçu la bonne éducation sur l'amour. Quand il est devenu une transaction commerciale, je suis resté aveugle. Quand l'amour devient à sens unique, il laisse une personne brisée, remettant en question tout ce qu'elle croyait.

Le prophète Jérémie savait ce que beaucoup d'hommes ignorent encore aujourd'hui : « *Le cœur est tortueux par-dessus tout, et il est méchant : qui peut le connaître ?* » (Jérémie 17 :9). Même créés à l'image de Dieu, nos cœurs peuvent nous tromper. Le mien m'a trompé en me faisant croire que, parce que j'étais bon avec elle, elle resterait. Que, parce que je travaillais, servais et me sacrifiais, elle me serait reconnaissante.

Pourtant, j'ai omis une vérité cruciale : les femmes recherchent avant tout la sécurité émotionnelle. Leur instinct n'est pas mauvais ; c'est leur nature. Elles ont besoin d'une direction claire. Elles veulent l'assurance que vous remporterez la victoire, pas seulement que vous essayez. Si vous n'êtes pas capable de lui prouver que vous êtes l'homme qui peut l'emmener vers un avenir meilleur, elle s'éloignera, d'abord émotionnellement, puis physiquement.

Frère, comprends cette loi : aucune femme n'est destinée à souffrir aveuglément au nom de l'amour. Elle peut admirer ta force, mais si elle ne voit aucune victoire en perspective, aucun plan, aucun leadership, elle commencera à se déconnecter, comme ta facture Internet si tu ne la payes pas à temps. Et dans le monde actuel, elle sera assaillie par les conseils de femmes blessées, par une culture déchue et par les réseaux sociaux qui lui souffleront : « **Fais ce qui te rend heureuse.** »

Elle cherchera des raisons de partir, qu'elles soient justifiées ou non. Un jour, tu pourrais te réveiller et réaliser qu'elle est déjà partie en toi, même si elle dort encore à tes côtés. Tu te demanderais comment une personne que tu aimais a pu devenir si distante, si froide, si sûre de son droit à tout ce que tu as bâti, et pourtant si prompte à s'en aller. Et voilà que les avocats frappent à ta porte.

C'est pourquoi je vous exhorte : n'attendez pas que votre cœur soit brisé en mille morceaux pour vous réveiller. Vous devez partager **le Livre des Hommes** avec d'autres hommes ; il n'a pas été écrit pour vous divertir ni pour vous impressionner. Il en va de la vie réelle. **Gabriel parle avec son cœur et son expérience**, en homme de Dieu, honnêtement et sans émotion. Ces lois sont les enseignements les plus vitaux que le ciel puisse vous révéler, destinés à ouvrir vos yeux et à vous motiver à prendre soin de vous dès maintenant.

Quand une femme prend tout votre temps, votre énergie, votre compassion et votre argent, puis exige davantage alors que votre âme est vide, **que ferez-vous** ? Beaucoup d'hommes finissent par n'avoir plus rien. Puis elle l'abandonne, agit comme s'il n'avait jamais existé et s'en va sans remords. Ne dites pas que cela ne vous arrivera pas. Les faits sont clairs : 50 % des hommes connaissent l'isolement social après un divorce, 67 % ne sollicitent jamais d'aide et 15,3 % deviennent sans-abri. Ce ne sont pas des inconnus : ce sont vos frères, vos amis, peut-être même votre avenir.

Ces **Lois des Hommes** sont plus que de simples idées ; ce sont des garde-fous spirituels pour ton cœur, ton esprit et ton avenir. Elles existent pour te préparer, non pour te faire peur. C'est la manière dont Dieu te murmure : « *Mon fils, sois attentif. Je suis là. Je vois ce qui vient à ta rencontre. Reste près de mes lois. Garde ton cœur.* Car une fois que tu as tout perdu, il se peut que tu ne reçoives jamais une seconde chance.

Si ton épouse devient infidèle, tu dois savoir quelles étapes suivre. Quel conseil donnerais-tu à un autre homme qui te demande de l'aide ? Lui dirais-tu de lui refaire confiance alors qu'elle est encore émotionnellement liée à celui qui a trahi votre mariage ? Si elle refuse de couper les liens avec lui, ou si elle a déjà franchi cette ligne, il y a une probabilité très élevée, de 99,99 %, qu'elle recommence. Ce n'est pas de l'amertume, c'est du réalisme.

Ce n'est pas seulement arrivé à un frère « quelque part » : cela peut arriver à chacun de nous. **Es-tu marié ? As-tu une épouse à la maison dont tu prends soin ?**

Alors comprends ceci : nul n'est immunisé. Aucun homme n'est à l'abri de la trahison. Nous sommes tous vulnérables au chagrin si nous ignorons les avertissements, si nous passons outre les schémas récurrents, ou si nous nous croyons trop vertueux pour y tomber. Ce n'est pas seulement « leur » histoire ; cela pourrait aussi devenir la tienne.

Alors je te pose la question, frère : si Dieu, assis sur Son trône de gloire, te dit de **garder ton cœur**, pourquoi continues-tu à croire : « *Ça ne m'arrivera jamais* » ? Pourquoi ignorons-nous les avertissements du Saint-Esprit jusqu'à ce que nos cœurs se vident de leur sang ?

Le diable n'attaque pas seulement avec des balles pour te faire pleurer ; il abat les hommes par la séduction, la trahison et la confusion. Voilà pourquoi ce livre existe : pour t'avertir, t'éveiller, te rappeler que tu n'es pas au-dessus du brisement. Tu n'es pas à l'abri de la rupture. **Mais tu peux te préparer.** Tu peux bâtir avec sagesse. Tu peux marcher dans la clarté. Et tu peux protéger ton âme avant qu'il ne soit trop tard.

La sagesse du père de Monsieur Gabriel résonne encore : si tu rencontres une femme sans rien et que tu lui offres un vélo, elle demandera une moto. Donne-lui une voiture et bientôt elle exigera une marque précise. Offre-lui la marque et elle voudra le dernier modèle. Tu ne peux pas remplir une coupe sans fond avec des présents terrestres. Sa loyauté constante doit reposer sur **ton** leadership inébranlable et sur **sa** crainte du Seigneur. *Proverbes 31 :30* nous le rappelle : « *La grâce est trompeuse, et la beauté est vaine ; la femme qui craint l'Éternel est celle qui sera louée.* »

Salomon enseigne aux hommes ceci : les attraits extérieurs peuvent égarer, et la beauté physique ne dure pas ; mais la femme qui honore et révère le Seigneur mérite la vraie louange. Cette vérité souligne l'importance intemporelle de la révérence envers Dieu plutôt que l'apparence. Pourtant, aujourd'hui, il devient rare de rencontrer des femmes qui éprouvent une profonde crainte de Dieu, même au sein des communautés ecclésiales.

Beaucoup de jeunes femmes fréquentant l'église imitent les tendances séculières : tenues semblables à celles d'une sortie nocturne plutôt que celles d'un culte. Maquillage appuyé, vêtements voyants et une focalisation sur l'extérieur remplacent l'accent mis sur la pureté intérieure et l'humilité. Ce glissement culturel reflète un éloignement des priorités spirituelles en faveur de la recherche d'une approbation superficielle.

Un facteur majeur de cette tendance est l'influence généralisée des réseaux sociaux comme Instagram et TikTok, qui encouragent l'auto-promotion et la comparaison, nourrissant une culture de vanité et de gratification immédiate. J'ai un jour demandé à un ami de chercher mon nom ou celui de mes enfants en ligne pour voir s'il y avait des informations ou des photos ; il n'a rien trouvé. Cela montre que, sauf à être un proche véritable, il n'y a aucune base pour juger ou supposer quoi que ce soit à notre sujet. Si tu veux vraiment te lier à nous, nous serons heureux de t'inviter à la maison pour échanger en personne. Nous tenons profondément à notre vie privée et elle demeure protégée. **Seul le Saint-Esprit** a l'autorité légitime d'observer et de veiller sur chaque aspect de la vie de notre famille, sans l'ombre d'un doute.

Selon une étude du **Pew Research Center** (2021), 84 % des femmes de 18 à 29 ans aux États-Unis utilisent au moins une plateforme sociale au quotidien. Le besoin constant de « **likes** », d'abonnés et d'attention a remplacé la dévotion silencieuse et l'examen de soi. Au lieu de chercher l'approbation de Dieu, beaucoup recherchent celle d'un public numérique toujours aux aguets. Il reste peu de temps pour prier. Dans un tel environnement, il devient difficile de cultiver la crainte du Seigneur, une vertu qui exige solitude, humilité et introspection.

Cette érosion spirituelle s'aligne sur des tendances démographiques et économiques plus larges. Un rapport de **Morgan Stanley** (2019) prédisait que 45 % des femmes américaines en âge actif (25-44 ans) seraient célibataires et sans enfants d'ici 2030, ce qui donnerait naissance à ce qu'ils appellent « *l'économie des célibataires* ». Dans des pays comme l'Allemagne et le Japon, 30 à 40 % des femmes nées dans les années 1970 et 1980 devraient rester sans enfants.

En Amérique du Nord, des projections évoquent 35 à 45 % de femmes âgées de 25 à 45 ans, non mariées et sans enfants, d'ici 2030. Les causes invoquées incluent l'indépendance économique, l'élévation du niveau d'études et l'évolution des valeurs sociales. Beaucoup privilégient désormais la carrière, l'épanouissement personnel et les gains financiers plutôt que le mariage et la maternité, considérant ces rôles traditionnels comme des limites plutôt que des vocations.

Le regret s'installe souvent lorsqu'il est trop tard. Nombre de femmes s'attachent à obtenir des diplômes et à progresser professionnellement, mais lorsque survient le désir de se marier, il peut être trop tard pour fonder une famille. Le temps n'attend personne. À l'inverse, beaucoup de familles africaines mettent l'accent sur le mariage entre 20 et 30 ans. Qu'une jeune femme étudie ou non, ses parents s'impliquent activement pour lui trouver un mari convenable et l'encourager à s'établir et à fonder une famille.

Par respect pour leurs parents, ces jeunes femmes se marient souvent avec l'approbation et la bénédiction des deux familles. Cette approche réfléchie, centrée sur la communauté, contribue à des unions solides et durables et réduit considérablement le risque de divorce, parfois jusqu'à des taux quasi nuls au sein de ces communautés.

Des études universitaires montrent également que de nombreuses femmes citent la recherche de la paix et de la liberté comme la principale raison de rester célibataires. Des travaux de l'**Institute for Quantitative Social Science** (Harvard) indiquent que les femmes modernes craignent souvent le contrôle ou la perte d'indépendance au sein du mariage. Cette méfiance, renforcée par des récits de manipulation émotionnelle et de domination dans certains foyers, la pousse vers l'autonomie. L'accent contemporain sur le *self-care* et l'autosuffisance a consolidé cet état d'esprit. Résultat : elles sont moins disposées à se soumettre au leadership de leur mari, principe biblique fréquemment mal compris et aujourd'hui rejeté.

De l'autre côté, beaucoup d'hommes deviennent de plus en plus prudents vis-à-vis du mariage. Les statistiques montrent constamment que **70 à 80 %** des divorces sont initiés par les femmes (Association américaine de sociologie, 2015). En Occident, et particulièrement aux États-Unis, les lois du divorce peuvent imposer de lourdes charges financières aux hommes : pension, garde, perte d'actifs **des années de labeur mises en péril**. L'**Institute for Social Research** (Université du Michigan) constate que de nombreux hommes perçoivent désormais le mariage comme une entreprise à haut risque.

Les témoignages d'hommes perdant leur maison, leur retraite et parfois même leur lien avec leurs enfants alimentent cette crainte. En conséquence, ils épousent moins souvent, surtout avec des partenaires perçus comme très indépendants ou centrés sur leur carrière.

Aujourd'hui, de nombreux hommes choisissent de quitter leur pays d'origine pour épouser des femmes plus « traditionnelles » et moins exposées à des antécédents problématiques. On estime que **12 à 20 %** des mariages aux États-Unis impliquent désormais une femme née à l'étranger, un phénomène en croissance. En **2023**, on évoque qu'environ **1,5 million** d'Américains auraient épousé une personne rencontrée via des services matrimoniaux internationaux.

Environ **85 %** de ces unions associent des hommes américains à des femmes d'Asie ou d'Amérique latine, les pays les plus fréquents étant les Philippines, la Russie, la Thaïlande et l'Ukraine, où les rôles familiaux traditionnels demeurent fortement valorisés.

Un nombre croissant de ces hommes se définissent comme des « **passeport Brothers** », c'est-à-dire des hommes qui voyagent, voire s'installent, à l'étranger pour rencontrer des épouses adoptant une vision plus familiale, féminine et coopérative du mariage. L'attrait ne se limite pas aux différences culturelles : le coût de la vie plus bas et la recherche d'une relation plus paisible et solidaire jouent également un rôle.

En Europe et en Asie de l'Est, des tendances semblables apparaissent, parfois plus marquées. Au Japon et en Corée du Sud, par exemple, des taux de natalité extrêmement bas reflètent un éloignement plus large des structures familiales traditionnelles : **plus de 40 à 50 %** des femmes de certains groupes d'âge pourraient rester célibataires et sans enfants. Beaucoup adoptent une « **vie comme entreprise** », investissant dans le voyage, le bien-être, le *personnel, le branding* et l'entrepreneuriat plutôt que dans la vie familiale. Dans de nombreux milieux urbains et aisés, être célibataire et sans enfant n'est plus stigmatisé, mais célébré. Ce changement sociétal met en profondeur au défi les conceptions bibliques du mariage, de la famille et de la responsabilité communautaire.

Du point de vue biblique, la masculinité et le mariage ne sont pas de simples constructions sociales aux yeux de Dieu, mais des **appellations divines**. Éphésiens 5 :25 enjoint aux maris : « **Maris, aimez vos femmes, comme le Christ a aimé l'Église, et s'est livré lui-même pour elle.** Cet amour sacrificiel appelle les hommes à être des **leaders spirituels forts** et des **protecteurs**, rôles qui deviennent plus difficiles à assumer à mesure que les structures familiales traditionnelles déclinent.

De même, les femmes sont appelées à **respecter** et à **se soumettre** à leurs maris (Éphésiens 5 :22), un concept souvent mal compris et mal jugé aujourd'hui. À mesure que la société s'éloigne de ces principes bibliques, les hommes et les femmes se retrouvent isolés et spirituellement perdus. Si l'on privilégie l'indépendance au détriment de l'interdépendance, on croit se libérer ; mais on risque aussi de se couper des bénédictions et de la croissance qu'apporte une vie de famille centrée sur Dieu.

Beaucoup d'hommes disent : « Ma femme est différente. Elle est loyale. Elle ne me quitterait jamais. Mais **faire confiance sans preuves** et **aimer sans discernement** peuvent mener au chagrin. Quand la maladie surviendra, te verra-t-elle comme un fardeau ou comme l'objet d'un amour sacrificiel ? Quand l'argent vient à manquer, te tiendra-t-elle la main ou cherchera-t-elle la promesse d'un autre ?

Le *Livre des Hommes* enseigne que la **sécurité** doit être établie non seulement dans le **portefeuille**, mais aussi dans l'**esprit**. Tu dois être une **forteresse** : bienveillante, aimante, mais **imprenable** à la manipulation et à la tromperie.

Tu dois aussi te **préparer à l'imprévu**. Comme le disait le père de Gabriel : « Si le gouvernement augmente les impôts, tu les paies. De même, **impose-toi** pour assurer ton avenir. Cela signifie **constituer tes réserves avant de partager le reste**. Non pour la priver, mais pour **assurer ta survie**. Car un homme **brisé financièrement** est un homme facilement **écrasé sur le plan spirituel**. Est-ce de l'égoïsme ? **Non** :

C'est de la **sagesse**, de la **bonne intention**, la **protection** de ce que Dieu t'a confié. Ce **jour de pluie** pour toi et ta famille n'est pas demain : **il a déjà commencé à pleuvoir**. Si tu es salarié, **appelle immédiatement les RH**. Si tu es entrepreneur, **contacte sans tarder ton avocat ou ta banque**.

La Loi du Leadership pour les hommes chrétiens

En tant qu'homme chrétien, tu es appelé à être un **pilier de force et de leadership** dans ta relation. **Celui qui doit être le plus fort, c'est toi.** Dieu t'a formé pour **tenir ferme dans la foi**, portant avec courage et humilité le fardeau de la responsabilité. Tu n'es pas destiné à l'insécurité, au besoin de validation, ni à chercher sans cesse l'approbation émotionnelle de ta partenaire. Un homme **enraciné en Christ** sait que sa **valeur** et son **identité** viennent du Seigneur seul, et non de l'approbation d'une femme.

Dans les moments de doute ou de découragement, souviens-toi du Psaume 1 :3 : l'homme juste est « comme un arbre planté près d'un courant d'eau, qui donne son fruit en sa saison, et dont le feuillage ne se flétrit point ; tout ce qu'il fait lui réussit. Que tes racines plongent dans les lois de Dieu, afin de résister aux tempêtes sans devenir fragile ni dépendant.

Ésaïe 40 :31 déclare : « Mais ceux qui se confient en l'Éternel renouvellent leur force. Ils prennent leur vol comme les aigles ; ils courent et ne se lassent point ; ils marchent et ne se fatiguent point. « En tant qu'homme chrétien, tu es appelé à être un aigle, non un oiseau en cage. L'aigle plane au-dessus du bruit et des distractions, au-dessus des tempêtes, porté par les courants invisibles de l'Esprit. Lève-toi au-dessus des querelles mesquines, des manipulations et des jeux émotionnels. Sois constant, sage, discernant, sans jamais te réduire à un esprit passif et vaincu. Ta force n'est pas la seule puissance brute : elle repose sur une confiance paisible et inébranlable dans les promesses de Dieu et dans Sa direction pour ta vie.

La loi du *Livre des Hommes*, transmise par **Gabriel**, affirme qu'un homme doit garder son cœur par-dessus tout, comme l'ordonne Proverbes 4 :23 : « Garde ton cœur plus que toute autre chose, car de lui viennent les sources de la vie. Quand un homme devient émotionnellement dépendant de sa partenaire, il risque de perdre sa vision spirituelle et son leadership.

Un homme chrétien doit être **assez assuré** pour **conduire avec amour et autorité**, tout en étant **assez tendre** pour **servir et protéger**. Ta **stabilité émotionnelle** reflète ta **maturité spirituelle**. Si tu réclames sans cesse d'être rassuré par ta partenaire, tu **cèdes le manteau de leadership** que Dieu t'a confié. Que ta **confiance** soit **ancrée en Christ**, afin que ton amour devienne **une source de force** pour ta famille plutôt qu'un fardeau.

Enfin, ***le Livre des Hommes*** enseigne que tout homme doit incarner l'amour du Christ : ferme, sacrificiel et inébranlable. « Maris, aimez vos femmes, comme Christ a aimé l'Église. » (Éphésiens 5 :25). Cela ne signifie pas devenir faible ou servile, mais aimer à partir d'un lieu d'autorité et de force. Christ n'a jamais été dans le besoin ni

L'insécurité ; elle est l'exemple parfait d'un dessein et d'une identité inébranlables. En tant qu'homme, modèle la même assurance et le même désintéressement, demeurant le protecteur et le guide que Dieu t'appelle à être. Quand tu tiens ferme dans ta foi, tu permets à ta partenaire d'embrasser sa féminité selon Dieu, créant une relation où chacun s'épanouit dans son rôle divin.

La force d'un homme ne se démontre pas par le **bruit** ou le **contrôle**, mais par **l'esprit paisible et constant** qui ne s'agenouille ni devant l'insécurité ni devant la peur. Souviens-toi de **Josué 1 :9** : « **Ne t'ai-je pas donné cet ordre : Fortifie-toi et prends courage ? Ne t'effraie point et ne t'épouvante point, car l'Éternel, ton Dieu, est avec toi dans tout ce que tu entreprendras.** La présence de Dieu te donne la puissance de **conduire avec audace**, de **protéger avec douceur** et d'**aimer fidèlement**. Tu n'es pas destiné à être gouverné par l'émotion ou les circonstances, mais à t'élever, **à planer comme l'aigle** que Dieu a façonné. Ainsi, tu accomplis ton **dessein divin** et donnes à tes enfants **un exemple pieux**.

Lorsqu'elle commence à **contrôler toutes les dépenses**, à **questionner chaque cadeau** et à **saper tes décisions**, c'est un **signe** : ton **leadership** a été compromis. **N'aie jamais honte** d'exercer l'**autorité** que Dieu t'a donnée, non avec arrogance, mais avec une **assurance paisible**.

Dans toute l'Écriture, Dieu recourt souvent à des lois et à des textes législatifs pour communiquer des vérités spirituelles profondes à Son peuple, en particulier **aux hommes**. Ces lois ne sont pas des figures de style : elles révèlent la **pensée** et le **cœur du Créateur** de manière que de simples instructions ne sauraient le faire.

Le prophète Ésaïe, 64 :8, rapporte : « Cependant, ô Éternel ! Tu es notre père ; nous sommes l'argile, et c'est toi qui nous as formés ; nous sommes tous l'ouvrage de tes mains. « Aujourd'hui, des femmes pensent désirer l'indépendance, la liberté et le bonheur ; toutefois, parce que les hommes ont été créés les premiers et ont reçu leurs instructions directement du Seigneur, tu peux parcourir le monde et poser aux hommes la même question : « Dépend-tu de quelqu'un ? Souhaiterais-tu être indépendant ? »

Dieu est le **potier** qui **façonne**, **moule** et **affine** nos vies selon Son dessein. De même que l'argile **ne peut se façonner elle-même**, nous ne pouvons **guider nous-mêmes** sans la main directrice de Dieu. Et **tout homme** répondra en vérité : **sans Dieu, nous ne sommes rien.**

Comme le déclare **Jean 15 :5** :

« Je suis le cep, vous êtes les sarments. Celui qui demeure en moi et en qui je demeure porte beaucoup de fruit, car sans moi vous ne pouvez rien faire. »

Ce principe montre que l'Esprit de Dieu agit avec un dessein précis : chaque partie de notre vie, épreuves comme bénédictions, participe à l'œuvre patiente par laquelle Il façonne notre caractère. Une autre loi puissante est celle de la vigne et des sarments, dans Jean, où Jésus déclare : « Je suis le cep, vous êtes les sarments. Dieu y révèle une pensée d'unité parfaite : tous dépendent de Lui. Les sarments ne peuvent porter du fruit s'ils ne reçoivent pas la vie du cep, tout comme nous ne pouvons produire un fruit spirituel authentique sans demeurer unis au Christ.

Jésus nous montre ainsi que le but ultime de Dieu est la **relation** et la **communion**, non la simple performance ni les rites. L'Esprit de Dieu se concentre à nous nourrir de directives venues d'en haut, afin que nous portions un fruit qui l'honore et bénisse les autres, signe vivant de Ses leçons relationnelles et vivifiantes pour quiconque veut apprendre.

Ne sois pas surpris que beaucoup de chrétiens n'aient jamais vraiment lu la Bible par eux-mêmes, non par incrédulité, mais parce qu'on ne leur a pas appris à l'aborder avec **curiosité**, **intention** et **révérence**.

Si tu ne lis pas même le plus simple commandement pour comprendre les lois de Dieu et la manière dont Il veut guider ta vie et ta famille, tu n'es ni ignorant ni incapable :

Peut-être personne ne t'a jamais dit de lire l'Écriture comme si ta vie, ton avenir et ton héritage en dépendaient.

Les lois de Dieu ne sont pas de simples récits : ce sont des **principes divins**, issus directement du **trône** de Dieu, destinés à te conduire aux bonnes portes, à apporter la guérison, à promouvoir la paix et à ouvrir la voie aux bénédictions par Sa **grâce**.

À présent que tu lis **le *Livre des Hommes***, comprends bien ceci : **la Bible est la Loi de Dieu du ciel pour toi**. Rien n'est plus important que de la lire **délibérément**, en cherchant chaque jour le message que Dieu a préparé, unique et personnel, pour ton âme.

Dieu, en tant que Berger, nous ouvre une fenêtre profonde sur Son cœur et Son caractère. David affirme avec assurance : « **L'Éternel est mon berger : je ne manquerai de rien.** » (Psaume 23:1).

Ce n'est pas qu'un langage poétique : c'est le reflet d'une obéissance confiante et d'une foi vivante. L'image du berger révèle un conducteur bienveillant et protecteur, veillant sans cesse sur Son troupeau par Son omniprésence.

Dieu choisit David plutôt que Saül en raison de la sincérité de son cœur et de sa connaissance profonde du Seigneur.

Parti de débuts humbles de berger, il conquit Jérusalem et en fit la capitale d'Israël. David, « ***homme selon le cœur de Dieu*** » (Actes 13:22), voit son héritage perdurer non seulement par son leadership, mais aussi par sa lignée, puisqu'il devient l'ancêtre de Jésus-Christ (Matthieu 1:1 ; Luc 1:32), le Messie promis. Il a déclaré : « Éternel ! Tu me sondes et tu me connais : tu sais quand je m'assieds et quand je me lève ; tu pénètres de loin ma pensée. Tu sais quand je marche et quand je me couche, et tu pénètres toutes mes voies. » (Psaume 139:1-3)

Le Berger conduit ses brebis dans de **verts pâturages**, près des **eaux paisibles**, et demeure **tout près** jusqu'à la vallée de l'ombre. Le rôle de Dieu en tant que Berger signifie qu'Il n'est **jamais absent**. Il s'implique dans nos vies, nous guide, pourvoit à nos besoins et nous protège. Cela nous rappelle que Son leadership s'enracine dans la **compassion** et le **soin**, qu'Il tient sous Son contrôle les forces obscures, les vents et les tempêtes qui se lèvent contre nous.

L'**Esprit Saint** est là, auprès de toi et de ta famille. Les soins du Berger ne sont pas passifs : ils sont **vigilants**. Dieu veille sur nous-mêmes quand nous n'en avons pas conscience. Il voit les dangers invisibles, sent nos combats silencieux et nous détourne doucement du mal. Son Esprit ne fait pas que nous consoler dans notre faiblesse : il nous **fortifie** d'une sainte assurance. Le leadership de Dieu diffère de celui du monde : sa force inclut la **tendresse**, son autorité implique le **sacrifice**, et sa puissance se pare de **patience**. Il connaît chacun par son **nom** ; quand tu cries dans la confusion ou la douleur, il écoute, non comme un souverain lointain, mais comme ton **Père** et ton **Défenseur**.

Jésus nous a assuré cette même proximité par le Saint-Esprit : « Mais le Consolateur, l'Esprit Saint, que le Père enverra en mon nom, vous enseignera toutes choses, et vous rappellera tout ce que je vous ai dit. » (Jean 14 :26).

L'Esprit de Dieu est à la fois maître et rappel de la vérité. Lorsque personne ne comprend ta douleur ou que tu as honte de la confier, l'Esprit intercède avec sagesse, consolation et clarté. Même si ton âme est trop lasse pour prier, *« l'Esprit lui-même intercède par des soupirs inexprimables »* (Romains 8 :26). Il parle à ton esprit, te conduit à travers la confusion et te dit à ton cœur quoi faire lorsque ton intelligence n'y parvient plus.

Apocalypse 2:7 :
« Que celui qui a des oreilles entende ce que l'Esprit dit aux Églises. »

Frère, si tu es un homme chrétien qui porte en silence le poids de la trahison, du brisement ou d'un désert intérieur, Dieu te voit. Peut-être sais-tu que ton épouse sort de l'alliance du mariage et tu as honte d'en parler. Mais ce fardeau n'est pas le tien seul, et ce n'est pas ta faute. Ton caractère, ta dignité et ton appel spirituel comptent immensément aux yeux de Dieu. Tu mérites la vérité. Tu mérites la guérison. Et tu n'es pas seul. L'Esprit te murmure déjà, parle à ta douleur et t'appelle à faire confiance à la justice et à la miséricorde de Dieu.

Le frère **Gabriel** a traversé la même steppe. Il sait ce que c'est d'être au plus bas : brisé, déçu, incompris. Et pourtant, au cœur de ces profondeurs, il n'a jamais songé à mettre fin à ses jours, se souvenant que l'apôtre Paul, lui aussi, implora : « Seigneur, ôte-moi cette écharde ! » et, pourtant, Paul **endura**. Il continue la course, car si profonde que soit la douleur, la **présence de Dieu** est plus profonde encore.

Tu n'es pas oublié. **Si tu respires, c'est qu'il y a encore un dessein.** Le *Livre des Hommes* a été écrit pour **un temps tel que celui-ci**, afin de te transmettre la vérité, sans filtre, en homme de Dieu. Ce moment, alors que tu es au bord de la rupture, **n'est pas la fin** : c'est le **terrain d'épreuve** de ta foi. Le Saint-Esprit ne se contente pas de te consoler ; **il t'appelle à l'action**. Il te dit que ce que tu décides aujourd'hui résonnera dans ton avenir.

Trouve un lieu de silence, ta chambre de prière, la forêt, ta voiture et **crie à Dieu**. Crie, pleure, adore. **Épanche ton cœur.** Laisse l'Esprit te servir. « **Il est assis sur le trône** », te regardant avec des yeux de feu et d'amour. Il détient les **clés** de ta percée. Rien ni personne ne peut se dresser entre toi et ton Dieu **si tu ne l'y autorises pas.**

Jésus a dit : « **Tu aimeras le Seigneur, ton Dieu, de tout ton cœur, de toute ton âme et de toute ta pensée.** » (Matthieu 22 :37–38). Un tel amour est **total** : il ne laisse aucune part de ta vie intacte. Même au cœur du feu, souviens-toi : « **Notre Dieu est aussi un feu dévorant.** » (Hébreux 12 :29).

Le feu purifie ; il ne détruit pas ceux qui lui appartiennent. Et, comme Job, tu peux déclarer avec une sainte assurance : « **Mais je sais que mon Rédempteur est vivant, et qu'il se lèvera le dernier sur la terre.** » (Job 19 :25). **Aucun serviteur de Dieu ne souffre en vain.**

Ton histoire, tes blessures et tes déserts, Dieu les rachètera tous au double, comme il l'a fait pour ton frère ***Gabriel.***

La route peut être difficile un temps. La douleur est réelle. Les pensées grondent dans ton esprit. Mais tu iras bien, car le Seigneur ne t'abandonnera jamais. « *Fortifiez-vous et ayez du courage… car l'Éternel, ton Dieu, marche lui-même avec toi ; il ne te laissera point et il ne t'abandonnera point.* » (Deutéronome 31 :6).

Et il dit encore : « **Je ne te délaisserai point, et je ne t'abandonnerai point.** »

(Hébreux 13 :5) Cette promesse t'appartient encore. Alors, tiens-toi ferme, homme de Dieu. Embrasse le feu, adore dans la vallée, pleure sous l'orage et fais confiance au Berger qui marche avec toi. Il ramène toujours ses enfants à la maison.

Quand Jésus nous appelle « **la lumière du monde** » (Matthieu 5 :14), il nous confie la mission d'illuminer un monde sombre. Ce principe révèle le **plan stratégique et rédempteur** de Dieu pour l'humanité. « **Dieu dit : Que la lumière soit ! Et la lumière fut.** » (Genèse 1 :3).

Son œuvre commence par **vaincre les ténèbres** et **établir l'ordre** ; lorsque Dieu nous nomme **lumières**, Il nous invite à participer à Son œuvre **créatrice** et **réparatrice**. Cette loi, venue de Son trône, montre que Dieu ne laisse pas le monde tel qu'il est : Il veut la **transformation** et le **renouvellement**. Comme lumières, nous reflétons Sa gloire et devenons les agents de Son dessein rédempteur.

Enfin, lorsqu'Il compare les croyants à des **aigles**, comme en Ésaïe 40 :31 « **Ils prennent leur vol comme les aigles** », Dieu révèle Son désir de **liberté** et d'**élévation spirituelle** pour Son peuple. L'aigle plane au-dessus des tempêtes et embrasse d'un regard les réalités d'en haut, image du discernement et de la force spirituelle. Quand la vie paraît tarder, incertaine ou pesante, rappelons-nous que notre force ne vient pas de nous seuls. La **vraie force** se trouve en Dieu, **source illimitée**. Plutôt que de précipiter les choses ou de forcer les résultats, nous sommes appelés à **faire confiance à Son temps**, trouvant espérance et patience dans Ses promesses.

Comme l'aigle qui survole l'orage sans effort, ceux qui se reposent sur la conduite de Dieu s'élèvent au-dessus de la peur, de l'épuisement et de la déception. *« Ils renouvellent leur force »* vaut pour tous ceux qui attendent avec foi, non seulement pour des percées personnelles, mais aussi pour la guérison, la restauration et l'unité au sein de leurs familles. Le temps de Dieu est toujours parfait ; en Lui faisant confiance, les saisons les plus difficiles deviennent des fondements de paix, de sagesse et de dessein.

Dieu ne veut pas que Ses enfants vivent **prisonniers** de la peur, du péché ou de l'opinion des autres. Son objectif est de nous élever **au-dessus** des distractions du monde, afin que nous voyions **Sa perspective** et vivions pleinement selon **Son dessein**. En établissant ces lois, Dieu nous invite à comprendre Sa pensée par une réflexion **intentionnelle**, **relationnelle**, **compatissante**, **rédemptrice** et **fortifiante**. Quand tu conduis de cette manière, **ton cœur demeure gardé**, **ta maison reste en paix** et **ton âme** demeure connectée au dessein de Dieu. Souviens-toi, frère : **Choisis la sagesse dans l'amour**.

Proverbes 13:20 :

« **Celui qui fréquente les sages devient sage, mais celui qui se plaît avec les insensés s'en trouve mal.** »

HEAVENLY CITIZEN

Chapitre Seize

Le Voleur Silencieux
Comment le temps dérobe la virilité à vue d'œil, et ce que vous devez faire avant qu'il ne soit trop tard.

Le temps est la seule ressource que même l'homme le plus riche ne peut jamais racheter. Vous croyez en avoir beaucoup devant vous, alors attendez. Vous attendez la femme parfaite, la carrière idéale, le moment opportun et un compte en banque bien garni. Vous supposez qu'il vous restera toujours du temps pour remettre de l'ordre, pour mûrir, pour devenir sérieux et, finalement, pour vous poser.

Mais un jour, vous vous réveillez et vous réalisez que quatre décennies se sont déjà écoulées. Comme de la vapeur, votre jeunesse s'est évaporée, et vous n'avez presque pas vu la transition.

Proverbes 27:1 nous avertit :

« Ne te vante pas du lendemain, car tu ne sais pas ce qu'un jour peut amener. Et pourtant, beaucoup d'hommes vivent comme si l'avenir leur était garanti.

Ce message ne parle pas seulement d'amour ou d'occasions manquées ; il parle de la réalité. Vous avez continué à croire que votre heure viendrait tôt ou tard. Peut-être aviez-vous peur, peut-être étiez-vous trop exigeant, ou trop occupé à chercher mieux ailleurs. Mais tandis que vous attendiez, la vie avançait. Vos amis se sont mariés. Ils ont eu des enfants. Ils ont bâti leurs vies. Et vous ? Vous vous disiez simplement que vous « preniez votre temps ».

Que vous « **faisiez preuve de sagesse** ». Mais la vraie sagesse, mon frère, ne se prouve pas seulement par l'attente ; elle se démontre par le discernement et la décision.

Dans de nombreuses cultures, surtout hors d'Amérique du Nord, la pression familiale s'accentue lorsqu'un homme reste célibataire après un certain âge. Vos parents commencent à se demander ce qui ne va pas. Vos tantes, oncles, frères et sœurs vous posent des questions embarrassantes. « Est-ce que tout va bien ? « Qu'attends-tu ? « *Ne veux-tu pas fonder une famille* ?

Et alors que vous acquiescez poliment avec un sourire, une tension intérieure s'intensifie. Vous comprenez parfaitement ce qu'ils veulent dire. Au fond, vous sensez que vous évitez quelque chose : l'engagement, la vulnérabilité ou, simplement, le fait de mûrir.

Peut-être aviez-vous des critères élevés. C'est légitime, mais les critères ne doivent pas devenir une excuse pour l'isolement émotionnel. Vous ne vouliez pas fréquenter quelqu'un dont les valeurs n'étaient pas alignées avec les vôtres. **Vous vouliez une femme pure, belle, féminine, respectueuse et enracinée dans la foi. Et c'est juste. Mais en évitant les mauvaises personnes, n'avez-vous pas aussi ignoré les bonnes ?**

Vous vous êtes si bien protégé que personne n'a pu entrer dans votre vie, même celles qui vous aimaient sincèrement. Aujourd'hui, votre période la plus fertile est passée, et les possibilités de rencontres ont changé sans que vous vous en rendiez compte.

Soyons honnêtes : parfois, nous devons affronter la réalité ; certaines occasions nous ont échappé. Si vous avez manqué votre chance auparavant, le moment est venu de la saisir et de faire les pas nécessaires vers l'avant. Cessez d'attendre indéfiniment la « **personne parfaite** » ou la situation idéale. Si quelqu'un de convenable se trouve déjà autour de vous, ouvrez les yeux et votre cœur pour le reconnaître. Et s'il faut voyager ou consentir à des sacrifices pour rencontrer cette personne, faites-le. Non seulement pour vous-même, mais aussi pour accomplir le commandement du Seigneur : « **Soyez féconds**, multipliez… » (Genèse 1:28).

Vous multiplierez votre bonheur en partageant l'amour avec quelqu'un : voyager ensemble, marcher dans un parc ou simplement goûter la joie de la compagnie. Le Seigneur a créé **environ 8,24 milliards** d'êtres humains sur cette terre. Avec un nombre aussi grand, il est irréaliste de penser qu'aucune personne n'est faite pour vivre avec vous, vous épouser ou partager votre vie. Le problème n'est pas que Dieu ait manqué de pouvoir ; bien souvent, ce sont nos propres cœurs, notre orgueil, nos attentes irréalistes ou notre réticence à agir qui constituent les véritables obstacles.

Proverbes 18:22 nous rappelle :

« Celui qui a trouvé une femme a trouvé le bonheur ; c'est une grâce qu'il a obtenue de l'Éternel. »

Trouver un conjoint ne consiste pas à attendre passivement, mais à chercher activement, avec sagesse, prière et humilité. Si vous désirez le mariage, vous devez agir par la foi et entreprendre les démarches nécessaires. Cessez de dire : « ***Il n'y a personne pour moi*** », et croyez plutôt qu'au milieu des enfants de Dieu, il y a quelqu'un avec qui vous pouvez devenir une seule chair (Genèse 2:24), vivant ensemble dans l'amour, le respect et l'alliance.

Le mariage n'est pas fondé sur la perfection, mais sur l'obéissance. Il réunit deux personnes imparfaites sous le regard divin de Dieu pour refléter Son amour, fonder une famille et bâtir un héritage. Vous en êtes capable. Avancez avec foi, confiez-vous à la provision de Dieu et prenez une décision ferme.

Approchez-vous, choisissez l'un des enfants du Seigneur et engagez-vous sur le chemin de l'alliance d'amour. Ce faisant, vous connaîtrez non seulement la joie de la compagnie, mais vous honorerez aussi le Seigneur, qui a institué le mariage en bénédiction pour Son peuple.

En général, le meilleur moment pour trouver un conjoint compatible, jeune, avec qui grandir, construire et apprendre à avoir de la patience se situe entre 20 et 35 ans. À cette étape, on mûrit ensemble, on bâtit ensemble. Mais si vous avez aujourd'hui la quarantaine et cherchez toujours cette épouse idéale avec la même mentalité, vous rencontrez un problème. Votre cercle de relations a changé.

Les femmes disponibles dans votre horizon amoureux n'attendent plus les mêmes choses. Beaucoup sont divorcées, mères célibataires ou intérieurement blessées. Certaines sont sincères, d'autres portent encore de lourds passés qu'elles n'ont pas surmontés, et s'attendent peut-être à ce que vous les aidiez à le faire.

Aujourd'hui, vous désirez une femme jeune, douce, belle et sans enfants. Mais est-ce juste ?

Surtout si vous avez vous-même un passé, un enfant ou des occasions manquées. Il ne s'agit pas de blâme mais de vérité. Pendant vingt ans, vous avez vécu comme bon vous semblait. Vous avez peut-être eu des relations, mais vous avez évité le mariage. Vous avez cuisiné, voyagé et dormi seul. Vous savez fonctionner en solitaire, mais savez-vous fonctionner à deux ? Où vous persuadez-vous de le savoir ? Avez-vous réellement acquis les aptitudes pour vivre avec une autre personne, dans l'amour, la patience et la paix, sous votre responsabilité ?

Vous demandez : « ***Est-il trop tard*** ? Cela dépend. Il n'est jamais trop tard pour aimer, changer, grandir, apprendre. Mais il peut être trop tard pour continuer à prétendre avoir encore vingt ans. Trop tard pour espérer trouver la femme parfaite, sans passé ni attentes. Ce marché n'existe plus. Vous avez dépassé cet âge, et ce n'est pas une insulte : c'est un signal d'alarme. Le monde continue de tourner, tout comme votre corps, votre esprit et la valeur que les autres vous accordent. Alors, **que faire maintenant** ?

Le Livre des Hommes est là pour vous rappeler la réalité. La vie n'est pas un jeu vidéo avec un « **bouton de redémarrage** ». Tout le monde est d'accord, n'est-ce pas ?

On ne vit qu'une seule fois, « **OUI** ». Alors pourquoi n'avez-vous pas choisi ? Qu'attendez-vous ? Pensez-vous encore avoir du temps ?

Essayez aujourd'hui de parler à une femme de vingt-deux ans et écoutez comment elle vous décrit : « **Vieux. Dépassé. Inquiétant.** « Vous avez peut-être gardé la forme, peut-être même l'argent, mais pour elle, vous n'êtes plus intéressant. Et, au fond, elle n'a pas tout à fait tort. Combien sont encore célibataires ou n'ont jamais osé essayer ?

La vraie question est la suivante : **êtes-vous chrétien** ? Car si vous l'êtes, Dieu n'a jamais voulu que vous traversiez la vie seul. Dans Genèse 2:18, Dieu dit : « *Il n'est pas bon que l'homme soit seul. En tant que croyant, vous faites partie d'une communauté de foi. Et dans cette communion, nous ne laissons pas les hommes dériver indéfiniment.* »

Nous nous relevons mutuellement. Si vous aviez reçu un enseignement solide, votre pasteur vous aurait déjà orienté vers une femme qui vous conviendrait. Les anciens seraient intervenus par la prière et par le conseil. Vos frères en Christ vous auraient aidé à bâtir un foyer selon Dieu.

Dans de nombreuses communautés chrétiennes solides, nous veillons à ce que nos hommes ne restent pas en arrière. Si vous envisagez sérieusement le mariage, l'Église interviendra. Nous fournirons un soutien financier pour vos noces. Nous prierons avec vous. Nous aiderons même votre épouse à marcher dans la féminité biblique. Voilà l'avantage d'être entouré d'hommes justes. Nous ne nous abandonnons pas les uns aux autres. Que vous soyez sans ressources, blessé ou indécis, nous vous soutiendrons.

Et si vous êtes un homme introverti, nous nous engageons à marcher à vos côtés. Nos responsables vous aideront à rencontrer une épouse convenable au sein de la famille de Christ et vous accompagneront dans la préparation de votre mariage. Aucun homme ne sera laissé pour compte. Nous nous tiendrons à vos côtés, offrant des conseils, des encouragements, une aide professionnelle et les ressources nécessaires pour que chaque homme puisse assumer ses responsabilités avec dignité.

Lorsque les autres vous verront debout aux côtés de votre épouse, ils ne vous appelleront plus seulement par votre prénom, mais vous honoreront comme Monsieur et Madame, témoignant des lois, de l'ordre, de la grâce et de la fidélité de Dieu dans votre vie.

Si tu n'as pas encore d'épouse, ne te tais pas ; cherche une solution et demande de l'aide. Tu dois être disposé à franchir ce pas. Dans le Royaume de Dieu, aucun homme n'est appelé à rester éternellement un enfant, et nul n'est destiné à marcher seul dans la vie. Le mariage n'est pas seulement un désir : c'est aussi une responsabilité et une bénédiction. Si tu es prêt, l'aide et les conseils appropriés te viendront, mais tout commence par un cœur disposé.

La mauvaise nouvelle, cependant, est que la vie n'attend pas que tu sois organisé. Que tu ne sois pas encore « **prêt** », « **guéri** » ou « **riche** », le train est déjà parti. Tu as manqué ta première chance. Et maintenant ? La pire erreur serait de continuer à procrastiner. Si tu es encore suspendu dans l'attente, espérant qu'une personne correspondant parfaitement à tes critères idéalisés apparaisse comme par magie, il est temps de te réveiller. Accepte la réalité du marché relationnel actuel. Tu es peut-être encore séduisant, oui. Mais dans le monde d'aujourd'hui, cela ne suffit plus. Il te faudra soit une grande richesse, soit une humilité radicale.

Si tu n'as pas de fortune, il te faudra changer d'approche. Il se peut que tu doives élargir ton horizon, envisager des possibilités à l'international et voyager. Oui, rejoins, si nécessaire, ces « frères au passeport » qui se tournent vers les Philippines, la Thaïlande, la Colombie, le Brésil, la République dominicaine, le Mexique et l'Afrique du Sud. Cherche une personnalité authentique. Recherche une femme qui valorise l'engagement, le sacrifice et la foi.

Une femme qui croit encore en Dieu, en la famille et au respect. Mais avant tout cela, regarde-toi dans le miroir et demande-toi : *Suis-je prêt à diriger, à aimer et à protéger avec sagesse, et non pas seulement avec mes émotions*

? Et la jeune femme de ton quartier, celle de ton église locale, ou même celle du supermarché ? Peut-être que ton épouse passe déjà chaque jour devant toi.

Avant de demander à Dieu de t'envoyer une épouse, éprouve-toi comme un soldat se prépare à la guerre. Le mariage n'est pas des vacances ; c'est une mission à vie qui exige de l'endurance émotionnelle, du sacrifice quotidien et du leadership sacrificiel. ***Veux-tu savoir si tu es prêt ?*** Invite un frère de confiance à vivre chez toi pendant une semaine. Partage ton espace. Préparez les repas ensemble. Prenez des décisions ensemble. Priez ensemble.

Lorsque les tensions montent, observe ta réaction. ***Te renfermes-tu ? T'emportes-tu ?*** Ou bien manifestes-tu la grâce ? Voilà des exercices de discipline.

Si tu n'es pas capable d'accueillir un ami de confiance dans ton foyer pendant sept jours, tu n'es pas encore prêt pour une épouse dont le cœur et l'avenir seront confiés à ta protection. Ces petits moments révèlent si tu es réellement préparé au mariage ou si tu restes prisonnier d'une indépendance égocentrique. La maturité émotionnelle ne se mesure pas à l'âge, mais à la capacité de servir quelqu'un d'autre de manière constante, sans amertume.

Le pire des hommes est celui qui attend trop longtemps, puis accuse le monde entier. Ne sois pas cet homme. Ne deviens pas amer, cynique ou délirant. Sois honnête. Si tu as commis une erreur, reconnais-la. Si tu as perdu du temps, repens-toi. Si tu as tardé par égoïsme, change. Voilà ce que **Le Livre des Hommes** t'invite à faire : affronter la vérité, l'accepter et avancer comme un homme. Non, pas avec des excuses, mais avec une vision. Non pas avec la honte, mais avec du courage. Ta vie n'est pas terminée, mais plus tu retardes, plus le prix sera élevé.

À quarante ans passés, tu n'as plus l'énergie d'autrefois. Tu ne peux plus te permettre de jouer ou de te lever chaque heure de la nuit pour courir après de jeunes enfants. La vérité est qu'attendre une femme sans enfants à ce stade est un pari risqué et irréaliste. Ta saison a changé. Tu dois être honnête envers toi-même quant à ce que tu peux encore assumer et ce qui est réellement à ta portée.

Dieu ne t'a pas abandonné. Si tu es encore en vie, c'est pour une raison. Mais ne tente pas de faire pression sur le temps. Ne joue pas avec ton avenir, ton héritage ni ton appel.

Recommence à zéro si nécessaire. Fais d'autres choix. Cherche des conseils. Soumets-toi à la communauté. Laisse tes frères t'aider à te relever, car aucun chrétien n'est appelé à vivre seul. Et si tu as passé la première moitié de ta vie à dériver, que la seconde soit marquée par un but. Qu'elle soit guidée par la foi, et non par des illusions. Qu'elle soit caractérisée par l'audace plutôt que par la procrastination. Et surtout, qu'elle soit vécue avec quelqu'un qui marche à tes côtés dans la volonté de Dieu.

La crainte de l'Éternel est la loi suprême pour tout homme chrétien.

« *La crainte de l'Éternel est le commencement de la sagesse.* » (Proverbes 9:10)

La force d'un homme commence par celui qui le gouverne. La valeur d'un homme ne se mesure pas à son compte bancaire, à son titre ou à son image publique, mais à celle qui règne en lui. L'homme de grande valeur ne se gouverne pas lui-même. Il comprend l'autorité, non seulement dans le domaine des hommes, mais aussi dans le Royaume de Dieu. La véritable grandeur est enracinée dans les lois et l'ordre divins. Il n'est pas un loup solitaire, mais un fils soumis.

Il sait que pour régner dans la vie, il doit d'abord s'incliner devant le trône de la grâce. L'homme qui dirige sa vie sans Dieu bâtit sa maison sur le sable. Mais celui qui se soumet à la souveraineté de Dieu et bâtit sur le Rocher des siècles sera sauvé.

Les hommes chrétiens riches comprennent la hiérarchie divine. Un homme de grande valeur possède une intelligence spirituelle de l'autorité ; il sait qu'il doit être gouverné avant de pouvoir gouverner. Bien que l'on dise souvent : « *Derrière chaque homme accompli se trouve une femme forte, sage et travailleuse* »

L'homme de Dieu reconnaît que l'homme, comme la femme, est, en ultime instance, sous la main de Dieu. L'ordre véritable est spirituel : le Christ est le chef de l'homme, l'homme est le chef de sa maison, et la loi de Jésus gouverne tout. C'est cet alignement avec le ciel qui permet à la maison de prospérer, non seulement par l'effort humain, mais aussi par l'instruction divine.

La loi de l'obéissance gouverne nos cœurs : « ***Si vous m'aimez, gardez mes commandements*** » (Jean 14:15). Ce n'est pas une option pour un chrétien ; c'est un ordre du Roi Lui-même. Avant qu'un homme puisse s'estimer, il doit d'abord reconnaître la suffisance de Dieu. Dieu est souverain, dirigeant toutes choses librement selon Son conseil royal. C'est la plus haute expression d'amour et de puissance. Elle montre que notre allégeance n'est pas tournée vers la culture, l'ego ou même l'émotion, mais vers la voix du Tout-Puissant. Un homme de grande valeur vit dans l'obéissance, même si cela lui coûte sa popularité, son confort ou ses relations. Son identité est enracinée dans la fidélité.

La loi de la responsabilité guide ses actions : « *On demandera beaucoup à celui à qui l'on a beaucoup donné, et on exigera davantage de celui à qui l'on a beaucoup confié.* » (Luc 12:48). L'homme de valeur véritable n'accepte pas seulement ses responsabilités ; il les embrasse avec respect. Il comprend que le leadership est un fardeau, non une couronne. Il sait que Dieu lui a confié des dons, des personnes et de l'influence, et qu'un jour il devra rendre des comptes. Que ce soit dans les affaires, la famille ou la communauté, il agit avec réflexion. Il bâtit avec l'éternité en perspective, sachant qu'en un instant tout peut s'écrouler s'il perd de vue Celui qui lui a tout donné.

La loi de l'intégrité protège son héritage : « ***Le juste marche dans son intégrité ; ses enfants après lui sont heureux.*** » (Proverbes 20:7). L'intégrité est au cœur de la virilité. L'homme chrétien de haute valeur ne dit pas une chose pour en faire une autre. Il ne suit pas la foule ; il suit ses convictions. Il choisit le chemin étroit, non parce qu'il est facile, mais parce qu'il est juste. Sa réputation n'est pas seulement pour lui ; elle protège aussi ses enfants et constitue une forteresse pour les générations à venir. L'homme intègre et bâtit un héritage spirituel qu'aucune richesse matérielle ne peut égaler.

La loi de la maîtrise de soi élève son âme : « Celui qui est lent à la colère vaut mieux qu'un héros, et celui qui est maître de lui-même que celui qui prend des villes. » (Proverbes 16:32). La puissance n'est rien si un homme ne peut maîtriser son esprit. Gabriel prie pour que cette loi bénisse ses trois fils : Isaiah, Gabriel Jr. et Gershom. Car l'homme qui ne domine pas son esprit devient esclave de ses appétits. La colère, la convoitise, l'orgueil et la peur le domineront ; il doit apprendre à les maîtriser. La crainte de l'Éternel est la loi la plus essentielle à laquelle les hommes de grande valeur doivent se soumettre. L'homme de grande valeur remporte la guerre intérieure avant même d'affronter la bataille extérieure. Il est celui qui demeure ferme, même face à la perte, au rejet ou à la trahison.

La loi de la suffisance de Dieu humilie la confiance d'un homme chrétien.

« Quelle que soit la somme d'argent, de pouvoir ou de prestige qu'un homme acquière, sans les lois de Dieu, il n'est rien. L'apôtre Paul dit dans 2 Corinthiens 3:5 : « Ce n'est pas à dire que nous soyons par nous-mêmes capables de concevoir quelque chose comme venant de nous-mêmes. Notre capacité, au contraire, vient de Dieu. « L'homme chrétien de haute valeur vit avec cette vérité gravée dans son âme : sans Christ, je ne suis rien, tu ne le suis pas, personne ne l'est. La force du juste découle d'une dépendance quotidienne envers le Père céleste : Seigneur Jésus, Tu es :

- Notre Père et notre Berger (Ésaïe 64:8)
- Notre Guérisseur et notre Forteresse (Psaume 18:2)
- Notre Pourvoyeur et notre Paix (Genèse 22:14)
- Notre Justice et notre Rédempteur (Genèse 22:8)
- Notre Bouclier et notre Lumière éternelle (Ésaïe 60:20)

La loi de la révérence

La loi de la révérence guide chacun de tes pas. Tu vis sous l'autorité suprême de Dieu. Chaque décision, chaque ambition, chaque relation est filtrée par la crainte de l'Éternel. Mais cette crainte n'est pas terrifiante ; elle est une révérence sacrée. C'est trembler devant la gloire d'un Dieu à la fois aimant et juste.

« La crainte de l'Éternel est le commencement de la sagesse » (Proverbes 9:10).

L'homme de grande valeur commence et termine chaque jour en reconnaissant qu'il n'est que poussière, mais poussière rachetée. Il marche avec prudence, non avec insouciance, sachant que l'éternité pèse sur chaque choix. Quand l'amour fléchit, la foi demeure.

Je pensais m'engager pour toujours. Comme beaucoup d'hommes de Dieu, Gabriel entra autrefois dans le mariage avec espérance, foi et pureté. Monsieur et

Madame « Juste », unis par les liens sacrés du mariage. Marc 10:9 résonne encore : « Ce que Dieu a uni, que l'homme ne le sépare pas. » Pourtant, le monde est brisé, et parfois nos vœux se brisent aussi. Gabriel est aujourd'hui un chrétien divorcé, non parce qu'il a cessé d'aimer, mais parce que la fidélité exige parfois de continuer seul. L'homme de véritable valeur demeure loyal à Dieu quelles que soient les circonstances, même lorsque les relations personnelles échouent.

La loi de la vision protège son but : « **Quand il n'y a pas de vision, le peuple est sans frein.** » (Proverbes 29:18). L'homme sans vision erre à travers la vie, mais l'homme de grande valeur voit au-delà de ses luttes présentes ; il reste focalisé. Il trouve un but au cœur de la douleur, une direction au milieu des délais et un appel même dans son désert. Il marche par la foi et non par la vue.

Il bâtit là où les autres se dispersent. Sa poitrine est couverte du bouclier de la vision ; il discerne ce que Dieu voit avec des yeux d'aigle, à l'abri des distractions. Cette vision l'empêche de se compromettre, d'abandonner ou de sombrer dans le désespoir et les pensées suicidaires lorsqu'il va mal. La vision n'est pas une ambition ; elle est un alignement prophétique sur les lois ratifiées par le Conseil céleste des anges, scellées par le sang de Jésus-Christ, notre Seigneur et Sauveur.

La loi de la fraternité. La loi de la fraternité renforce son cercle : « *Le fer aiguise le fer, et un homme aiguise un autre.* » (Proverbes 27:17). L'homme de grande valeur s'entoure d'hommes de vérité, de caractère et de courage. Il rejette la compagnie des insensés, car il sait que « les mauvaises compagnies corrompent les bonnes mœurs ». La fraternité n'est pas qu'une amitié ; elle est un combat spirituel. Ensemble, nous nous soutenons lorsque le mariage devient difficile, lorsque la solitude s'installe et que la tentation murmure. Un cercle d'hommes de foi est une forteresse contre les attaques de l'ennemi. Nous ne sommes pas seuls ; nous prions, adorons et luttons ensemble.

La loi du dessein divin

La loi du dessein divin clarifie son identité : « Avant que je t'eusse formé dans le ventre de ta mère, je te connaissais, et avant que tu fusses sorti de son sein, je t'avais consacré, je t'avais établi prophète des nations. » (Jérémie 1:5). L'homme de haute valeur ne s'égare pas ; il vit avec un but. Il comprend que Dieu l'a créé intentionnellement. Sa douleur, son appel, ses expériences, ses échecs, tout fait partie d'une histoire divine en train de s'écrire. Chaque matin, il se lève en demandant : « **Pourquoi Dieu m'a-t-Il créé ?** » et il se consacre à accomplir ce dessein de toutes ses forces. Un homme fort n'est pas un homme parfait, mais un homme décidé à découvrir, protéger et accomplir le but que Dieu lui a fixé avant la fondation du monde.

La soumission avant le leadership. Le leadership commence par la soumission. Avant de pouvoir conduire une femme, je dois être guidé par le Christ. Avant d'élever des enfants, je dois être discipliné par les lois du ciel. Avant de parler comme un père, je dois écouter comme le Fils de Dieu, car *« le chef de tout homme, c'est Christ »*. Un homme que le ciel ne guide pas ne peut régner sur la terre.

Le Livre des Hommes commence ici : sous l'autorité de Dieu. Tout royaume a ses lois, et chaque homme chrétien de grande valeur doit respecter les lois divines qui définissent son appel. Dès le commencement, Dieu créa l'homme et lui confia la responsabilité de diriger, protéger et pourvoir (Genèse 2:15). Ces devoirs ne sont pas culturels ; ils sont éternels. Le Royaume des cieux confirme ce principe : « *Car le mari est le chef de la femme, comme le Christ est le chef de l'Église.* »

Les Lois du Livre des Hommes

Les lois du *Livre des Hommes* ne sont pas de simples citations de motivation. Elles constituent une véritable architecture spirituelle qui façonne la virilité. Considère-les comme tes commandements et tes instructions :

- **La Loi de la Primauté divine :** Dieu est premier en toutes choses.
- **La Loi de la Première Responsabilité :** Tu es responsable de tout ce qui relève de ton autorité.

- **La Loi du But au-dessus du Plaisir :** Le plaisir est un serviteur, non un maître.
- **La Loi de la Maîtrise émotionnelle :** Les émotions sont des outils, non des dieux.
- **La Loi de l'Action raisonnée :** Ne réagis pas seulement ; réponds avec sagesse.
- **La Loi de l'Investissement mesuré :** Ne sème jamais là où il n'y a pas de fruit.
- **La Loi de la Pensée générationnelle :** Pense à trois générations d'avance.
- **La Loi de la Priorité sacrificielle :** Meurs à toi-même pour ce qui compte réellement.
- **La Loi de la Constance et de l'Intégrité :** Que ta vie reflète ta foi.

Ces lois sont éprouvées dans le feu du mariage, dans la douleur du divorce, dans les longues nuits d'attente et de reconstruction. Ce ne sont pas des lois de confort, ce sont des lois de rois. Pour être l'homme de Dieu, suis les enseignements du Livre des Hommes. Tu dois bâtir ta vie sur ces principes, et non sur tes sentiments, les tendances ou la popularité. Ces lois demeurent éternelles.

L'Évangile du Livre des Hommes

Aujourd'hui, les femmes représentent environ 4 milliards sur la population mondiale. Ce sont de belles créations diverses de Dieu, placées sur cette terre, non pour te troubler, mais pour t'offrir un choix significatif, enraciné dans la sagesse plutôt que dans l'impulsion. Marcher par la foi et non par la vue est un principe qui s'applique à tous les domaines de la vie, en particulier au choix d'une épouse.

Si tu t'appuies uniquement sur ce que voient tes yeux, l'apparence extérieure, les tendances et les émotions, tu risques de devenir un homme perdu dans la confusion, poursuivant des illusions. Le véritable chrétien ne choisit pas uniquement selon la vue. Il marche par la foi, guidé par le dessein, les valeurs et le discernement spirituel.

Il est sage, en cherchant une épouse, de choisir une femme qui a grandi dans un foyer stable, avec ses deux parents. Pourquoi ? Parce qu'elle a probablement eu l'occasion de voir à quoi ressemble un mariage, dans les bons comme dans les mauvais jours. Elle a observé sa mère respecter et soutenir son père, et elle a appris le rythme du partenariat, du sacrifice et de l'engagement. Un tel fondement a du poids. Ce n'est pas une garantie de perfection, mais c'est l'indice qu'elle a déjà intégré des principes essentiels que beaucoup n'ont jamais reçus.

Choisir une épouse est l'une des décisions les plus importantes de la vie d'un homme. Ne la laisse ni au hasard ni au charme. Marche par la foi, raisonne clairement et construis en pensant à l'héritage.

Parfois, le silence parle plus fort que les mots. En tant qu'hommes chrétiens, nous avons compris ces vérités profondes non par hasard, mais par une étude intentionnelle et priante de la Parole. Avec des cœurs ouverts et des esprits attentifs, nous avons découvert des instructions intemporelles qui nous étaient destinées depuis toujours.

Maintenant, nous devons transmettre ces vérités à la génération suivante, aux jeunes hommes et aux frères non mariés, partout dans le monde. Construire et sécuriser ton avenir n'est pas un acte d'avidité ; c'est un acte d'intendance. Tu sauvegardes l'héritage et le dessein que Dieu t'a confiés.

« ***L'homme de bien laisse un héritage aux enfants de ses enfants*** » (Proverbes 13:22).

Marchons avec audace dans cet appel.

Les leçons du mariage

Ce que le mariage a enseigné aux hommes

- L'amour ne suffit pas.
- Les bonnes intentions ne suffisent pas.
- Le désir seul ne maintiendra pas une relation.
- Les promesses ne suffisent pas.
- L'attirance en elle-même ne suffit pas.
- Les sentiments seuls ne tiennent pas un mariage.
- La chimie ne suffit pas.

- Les mots ne suffisent pas.
- L'argent et l'espérance, seuls, ne suffisent pas.

La fidélité, la patience et la sagesse sont les véritables armes.

Les maris authentiques vivent par la foi, non par les émotions ni par les opinions, mais par la foi.

La **direction spirituelle** n'est pas une dictature ; c'est un leadership sacrificiel. Christ n'a pas régné en maîtrisant les autres ; il s'est agenouillé pour laver leurs pieds. Il a porté Sa croix et a versé Son sang pour Son épouse. Voilà l'exemple de la véritable virilité à son plus haut niveau.

Beaucoup d'hommes chrétiens se lèvent tôt et se couchent tard. Ils portent le poids de leur foyer sur des épaules fatiguées, faisant tout ce qu'ils peuvent pour maintenir l'ensemble debout. Et pourtant, parfois, elle s'en va. Non liée par une alliance, mais seulement attachée à un compte bancaire, elle a utilisé le mariage comme tremplin vers sa prochaine étape. Non, pas par amour. Non, pas pour la postérité. Non, pas pour toi.

Le Livre des Hommes dit :

« Même dans l'intimité, garde les yeux ouverts et les paroles mesurées. »

Pourquoi ? Parce que le discernement ne s'arrête pas à la porte de la chambre, il te protège jusque-là. Ce que tu dis dans ces moments de vulnérabilité sera retenu, rejoué et peut-être utilisé pour définir ton caractère. Beaucoup d'hommes ont été pris au dépourvu parce qu'ils ont relâché leur vigilance au mauvais moment, croyant que l'amour signifiait abandonner la sagesse et le jugement. Mais l'amour sans discernement n'est pas vraiment l'amour ; c'est le risque sans plan. C'est comme conduire une moto sans casque.

Comprends ceci : dans une relation, chaque geste compte. La vie, comme les échecs, exige de la prévoyance. Tu ne fais pas seulement des mouvements ; tu joues pour gagner. Cela ne signifie pas contrôler ou manipuler ta femme, mais conduire avec dessein et vision. Certains appelleront cela de l'égoïsme. En réalité, c'est une sage intendance qui protège ta paix, ta réputation et ton avenir.

Si tu l'aimes vraiment, observe-la attentivement. Comprends ses schémas émotionnels. Reconnaît ses forces et ses blessures. Tout comme tu étudies l'Écriture pour discerner la volonté de Dieu, étudie ton épouse pour la conduire avec clarté et compassion. Le leadership au foyer doit s'épanouir en une véritable autorité spirituelle : guidée par l'Esprit, enracinée dans le respect et ferme dans la direction.

Et oui, s'il arrive un jour que l'amour s'éteigne et que l'alignement soit rompu, l'Écriture ne ferme pas les yeux sur cette réalité :

« **Quand un homme aura pris une femme et qu'il l'aura épousée, si elle cesse de lui plaire parce qu'il a trouvé en elle quelque chose de honteux, il écrira pour elle une lettre de divorce, la lui remettra entre les mains et la renverra de sa maison.** (Deutéronome 24:1).

Ce n'est pas une excuse pour abandonner, mais un rappel : chaque choix entraîne des responsabilités et des conséquences. Le mariage est une affaire sérieuse, non un jeu, mais il exige une réflexion stratégique. Dirige avec intention. Aime avec réflexion. Cherche toujours le discernement, même dans tes instants les plus personnels.

Parfois, choisir de s'éloigner est un acte de sagesse, non de faiblesse. Quand la trahison blesse profondément et que la réconciliation semble hors de portée, l'homme doit rester fidèle à Dieu. Salomon n'a pas poursuivi chaque femme qui quittait sa cour. La chute de Samson n'est pas venue de l'amour, mais du fait qu'il ait confié sa force à une femme qui ne craignait pas Dieu. Comme le rappelle Proverbes 4:23 : « Garde ton cœur plus que toute autre chose, car de lui viennent les sources de la vie. »

L'homme chrétien de grande valeur garde ses émotions comme un soldat garde un château. Toute femme ne mérite pas d'accéder à ta vulnérabilité. Toute relation ne mérite pas ton effort. Toute épouse ne devrait pas avoir accès à ta richesse. Protège ton cœur et sécurise légalement ton patrimoine.

C'est par la foi qu'Abraham, lors de sa vocation, obéit et partit pour un lieu qu'il devait recevoir en héritage ; et il partit, sans savoir où il allait. (Hébreux 11:8).

Obéis quand il fait sombre. Pars quand Dieu dit :

Va. Avance quand il n'y a pas de carte. C'est cela, l'Université de l'Homme. Le Seigneur en est le surintendant, et tout ce qu'il te faut, c'est un peu de foi.

Je vous le dis en vérité : si vous aviez de la foi comme un grain de sésame, vous diriez à cette montagne : « Transporte-toi d'ici », et elle se transporterait ; rien ne vous serait impossible. (Mattieu 17:20).

Comprendre les caractéristiques de l'esprit d'un mari peut nous donner un aperçu précieux de sa manière de penser, de ressentir et de se relier aux autres. Cela nous aide à apprécier sa perspective et à bâtir des relations plus solides et plus profondes. En explorant ces traits, nous favorisons l'empathie et approfondissons notre compréhension *mutuelle, créant ainsi un lien plus harmonieux*

HEAVENLY CITIZEN

Chapitre Dix-Sept

Le Livre des Hommes :
La Sainte Responsabilité du Mari.

« De l'Alliance à l'Héritage : bâtir des foyers fondés sur la foi, l'intégrité et la vision du Royaume. »

Le **Livre des Hommes** appelle les chrétiens à assumer pleinement la responsabilité de leur foyer. Être mari n'est pas une récompense ; c'est un devoir fondamental qui reçoit la bénédiction de Dieu. Le mariage n'est pas seulement « le Grand Jour » ; c'est chaque jour qui suit. La responsabilité d'une famille repose sur tes épaules spirituelles. L'amour n'est pas aveugle : tu vois combien il coûte, et pourtant tu avances en disant « oui ». Avant de prononcer « Je le veux », demande-toi : suis-je capable de porter sa douleur, son avenir, ses faiblesses et ses peurs avec la force du Christ ?

Avant d'entrer dans le mariage, un homme doit cultiver l'état d'esprit d'un mari : un cadre mental clair, orienté vers le but, enraciné dans l'intention plutôt que dans l'impulsion. Cela implique non seulement de comprendre en théorie la pensée d'un époux, mais aussi de mettre en pratique, au quotidien, le leadership, la prise de décision et la discipline spirituelle. Il doit réfléchir au fonctionnement intérieur de son esprit, guidé par une vision qui dépasse les émotions. En somme, il doit développer les habitudes mentales d'un mari pieux, dans lesquelles ses pensées reposent sur la vérité, l'intégrité et l'obéissance. Porter le titre ne suffit pas ; il doit refléter ces qualités avec clarté et conviction.

Voilà pourquoi une épouse doit respecter son mari et le respecter absolument.

Le Seigneur reconnaît le lourd fardeau qu'un homme porte avant même de devenir mari. C'est pourquoi Dieu a établi des directives claires et des qualités à développer pour qu'il marche avec dignité, conduise avec honneur et mérite le respect.

Le respect ne se réclame pas ; il se gagne par l'obéissance, le caractère et l'accomplissement des responsabilités divines.

Cela commence par une pleine responsabilité : assumer son passé, diriger dans le présent et façonner l'avenir sans excuses. Il doit protéger ce qui est sacré : son esprit, son argent, sa pureté et sa vision donnée par Dieu, en les traitant comme un sol saint. Il doit diriger avec vision, non avec émotion, car les sentiments sont passagers, tandis que le but est éternel.

Un mari fidèle honore les femmes sans les idolâtrer, sachant qu'elles sont ses partenaires, non ses divinités. Il doit parler moins et agir davantage, laissant sa vie et ses actes parler plus fort que ses mots. Il bâtit un héritage, pas seulement une richesse ; il investit dans les générations, pas seulement dans les chiffres. Il s'entoure d'une fraternité de responsabilité, car le fer aiguise le fer et nul homme ne prospère seul. Et surtout, il refuse de vivre dans une demi-obéissance, car tout ce qui est moins qu'une obéissance totale est une rébellion silencieuse.

Les hommes chrétiens persévèrent jusqu'à la fin. Ils n'abandonnent pas leurs épouses sur le plan émotionnel, ni leurs enfants sur le plan spirituel. Ils ne pleurent pas leurs pertes, puis répètent les mêmes erreurs.

Maîtrise, Héritage et Vision du Royaume

« Aucun soldat ne s'embarrasse des affaires de la vie, s'il veut plaire à celui qui l'a enrôlé. » (2 Timothée 2:4)

Un homme chrétien de grande valeur ne court pas après les sensations fortes. Il poursuit son objectif. Il se demande : cette femme, ce travail, cette opportunité servent-ils ma mission ? Tes émotions sont des serviteurs, non des maîtres. La peur, la convoitise ou l'orgueil ne te domineront pas si le Christ règne en toi. Tu dois entraîner ton esprit à répondre avec sagesse plutôt qu'à réagir par impulsion. N'imagine pas que tu pourras changer une femme ; ses actions et son bonheur ne relèvent pas de ta responsabilité.

Selon les lois **du Livre des Hommes**, si l'une s'en va, il y aura toujours d'autres opportunités pour les hommes :

« Et sept femmes saisiront en ce jour un seul homme, et diront : Nous mangerons notre pain, et nous nous vêtirons de nos habits ; fais-nous seulement porter ton nom ! Enlève notre opprobre ! » (Ésaïe 4:1)

Tes décisions doivent être guidées à la fois par la foi et par la raison. Un homme qui n'a que de la passion et pas de principes est instable : mesure avant d'investir. Ton temps et ton énergie sont sacrés. Ne les gaspille pas dans des relations stériles, des environnements toxiques ou des buts nourris par l'illusion.

Chaque décision a des répercussions qui dépassent ta propre vie. Tu poses les fondations pour tes petits-enfants. Pense à l'héritage. Pense à l'éternité. Comme l'a dit le roi Salomon : « **L'homme de bien laisse un**

héritage aux enfants de ses enfants » (Proverbes 13:22). Vis une vie cohérente, sainte et disciplinée, afin que tes fils héritent de ton caractère et que tes filles héritent de tes standards. Voilà l'héritage d'un homme chrétien de grande valeur. Pas la célébrité. Pas le pouvoir. Mais une foi inébranlable.

Que tes croyances intérieures et tes actions extérieures s'accordent. Voilà l'intégrité.

Voilà la virilité.

Ce livre est-il destiné uniquement aux croyants en Jésus-Christ ? C'est une question juste et importante !

Si tu lis ces pages et que tu ne te considères pas comme chrétien, ou si tu t'identifies comme athée ou sceptique, je ne te demande pas de tout croire immédiatement. Je t'invite seulement à avoir la curiosité d'explorer. Considère la possibilité que, s'il existe une vérité au-delà de ce que nous voyons, elle mérite d'être recherchée.

Je crois que tu as suffisamment d'éducation, de raisonnement et d'expérience de vie pour comprendre des vérités simples. Si tu as déjà cru en quoi que ce soit, qu'il s'agisse d'un poète, d'un philosophe, d'une figure publique ou d'une expérience personnelle, alors je t'invite à te poser la question la plus importante de toutes :

Qui est Jésus pour toi ?

N'était-il qu'un prophète ? Un maître moral ? Où est-Il véritablement le Messie, le Seigneur et le Sauveur du monde ?

Jésus posa cette question : « Et vous, leur dit-il, qui dites vous que je suis ? « Simon Pierre répondit : « **Tu es le Christ, le Fils du Dieu vivant.** » (Matthieu 16:15-16).

As-tu déjà pris ses paroles au sérieux ? Allument-elles en toi une étincelle de curiosité ? Il a affirmé être plus qu'un enseignant ou qu'un guérisseur. Il a affirmé être le Fils de Dieu. Il a affirmé pouvoir pardonner les péchés, ressusciter les morts et être le seul chemin vers la vie éternelle.

Jean 14:6 :

« Je suis le chemin, la vérité et la vie. Nul ne vient au Père que par moi. »

Est-Il mort et ressuscité ? Ses miracles sont-ils authentiques ? A-t-Il marché sur l'eau, nourri des milliers de personnes et rendu la vue aux aveugles ?

« Lequel a été livré pour nos offenses et est ressuscité pour notre justification. » (Romains 4:25)

Jésus a encore accompli, en présence de ses disciples, beaucoup d'autres miracles qui ne sont pas consignés dans ce livre. Mais ces choses ont été écrites afin que vous croyiez que Jésus est le Christ, le Fils de Dieu, et qu'en croyant vous ayez la vie en son nom. » (Jean 20:30–31)

Pourquoi a-t-Il rendu le salut si simple pour nous ?

Le Livre des Hommes décrit les lois du Christ de la manière suivante : Imagine que la Bible soit le seul livre sur Terre, avec un prix fixé à un million de dollars. Réfléchis-y : presque personne ne pourrait se l'offrir. Seuls les plus riches pourraient voir les pages. Alors, la question la plus importante que tu aies jamais eu à affronter :

Quelle valeur les paroles de Jésus auraient-elles soudain pour le monde ?

Les gens ne seraient-ils pas plus curieux, impatients de lire une seule page, un seul paragraphe, voire une seule citation ?

Si la vérité de Jésus était dissimulée derrière la richesse, le monde la traiterait comme un secret sacré et rare. Pourtant, le paradoxe demeure : par Sa miséricorde et le don de Son sang, Jésus a fait en sorte que chaque âme, riche ou pauvre, ait libre accès à Sa vérité dans un livre. Ce livre est simple, mais à la différence des autres, c'est un texte sacré, vénéré à travers le monde, et il guide les hommes vers le Royaume des cieux.

Aujourd'hui, ses paroles existent au format poche ou relié, sont diffusées à la télévision, lues sur nos téléphones, chantées dans la musique et partagées gratuitement sur Internet, dans toutes les langues. Il n'a pas restreint l'accès à quelques privilégiés, mais l'a offert au monde entier.

Et pourtant, nous ignorons souvent cette sagesse divine. Nous laissons défiler les versets sur nos écrans, nous laissons la Bible prendre la poussière sur nos étagères, nous détournons nos oreilles, oubliant qu'il s'agit des lois éternelles du Créateur lui-même, prononcées depuis son trône pour nous guider dans la vie et jusqu'à l'éternité.

Ce que beaucoup oublient, c'est que ce qui est gratuit pour nous lui a coûté tout.

Alors la question demeure :
Pourquoi ne serais-tu pas curieux d'entendre ce qu'Il a dit ?
L'impact éternel de Ses paroles

Parmi les innombrables livres jamais écrits, aucun n'a transformé le monde comme Ses paroles. Ne vaudrait-il pas la peine, ne serait-ce qu'une fois, de les lire par toi-même ? Non pas par obligation religieuse, mais avec un cœur qui demande : « Et si c'était vrai ? »

Si tu es honnête sur le plan intellectuel et curieux sur le plan spirituel, tu découvriras que ses vérités sont à la fois éternelles et simples. Il n'est pas venu pour embrouiller, mais pour sauver. Et il a dit quelque chose d'extraordinaire : « Celui qui m'a vu a vu le Père. » (Jean 14:9) « *Moi et le Père nous sommes un.* » *(Jean 10:30)*

Cette promesse demeure aujourd'hui :

« Si tu confesses de ta bouche le Seigneur Jésus, et si tu crois dans ton cœur que Dieu l'a ressuscité des morts, tu seras sauvé. » (Romains 10:9)

Il n'est pas seulement un homme de l'histoire. Il est **la Résurrection et la Vie**. « Jésus lui dit : Je suis la résurrection et la vie. Celui qui croit en moi vivra, quand bien même il serait mort. » (Jean 11:25)

Si tu lis ce livre et que tu es arrivé jusqu'ici, cela signifie que tu as la capacité intellectuelle de distinguer entre les définitions complexes et simples des expériences, qu'elles soient réelles ou non.

Alors, es-tu d'accord avec cette définition du mot **VIE** :

La vie est l'expérience de l'existence, le voyage sacré entre la naissance et la mort. C'est un don divin, la condition qui distingue les vivants des non-vivants. Mais la véritable vie dépasse la simple fonction biologique ; elle se trouve dans le but, dans le sens et, ultimement, dans la relation avec Dieu. L'existence physique peut définir notre commencement, mais c'est notre relation avec le Créateur qui donne à la vie sa véritable essence.

Jésus et la religion

Quel est le lien entre ces paroles et la religion ? Soyons honnêtes : Jésus n'était pas religieux dans le sens où beaucoup l'entendent aujourd'hui. Il ne prêchait pas un ensemble de rituels, de règles ou de traditions pour mériter la faveur de Dieu. Il était Dieu fait chair, descendu sous une forme que nous pouvions comprendre, parlant un langage que nous pouvions recevoir, et payant un prix que nous ne pouvions jamais nous offrir.

Lire **Le Livre des Hommes** te rend plus sage, non seulement parce que tu l'as lu, mais aussi parce que tu peux désormais expliquer les vérités aux autres. Ce qui est remarquable, c'est que Dieu a conçu ces vérités pour être si simples et si claires que même quelqu'un sans éducation formelle peut les comprendre, lorsqu'elles sont partagées avec clarté et conviction.

Ce livre t'a donné de la sagesse et de la compréhension. Mais souviens-toi :

Cette sagesse ne découle pas de l'intelligence humaine ; elle prend sa source dans l'Esprit de Dieu. Comme l'Écriture l'explique, Jésus est venu et a donné sa vie pour chaque âme :

Ésaïe 55:8–9:

« Car mes pensées ne sont pas vos pensées, et vos voies ne sont pas mes voies », dit l'Éternel. Autant les cieux sont élevés au-dessus de la terre, autant mes voies sont élevées au-dessus de vos voies, et mes pensées au-dessus de vos pensées. »

L'écart entre la sagesse de Dieu et la nôtre est immense, mais par sa grâce, il abaisse sa vérité à notre niveau, afin que quiconque possède un cœur disposé puisse l'accepter. Et maintenant, c'est à ton tour d'expliquer cela aux autres.

Le Seigneur Jésus n'avait rien à perdre en restant au ciel. Il est venu parce que tu avais besoin d'être sauvé. Il est entré dans le temps, dans la souffrance, dans l'expérience humaine, afin que tu sois racheté.

Ne faisons pas semblant : tu as certainement connu un moment où la foi t'a soudain semblé réelle. Peut-être à 10 000 mètres d'altitude, lorsque les turbulences secouaient l'avion. En de tels instants, même ceux qui se disent athées murmurent des prières désespérées. Ton cœur bat à toute vitesse. Ton esprit s'emballe. Tu ne deviens pas « **religieux** » : tu deviens conscient. Conscient que tu désires une minute de plus de vie, une autre chance. Pourquoi ?

Parce qu'au fond de nous, nous savons tous que l'éternité est réelle. Et Jésus a rendu l'accès à la vie éternelle simple et gratuit. Il a payé de son sang. Il est mort afin que tu n'aies pas à le faire. Et il a tendu cette invitation afin que quiconque, même à son dernier souffle, puisse l'invoquer et être sauvé.

« Invoque-moi, et je te répondrai ; je t'annoncerai de grandes choses, des choses cachées, que tu ne connais pas. » (Jérémie 33:3)

Tu pourrais demander : « Mais qu'en est-il de ceux qui sont morts avant la venue de Jésus ? Voilà une question juste et réfléchie. Revenons mille ans avant Jésus, à l'époque du roi David, père de Salomon, qui régna vers 1010–970 av. J.-C. Après la mort du roi Saül, David devint roi sur tout Israël. *C'était environ un millénaire avant que Jésus ne naît à Bethléem.*

Pourtant, même David, par le Saint-Esprit, prophétisa du Sauveur à venir. Il écrivit :

« Car tu n'abandonneras pas mon âme dans le séjour des morts, tu ne permettras pas que ton bien-aimé voie la corruption. » (Psaume 16:10).

Ces paroles furent reprises par l'apôtre Pierre dans son discours de la Pentecôte, après avoir reçu le Saint-Esprit :

« Car tu n'abandonneras pas mon âme dans le séjour des morts, et tu ne permettras pas que ton saint voie la corruption. » (Actes 2:27)

En lisant Actes 2:25–26, tu verras que Pierre, après l'ascension de Jésus au ciel, revient à l'essentiel pour expliquer au peuple d'Israël une vérité profonde : aucun croyant, passé, présent ou futur, ne périra. Il cite le roi David, qui avait prophétiquement annoncé le Messie mille ans avant Sa venue.

Psaume 16

Un miktam de David : Psaume de confiance

Garde-moi, ô Dieu ! Car je cherche en toi mon refuge.

Je dis à l'Éternel : Tu es mon Seigneur, je n'ai point de bonheur hors de toi.

Les saints qui sont dans le pays, les hommes pieux, sont l'objet de toute mon affection.

On multiplie les idoles, on court après les dieux étrangers : je ne répandrai pas leurs libations de sang, je ne mettrai pas leurs noms sur mes lèvres.

L'Éternel est mon partage et mon calice ; c'est toi qui m'assures mon lot.

Un héritage délicieux m'est échu, une belle possession m'est accordée.

Je bénis l'Éternel, mon conseiller ; la nuit même, mon cœur m'exhorte.

J'ai constamment l'Éternel sous mes yeux ; quand il est à ma droite, je ne chancelle pas.

Aussi mon cœur est dans la joie, mon esprit dans l'allégresse, et mon corps repose en sécurité.

Car tu ne livreras pas mon âme au séjour des morts, tu ne permettras pas que ton bien-aimé voie la corruption.

Tu me feras connaître le sentier de la vie ; il y a d'abondantes joies devant ta face, des délices éternelles à ta droite.

Pierre utilisa ces paroles pour montrer que David ne parlait pas seulement de lui-même, mais annonçait à l'avance la mort et la résurrection de Jésus-Christ, démontrant que même la mort ne pouvait le retenir. Et à travers Christ, tous ceux qui croient partageront cette espérance, reposant sur la promesse de la vie éternelle.

Pourquoi ? Parce que Jésus a dû affronter la mort elle-même et la vaincre de l'intérieur. Il est descendu dans le séjour des morts pour délivrer toutes les âmes qui avaient mis leur confiance en Dieu avant la croix, et pour tous ceux qui croiraient en Lui après. Il a triomphé de la mort afin que tu n'aies pas à affronter la mort éternelle. « **En lui, nous avons la rédemption par son sang, la rémission des péchés, selon la richesse de sa grâce.** » (Éphésiens 1:7)

Même si tu ne l'as jamais rencontré en personne ou que tu n'étais pas présent il y a 2000 ans, Jésus t'adresse encore Son appel aujourd'hui. Car chaque âme compte pour Lui, et la tienne en fait partie. Tu n'as pas besoin de devenir « **religieux** » pour avoir la foi en Jésus. La foi n'est pas une tradition aveugle ; c'est une quête de vérité.

Puisque tu es quelqu'un capable de comprendre à la fois les choses complexes et simples, Gabriel, un frère comme toi, t'encourage à rester curieux. Pose des questions. Cherche profondément. Commence une enquête honnête sur cet homme qui n'a vécu que 33 ans, mais a changé l'histoire pour toujours.

Considère ceci : il a vécu 33 ans et ton corps compte 33 vertèbres pour soutenir ta colonne vertébrale. Tu as 12 côtes de chaque côté de ta poitrine, rappelant les 12 disciples et les 12 tribus d'Israël. Ce n'est pas un hasard ;

c'est intentionnel. Son alliance n'est pas seulement écrite sur les pages de l'Écriture ; elle est inscrite dans ton être même.

Tu es un tabernacle vivant, merveilleusement et étonnamment façonné à l'image de Dieu. La partie la plus petite et la plus puissante de ton existence, le souffle, est ce qui te relie à Lui. Quand ce souffle s'échappe, même un instant, tout change. Sans lui, tu retournes à la poussière.

Comparés aux dignitaires, aux rois, aux chefs d'État ou aux présidents, la plupart sont oubliés en quelques mois, parfois même en quelques jours après leur mandat. Leurs noms s'effacent, leur influence diminue.

Mais un nom demeure : Jésus. **Plus de 2,9 milliards de personnes**, presque un tiers de la population mondiale, s'identifient comme chrétiens ou se considèrent comme leurs disciples.

Réfléchis à cela : aucun président de l'histoire n'a jamais eu besoin **de 2,9 milliards** de voix pour remporter une élection. Et pourtant, Jésus a gagné la loyauté et la dévotion de milliards de personnes au fil des siècles, sans jamais recourir au pouvoir politique, à la force militaire ni à la richesse.

Cela devrait t'arrêter et t'amener à poser une question :

« Pourquoi ? »

Les hommes sont dotés d'intelligence et de curiosité, des dons divins, qui nous poussent à chercher la vérité et à poser des questions profondes. En étudiant les enseignements de Jésus et la sagesse de l'Écriture, nous comprenons pourquoi de nombreuses paroles de Jésus et celles des prophètes sur les femmes et les relations demeurent pertinentes aujourd'hui.

La Bible n'appelle pas les hommes à se méfier des femmes, mais à marcher avec discernement, sagesse et maîtrise de soi, surtout avec la femme qui partage leur lit. Tout ne doit pas être dit, et toute émotion ne doit pas être exposée. Même l'amour doit être guidé par la sagesse.

« **Ne livre pas ta vigueur aux femmes, et tes voies à celles qui perdent les rois.** » (Proverbes 31:3)

« **L'insensé met en dehors toute sa passion, mais le sage la contient.** » (Proverbes 29:11)

Ces Écritures rappellent qu'un homme doit être intentionnel dans ce qu'il partage, dans la manière dont il conduit et dans le moment où il parle.

Pourquoi ? Parce que la confiance s'acquiert, elle ne s'impose pas, et la sagesse protège l'héritage d'un homme.

Le Livre des Hommes dit :

« Sois avisé comme le serpent et pur comme la colombe. Cela signifie aimer de tout ton cœur, conduire avec sagesse et être attentif aux femmes, sans jamais perdre ton discernement. Garde ton jugement fort et équilibré. »

Qu'y a-t-il donc dans cet homme, qui a vécu il y a plus de 2 000 ans pendant seulement 33 ans, et qui continue de bouleverser les cœurs, les esprits et les vies de tant de personnes ?

Voilà pourquoi je t'exhorte, toi qui es intelligent, instruit, peut-être diplômé, capable de discerner la vérité et de chercher le sens, à rester curieux. Enquête par toi-même. Ne rejette pas d'un revers de la main ce que des milliards ont embrassé.

Le Livre des Hommes ne t'invite pas à te convertir, à suivre des règles ni à rejoindre un groupe religieux. Il t'invite simplement à prendre un moment pour lire les enseignements de Jésus, ses paroles et ses lois, et à te demander ce qu'elles signifient.

Pas de pression. Pas de coût. Pas de religion imposée. Pas d'inscription attendue.

Personne ne peut décider à ta place. Aucun meilleur moment que maintenant. Seulement la vérité, offerte à être reçue, et une chance de décider par toi-même de sa valeur.

Alors, demande-toi : et si tout cela était vrai ?

Se pourrait-il que Celui qui t'a créé t'appelle doucement à revenir à la vie, au but, à la vérité ? Serait-ce possible que ce soit vrai et que tu aies simplement ignoré cela jusqu'à présent ?

Réfléchis : tout dans ta vie a pu être un aperçu du miraculeux, la naissance d'un enfant, la guérison d'une maladie, une grande victoire, un mariage, un accident évité de justesse, ou même une rencontre inattendue qui a éveillé en toi quelque chose de spirituel. Peut-être était-ce un rappel subtil.

Un mot. Une impression. Ou peut-être ton instinct. Cette conscience intérieure que tu ne savais pas posséder, soudain éveillée par une épreuve, un instant de beauté ou une nouvelle étape.

Quelque chose dans ta vie t'a-t-il déjà ramené aux enseignements de Jésus ? À la bonté de Dieu qui se déploie discrètement dans ton histoire ?

Si tu lis ces lignes, tu es béni. Le Livre des Hommes a ouvert tes yeux, et le Saint-Esprit rend ces vérités célestes claires pour toi, non par hasard, mais par rendez-vous divin.

Ces paroles ne sont pas de simples discours religieux. Elles sont vivantes. Vérité. Ton invitation.

As-tu déjà fait un rêve si intense que tu avais l'impression que ton âme quittait ton corps, comme si tu étais ailleurs ? Imagine alors que ton âme ne revienne jamais de ce lieu. Cela signifierait littéralement que ton corps est mort. Tes proches enterreraient ton corps physique, qui, comme l'Écriture le dit, retourne à la poussière : « **Tu es poussière, et tu retourneras dans la poussière.** » (Genèse 3:19)

Et ton âme ? Elle ne disparaîtrait pas. Elle poursuivrait son voyage, pleinement consciente, totalement éveillée, séparée de ton corps physique. La vérité est que l'âme ne périt pas avec le corps. Elle demeure éternellement et, au final, elle reposera dans l'une des deux réalités : soit dans la présence de Dieu, soit éternellement loin de Lui.

Tu ne connais ni le jour ni l'heure, mais la destination de ton âme n'est pas aléatoire. Elle est déterminée par ta réponse à la vérité dans cette vie. Alors demande-toi maintenant, tant que tu as encore du souffle : Où mon âme ira-t-elle ? Car l'éternité n'attend pas. Et une fois que l'âme a quitté le corps pour de bon, sa course est scellée.

La réponse à cette question change tout, pour maintenant et pour toujours.

Gabriel te demande : « Qui est Jésus pour toi ? »

Je t'invite à méditer sur seulement deux Écritures, non comme une contrainte, mais comme une porte ouverte, que je prie le Saint-Esprit lui-même d'éclairer dans ton cœur, au-delà des débats et des arguments.

Jean 14:6 :

« Je suis le chemin, la vérité et la vie. Nul ne vient au Père que par moi. »

Jésus n'a pas prétendu être une option parmi d'autres. Il a affirmé être le seul chemin vers Dieu, offrant le salut, le pardon et la vie éternelle à tous ceux qui placent leur confiance en Lui. Selon ses propres paroles, il n'existe aucun autre chemin, aucune philosophie, aucune religion, aucun effort moral qui puisse remplacer ce qu'Il offre seul. Aucune place pour la négociation.

« Quiconque ne fut pas trouvé écrit dans le livre de vie fut jeté dans l'étang de feu. » (Apocalypse 20:15)

Cela peut sembler sévère, mais c'est un avertissement donné dans l'amour. L'Écriture est claire : tous les hommes se tiendront un jour devant Dieu, et ceux qui auront rejeté Son invitation connaîtront une séparation éternelle d'avec Lui, non pas parce qu'Il les hait, mais parce qu'ils auront refusé ce qu'Il offre gratuitement. « L'insensé dit en son cœur : Il n'y a point de Dieu ! » (Psaume 14:1)

Il ne s'agit pas d'insulter ton intelligence, mais de décrire une cécité spirituelle, et non une incapacité mentale. Beaucoup d'hommes brillants ont un jour dit : « Il n'y a point de Dieu », jusqu'à ce que la vie, la mort, la souffrance, voire la beauté, ouvre leurs yeux sur une réalité plus profonde que ce que l'intellect seul peut saisir.

Mais voici la bonne nouvelle :

« Le Seigneur ne tarde pas à accomplir la promesse, comme quelques-uns le croient ; mais il use de patience envers vous, ne voulant pas qu'aucun périsse, mais désirant que tous arrivent à la repentance. » (2 Pierre 3:9)

Dieu n'est pas contre toi. Il est pour toi. Il est patient. Il laisse place aux questions, aux doutes et même à la rébellion, car son but n'est pas de condamner, mais de racheter. Beaucoup viennent à Christ tard dans leur vie, parfois après des années de déni, de douleur ou de recherche. Certains le rencontrent même à leur dernier souffle.

« Car les perfections invisibles de Dieu, sa puissance éternelle et sa divinité, se voient comme à l'œil nu, depuis la création du monde, quand on les considère dans ses ouvrages. Ils sont donc inexcusables. » (Romains 1:20)

Dieu a laissé ses empreintes partout : dans la création, dans la conscience, dans l'amour et même dans ce désir de sens qui ne disparaît jamais. Il ne se cache ni à toi ni à personne. Il se révèle. La vraie question est : sommes-nous disposés à voir ? « **Toutes choses ont été faites par elle, et rien de ce qui a été fait n'a été fait sans elle.** » (Jean 1:3)

Il ne s'agit pas d'un Dieu qui rejette les hommes, mais d'hommes qui refusent le remède à un problème universel : le péché. Jésus est la solution. Et la foi n'est pas un saut dans les ténèbres ; c'est un pas vers la lumière.

« Celui qui croit en lui n'est point jugé ; mais celui qui ne croit pas est déjà jugé, parce qu'il n'a pas cru au nom du Fils unique de Dieu. » (Jean 3:18)

Est-ce que ce livre est pour toi ?

Oui, il l'est. Parce que la vérité appartient à tous ceux qui sont disposés à la chercher. Tu n'as pas besoin de tout croire aujourd'hui. Mais si quelque chose dans ton cœur s'éveille à la lecture de ces mots, considère cela comme une invitation, non pas de moi, mais de Celui qui t'a créé.

Si tu es prêt, adresse-toi simplement à Lui en ces mots : « Dieu, si tu es réel…

Montre-le-moi. Il écoute ta prière. Il comprend cette sincérité. Et si tu fais un pas vers Lui, tu découvriras qu'Il marchait déjà vers toi depuis toujours.

« Vous m'invoquerez, et vous partirez; vous me prierez, et je vous exaucerai. » (Jérémie 29:12)

La graduation : Maintenant, va et conduis

Tu es arrivé au terme. Ce n'est pas seulement un livre ; c'est ta porte d'entrée vers la virilité divine. Tu as traversé la douleur, cherché le but, appris la patience, l'obéissance et la vérité. Tu as étudié les principes de la virilité selon la loi de Dieu. Maintenant, vis-le.

Tu es l'oint de Dieu. Tu es son fils.

« Ne touchez pas à mes oints, et ne faites pas de mal à mes prophètes ! » (Psaume 105:15)

Tu n'es plus un garçon guidé par l'impulsion, mais un homme dirigé par la loi éternelle. Tu ne poursuis plus seulement l'amour ; tu bâtis un héritage. Tu ne demandes plus : « **Suis-je à la hauteur ?** « *Tu marches désormais dans la confiance du Christ, sachant que ta valeur repose sur Celui qui règne sur toi et sur l'univers.*

Ceci est ta graduation de l'Université du Royaume. Tu étais le premier. Tu es diplômé le premier. Conduis ton épouse. Conduis tes enfants. Conduis ta communauté. Conduis avec sagesse. Conduis dans la prière. Conduis dans le silence. Conduis dans le sacrifice.

Les lois du Livre des Hommes sont désormais pour vous. Utilise-les. Aiguise-les. Enseigne-les. Et surtout, vis-les.

www.ingramcontent.com/pod-product-compliance
Lightning Source LLC
Chambersburg PA
CBHW052022070526
44584CB00016B/1858